Die Europäische Union als Rechtsgemeinschaft

Beiträge zum Europäischen Wirtschaftsrecht

Herausgegeben im Auftrag des Instituts für Europäisches Wirtschaftsrecht
der Universität Erlangen-Nürnberg durch die Professoren
Dr. Wolfgang Blomeyer und Dr. Karl Albrecht Schachtschneider

Band 1

Die Europäische Union als Rechtsgemeinschaft

Herausgegeben von

Wolfgang Blomeyer
Karl Albrecht Schachtschneider

Duncker & Humblot · Berlin

Die Deutsche Bibliothek – CIP-Einheitsaufnahme

Die **Europäische Union als Rechtsgemeinschaft** / hrsg. von
Wolfgang Blomeyer ; Karl Albrecht Schachtschneider. –
Berlin : Duncker und Humblot, 1995
(Beiträge zum europäischen Wirtschaftsrecht ; Bd. 1)
ISBN 3-428-08243-5
NE: Blomeyer, Wolfgang [Hrsg.]; GT

Fotoprint: Werner Hildebrand, Berlin
Printed in Germany

ISSN 0947-2452
ISBN 3-428-08243-5

Gedruckt auf alterungsbeständigem (säurefreiem) Papier
gemäß der ANSI-Norm für Bibliotheken

Vorwort der Herausgeber

Die große Bedeutung des europäischen Rechts für die deutsche Wirtschaft ist gemessen am Gründungsdatum der EWG - vielen erst spät bewußt geworden. Es dürfte vor allem der Europäische Gerichtshof gewesen sein, der die Geltung und den Vorrang des Europäischen Wirtschaftsrechts der Wissenschaft und der Praxis deutlich vor Augen geführt hat. Begeisterung und Hoffnung der Aufbaujahre der Gemeinschaften waren Sorgen und Ängsten um deren Zukunft gewichen. Die Verfassung der Gemeinschaft wurde dennoch durch den Vertrag von Maastricht über die Europäische Union wesentlich weiterentwickelt, nachdem schon die Einheitliche Europäische Akte die europäische Integration kräftig vorangetrieben hatte. Deutschland hatte seine unerwartete Einheit wiedergefunden. In diese Zeit kritischer Skepsis hinein wurde das "Institut für Europäisches Wirtschaftsrecht" der Friedrich-Alexander Universität Erlangen-Nürnberg von zwei Fakultäten, der Juristischen Fakultät und der Wirtschafts- und Sozialwissenschaftlichen Fakultät, gegründet. Beide Fakultäten hielten es für erforderlich, gerade in dieser Zeit die Beschäftigung mit Europa und vor allem mit dem Europäischen Wirtschaftsrecht zu intensivieren und damit nicht nur den Europäischen Gedanken in der Region Mittelfranken zu vertreten, sondern auch die kritische Auseinandersetzung um die Europäische Integration einzuleiten.

Mit diesem Band beginnt das Institut eine eigene Schriftenreihe. Sie soll Vorträge und Diskussionen, die unter Leitung des Instituts geführt worden sind, ebenso wie hervorragende Doktorarbeiten oder auch Publikationen der Vorstandsmitglieder aufnehmen.

An der Spitze dieses Bandes steht der Vortrag, den der deutsche Richter am Europäischen Gerichtshof, Herr Professor Dr. Manfred Zuleeg, am 13. November 1992 auf der Eröffnungsveranstaltung des Instituts über den rechtlichen Zusammenhalt der Europäischen Gemeinschaft gehalten hat. Mit dem Thema dieses Beitrags wird das Programm vorgegeben, das die künftige Arbeit des Instituts kennzeichnen soll. Der Europäische Gerichtshof hat durch seine Spruchpraxis ganz entscheidende Integrationsakzente gesetzt. Darauf geht auch der Beitrag von Wolfgang Blomeyer ein, der durchaus kritische Töne anklingen läßt (Stand: 31.12.1993). Darüber hinausgreifend behandelt Karl Albrecht

Schachtschneider das staatsrechtliche Grundthema dieser Jahre, dessen Erörterung durch das Maastricht-Urteil des Bundesverfassungsgerichts sicher einen Höhepunkt, aber kaum seinen Abschluß gefunden haben dürfte. Sehr viel spezieller wird Winfried Veelken, der ein zentrales wirtschaftsrechtliches Thema aufgreift und damit einen Schwerpunkt des neu gegründeten Institutes setzt.

Die Herausgeber danken dem Verleger für die großzügige Bereitschaft, eine neue Schriftenreihe zu beginnen. Sie danken den Autoren für ihre Bereitschaft zum Abdruck der Manuskripte und hoffen, daß die neue Reihe als Sprachrohr des Instituts Anklang finden wird. Sie danken in besonderer Weise Frau Christa Dammann vom Lehrstuhl für Öffentliches Recht und Herrn Wiss. Ass. Harald Bramigk vom Institut für Wirtschafts- und Arbeitsrecht für die vorzügliche Redaktion dieses ersten Bandes der Schriftenreihe.

Erlangen/Nürnberg, im Juli 1994

Wolfgang Blomeyer *Karl Albrecht Schachtschneider*

Inhaltsverzeichnis

Der rechtliche Zusammenhalt der Europäischen Gemeinschaft

Von Manfred Zuleeg, Luxemburg

I. Die Gemeinschaft in einem Europa der Nationalstaaten

Die Europäische Gemeinschaft ist ein Zusammenschluß von Nationalstaaten. Nach der herkömmlichen Vorstellung erkennen diese grundsätzlich keine höhere Gewalt über sich an. Die Mitgliedstaaten der Gemeinschaft haben sich bereit gefunden, von diesem Bild abzuweichen, indem sie auf Teilgebieten eine gemeinsame Hoheitsgewalt geschaffen haben, die Europäische Gemeinschaft[1]. Diese schickt sich an, enger zusammenzuwachsen. Die Stadt Maastricht steht dafür mit ihrem Namen[2]. Das dort abgeschlossene Vertragswerk führt zwar nicht einen europäischen Bundesstaat herbei, wie man aus der Bezeichnung "Europäische Union" für die angestrebte Vereinigung schließen könnte, wohl aber werden die Befugnisse der Gemeinschaft erweitert, die Stellung des Europäischen Parlaments gestärkt und die politische Zusammenarbeit der Mitgliedstaaten ausgebaut, so daß man von einem Fortschritt der Integration sprechen kann[3]. Für viele Anhänger der europäischen Einigung, insbesondere im Europäischen Parlament, ist das Vertragswerk freilich noch unzulänglich[4].

---

[1] Dazu M. Zuleeg, Die Europäische Gemeinschaft als Integrationsverband, in: FS Carl Carstens, Bd. I, 1984, S. 289 - 303.

[2] Vertrag über die Europäische Union vom 7.2.1992, ABl./EG Nr. C 191/1 vom 19.7.1992.

[3] Vgl. *Albert Bleckmann*, Der Vertrag über die Europäische Union, DVBl. 1992, S. 335 - 343; *Friedrich von Burchard*, Vertrag über die Europäische Union: Auswirkungen auf die Rechtsetzungsverfahren nach dem EWGV, DÖV 1992, S. 1035 - 1044; *Thomas Oppermann/Claus Dieter Classen*, Die EG vor der Europäischen Union, NJW 1993, S. 5 - 12; *Martin Seidel*, Zur Verfassung der Europäischen Gemeinschaft nach Maastricht, EuR 1992, S. 125 - 144; *Wolfgang Wessels*, Maastricht: Ergebnisse, Bewertungen und Langzeittrends, integration 1/92, S. 2 - 16.

[4] EP, Entschließung zu den Ergebnissen der Regierungskonferenzen - A 3 - 123/92 vom 7.4.1992, ABl. Nr. C 125/81.

Doch stößt selbst diese Stufe auf Widerstand. Das zeigt sich vor allem am dänischen Nein in der Volksabstimmung über den Vertrag von Maastricht. Das französische Volk hat sich nur knapp für Ja entschieden. Auch anderswo werden Vorbehalte laut, nicht zuletzt in Deutschland[5]. Der europäische Zusamenschluß zielt aber gerade darauf ab, die Integration voranzutreiben, wie aus den Präambeln zu den Gründungsverträgen hervorgeht. So haben die Vertragsparteien des EWG-Vertrags diesen abgeschlossen "in dem festen Willen, die Grundlagen für einen immer engeren Zusammenschluß der europäischen Völker zu schaffen". Angesichts der auftauchenden Hindernisse einer fortschreitenden Einigung Europas tut eine Besinnung darauf not, wie der Zusammenhalt der Gemeinschaft gewährleistet wird.

Die Verbundenheit im Innern der Nationalstaaten beruht auf einem politischen Willen des Volkes und der Solidarität der Bevölkerung. Über diese Klammern verfügt die Europäische Gemeinschaft (noch?) nicht[6]. Nach Absatz 1 des Artikels 130 a EWGV entwickelt und verfolgt die Gemeinschaft weiterhin ihre Politik zur Stärkung ihres wirtschaftlichen und sozialen Zusammenhalts, um eine harmonische Entwicklung der Gemeinschaft als Ganzes zu fördern. Aus dem Absatz 2 der Bestimmung geht hervor, daß in erster Linie an den Ausgleich zwischen den Regionen der Gemeinschaft gedacht ist. Die Gemeinschaft setzt die Europäische Investitionsbank und mehrere Fonds ein, um die gesteckten Ziele zu erreichen[7]. Die Mittel, die dafür zur Verfügung stehen, sind nicht so stattlich, daß sich eine nachhaltige Schubkraft für die europäische Einigung allein aus den davon finanzierten Maßnahmen erwarten ließe. Ob sich die Politik der Gemeinschaft weiterer Mittel bedient, um den wirtschaftlichen und sozialen Zusammenhalt zu verstärken, bleibt abzuwarten[8].

Wie die Ereignisse der letzten Zeit erkennen lassen, reicht der politische Zusammenhalt noch nicht so weit, die Bremsklötze der Integration mit leichter

---

[5] *Otto Schmuck*, Heterogene Diskussionslandschaft zu Maastricht, Die Ratifizierungsdebatten zum Vertrag über die Europäische Union, integration 4/92, S. 206 - 215; besonders deutlich *Hans Heinrich Rupp*, Muß das Volk über den Vertrag von Maastricht entscheiden?, NJW 1993, S. 38 - 40, m.w.N.

[6] Zur Konstitution eines europäischen Volks durch Wahl *Eberhard Grabitz*, Der Verfassungsstaat in der Gemeinschaft, DVBl. 1977, S. 786 - 794.

[7] Näheres bei *Adrian Glaesner*, Der Grundsatz des wirtschaftlichen und sozialen Zusammenhalts im Recht der Europäischen Wirtschaftsgemeinschaft, 1990.

[8] Dazu *Rainer Pitschas*, "Soziale" Kohäsionspolitik im Verfassungsstaat Europa und nationale Arbeitsvermittlung, Die Sozialgerichtsbarkeit 1992, S. 477 - 487.

Hand aus dem Weg räumen zu können. Auch wenn zu berücksichtigen ist, daß das Europa der Zukunft nicht eine zusammengeballte Macht auf höchster Ebene sein soll, wofür die Vorstellung der Subsidiarität steht, bleiben doch noch viele Angelegenheiten übrig, die sinnvoll nur auf europäischer Ebene geregelt werden können. Die Erfahrung mit parlamentarischen Systemen in den Nationalstaaten zeigt, daß eine Volksvertretung ein maßgeblicher Garant des politischen Zusamenhalts sein kann. Die Mitgliedstaaten der Gemeinschaft sehen sich jedoch noch nicht in der Lage, dem Europäischen Parlament den von ihm selbst gewünschten Zuwachs an Befugnissen zu gewähren, um in der Gemeinschaft eine vergleichbare Stellung zu erhalten, wie sie die Parlamente in den Mitgliedstaaten besitzen. Die Kommission der Europäischen Gemeinschaft nimmt nicht den Platz ein, den eine nationale Regierung inne hat. Erst recht ist die Kommission nicht der europäische Gesetzgeber. Die Gemeinschaft verdankt ihren Bestand und ihren Ausbau so in erster Linie einem rechtlichen Zusammenhalt, zu dem der politische Wille der Mitgliedstaaten die Grundlage liefert, zunächst in den Gründungsverträgen und ihren Abänderungsverträgen, dann aber auch in der Mitwirkung an den Entscheidungen im Rahmen der Gemeinschaft[9].

Um den rechtlichen Zusammenhalt der Gemeinschaft zu erforschen, ist daher vorrangig die Rolle der Mitgliedstaaten zu bestimmen. Erst dann ist auf die Rolle der Institutionen der Gemeinschaft einzugehen. Die Rolle der einzelnen darf nicht vergessen werden. An die Betrachtung der Akteure schließen sich Überlegungen zu den Eigenarten der Rechtsordnung der Gemeinschaft an. Das Verhältnis des rechtlichen zum wirtschaftlichen, sozialen und politischen Zusammenhalt der Gemeinschaft ist zu klären. Der rechtliche Zusammenhalt der Gemeinschaft bedarf der Absicherung und der Pflege, womit wir uns zum Abschluß zu befassen haben.

---

[9] Vgl. *Claus-Dieter Ehlermann*, Die Europäische Gemeinschaft und das Recht, in: FS Karl Carstens, Bd. 1, 1984, S. 81 (83 f.); *Jürgen Schwarze*, Das Recht als Integrationselement, in: Liber Amicorum Pierre Pescatore 1987, S. 637 - 650.

II. Die Rolle der Mitgliedstaaten

Die Mitgliedstaaten sind die Verfassungsgeber der Gemeinschaft[10]. Ihre verfassungsgebende Gewalt üben sie in Gestalt von völkerrechtlichen Verträgen aus[11]. Diese bilden die Grundlage einer Internationalen Organisation, die sich von anderen durch ein Bündel von Hoheitsgewalten unterscheidet. Die Europäische Gemeinschaft erweist sich so als verfaßte Gewalt[12]. Der Europäische Gerichtshof steht auf dem Standpunkt, daß deren Verfassung nur auf den in den Gründungsverträgen vorgesehenen Weg abgeändert werden kann, der eine Mitwirkung der Gemeinschaftsorgane vorsieht[13]. Die einschlägigen Bestimmungen erlauben es indessen allenfalls dem Rat, eine beabsichtigte Änderung des Vertrags zu verhindern[14]. Da der Rat aus Vertretern der Regierungen der Mitgliedstaaten besteht, widersetzt er sich wohl einer beabsichtigen Änderung der Verfassung durch die Mitgliedstaaten nicht. Solange die Mitgliedstaaten die verfassungsgebende Gewalt für die Gemeinschaft nicht aufgeben, bestimmen sie mithin über die Wesenszüge des rechtlichen Zusammenhalts der Gemeinschaft[15].

Die der Gemeinschaft übertragenen Kompetenzen sind nur ausnahmsweise ausschließlicher Art. Häufig deckt die Kompetenzgrundlage ein Sachgebiet nicht vollständig ab, sondern erlaubt den Gemeinschaftsorganen lediglich, punktuell auf den innerstaatlichen Bereich einzuwirken. Der Gemeinschaft stehen überwiegend Gesetzgebungskompetenzen zu. Der Verwaltungsvollzug und die Rechtsprechung im Anwendungsbereich des Gemeinschaftsrechts liegen so

---

[10] *M. Zuleeg*, in: Kommentar zum EWG-Vertrag, *Hans von der Groeben, Jochen Thiesing/-Ehlermann* (Hrsg.), 4. Aufl. 1991 (im folg.: GTE), Rn. 26 zu Art. 1.

[11] BVerfG (Beschl. vom 18.10.1967), E 22, 293 (296); s. ferner *Wilfried Bernhardt*, Verfassungsprinzipien Verfassungsgerichtsfunktionen - Verfassungsprozeßrecht im EWG-Vertrag, 1987, S. 52 - 59; *Roland Bieber*, Verfassungsentwicklung und Verfassungsgebung in der Europäischen Gemeinschaft, in: Staatswerdung Europas? Optionen für eine Europäische Union, *Rudolf Wildenmann* (Hrsg.), 1991, S. 393 - 414.

[12] EuGH, Gutachten 1/91 v. 14.12.1991 zum Entwurf eines Abkommens über die Schaffung des Europäischen Wirtschaftsraums, Slg. 1991, I-6079 (6102).

[13] EuGH, Gutachten 1/92 vom 10.4.1992 zum Entwurf eines Abkommens über die Schaffung des Europäischen Wirtschaftsraums, noch nicht in Slg., Nr. 32, für die Zuständigkeiten des Gerichtshofes aufgrund des EWG-Vertrages.

[14] Vgl. Artikel 96 EGKSV, 236 EWGV, 204 EAGV. Die sogenannte "Kleine Revision" des EGKS-Vertrags nach ihrem Artikel 95, Absatz 3 und 4, hat nur eine begrenzte Reichweite.

[15] *Paul Kirchhof*, Deutsches Verfassungsrecht und Europäisches Gemeinschaftsrecht, EuR-Beiheft 1/1991, S. 11 (13 - 16).

weitgehend in den Händen der Mitgliedstaaten[16]. Da durch Gesetzgebung allein eine Hoheitsgewalt keine Wirksamkeit erlangt, hängt diese in hohem Maße von den Mitgliedstaaten ab.

Tritt der Vertrag von Maastricht in Kraft, ändert sich an diesem Bild nur wenig. Eine wichtige Neuerung ist das Subsidiaritätsprinzip, das mit dem Verhältnismäßigkeitsprinzip gekoppelt ist[17]. Soweit die Gemeinschaft nicht ausschließlich zuständig ist, übt sie ihre Kompetenzen nur aus, "sofern und soweit die Ziele der in Betracht gezogenen Maßnahmen auf Ebene der Mitgliedstaaten nicht ausreichend erreicht werden können und daher wegen ihres Umfangs oder ihrer Wirkungen besser auf Gemeinschaftsebene erreicht werden können"[18]. Nimmt man alle genannten Elemente zusammen, läßt sich eine erhebliche Abhängigkeit der Gemeinschaft von den Mitgliedstaaten feststellen, ohne daß ein Widerlager in Gestalt eines europäischen Volkes vorhanden ist. Um so wichtiger für die Existenz der Gemeinschaft sind dann die rechtlichen Bindungen, die sich die Mitgliedstaaten selbst auferlegt haben.

In erster Linie ist hier der Grundsatz der Gemeinschaftstreue zu nennen, der in den Gründungsverträgen seinen Niederschlag gefunden hat[19]. Die Mitgliedstaaten treffen nach den maßgeblichen Bestimmungen alle geeigneten Maßnahmen, um ihre gemeinschaftsrechtlichen Verpflichtungen zu erfüllen. Die

---

[16] *Hans-Werner Rengeling*, Nationaler Verwaltungsvollzug von Gemeinschaftsrecht. Die Gemeinschaftskompetenzen, EuR 1974, S. 216 - 237; *Dieter H. Scheuing*, Rechtsprobleme bei der Durchführung des Gemeinschaftsrechts in der Bundesrepublik Deutschland, EuR 1985, S. 229 - 272; *Albrecht Weber*, Rechtsfragen der Durchführung des Gemeinschaftsrechts in der Bundesrepublik Deutschland, 1987; *M. Zuleeg*, Das Recht der Europäischen Gemeinschaften im innerstaatlichen Bereich, KSE Bd. 9, 1989 (im folg. KSE 9), S. 47 - 60, 209 - 224, 341 - 381.

[17] Dazu *Hermann-Josef Blanke*, Das Subsidiaritätsprinzip als Schranke des Europäischen Gemeinschaftsrechts?, Zeitschrift für Gesetzgebung 1991, S. 133 - 148; *Angela Faber*, Die Zukunft kommunaler Selbstverwaltung und der Gedanke der Subsidiarität in den Europäischen Gemeinschaften, DVBl. 1991, S. 1126 - 1135; *Markus Heintzen*, Subsidiaritätsprinzip und Europäische Gemeinschaft, JZ 1991, S. 317 - 323; *Jörn Pipkorn*, Das Subsidiaritätsprinzip im Vertrag über die Europäische Union - rechtliche Bedeutung und gerichtliche Überprüfbarkeit, EuZW 1992, S. 697 - 700; *Peter M. Schmidhuber/Gerhard Hitzler*, Die Verankerung des Subsidiaritätsprinzips im EWG-Vertrag, NVwZ 1992, S. 720 - 725; *Clemens Stewing*, Subsidiarität und Föderalismus in der Europäischen Union, 1992; *ders.*, Das Subsidiaritätsprinzip als Kompetenzverteilungsregel im Europäischen Recht, DVBl. 1992, S. 1516 - 1518; *M. Zuleeg*, Die Stellung der Länder und Regionen im europäischen Integrationsprozeß, DVBl. 1992, S. 1329 - 1337.

[18] Artikel 3 b des EWG-Vertrags in der Fassung des Vertrags über die Europäische Union.

[19] Artikel 86 EGKSV, 5 EWGV, 192 EAGV. Dazu *Renate Söllner*, Artikel 5 EWG-Vertrag in der Rechtsprechung des Europäischen Gerichtshofes, 1985; *Joachim Wuermeling*, Kooperatives Gemeinschaftsrecht, 1988, S. 187 - 212; *M. Zuleeg*, GTE, oben Fn. 10, Erl. zu Art. 5 m.w.N.

Mitgliedstaaten erleichtern den Gemeinschaftsorganen die Erfüllung ihrer Aufgaben und unterlassen alle Maßnahmen, die die Verwirklichung der Ziele der Verträge gefährden könnten. In zahlreichen Verfahren hat der Europäische Gerichtshof auf Klage der Kommission hin Mitgliedstaaten angehalten, ihren daraus entspringenden Verpflichtungen nachzukommen[20]. Auch im Vorabentscheidungsverfahren kann die Gemeinschaftstreue eine Rolle spielen[21]. Das Gemeinschaftsrecht wendet sich dabei nicht nur an den Mitgliedstaat als Ganzes, dessen Regierung dafür zu sorgen hat, daß im innerstaatlichen Bereich das Gemeinschaftsrecht beachtet wird. Dieses richtet sich vielmehr an alle Staatsorgane unmittelbar, die gesetzgebenden Körperschaften, die Regierung, die Verwaltungsbehörden und die Gerichte[22]. Ebenso sind die Länder und Regionen, andere Gebietskörperschaften sowie alle sonstigen Einheiten, die dem Staat zuzurechnen sind, dem Gemeinschaftsrecht ohne Vermittlung durch das nationale Recht unterworfen[23]. In der Sache kann man die Ausführung der gemeinschaftsrechtlichen Pflichten im Wege der Gesetzgebung von der Anwendung des Gemeinschaftsrechts im Wege des Verwaltungsvollzugs sowie der Rechtsprechung unterscheiden[24].

Befolgt ein Mitgliedstaat seine Pflichten nicht, sieht bislang nur Artikel 88 EGKSV Sanktionen gegen ihn vor. Die Bestimmung bezieht freilich von vornherein das Scheitern der Zwangsmittel ein; denn am Ende der Bestimmung heißt es: "Erweisen sich die ... Maßnahmen als wirkungslos, so berichtet die Hohe Behörde hierüber an den Rat." Nach meiner Kenntnis wurde die Bestimmung noch nie angewandt.

---

[20] Beispielsweise EuGH (Urt. vom 20.10.1981), Rs. 137/80 (Kommission/Belgien), Slg. 1981, 2393 (2407); (Urt. vom 26.4.1988), Rs. 74/86 (Kommission/Deutschland), Slg. 1988, 2139 (2148 f.).

[21] EuGH (Urt. vom 17.12.1970), Rs. 30/70 (Scheer/Einfuhr- und Vorratsstelle für Getreide und Futtermittel), Slg. 1970, 1197 (1208); (Urt. vom 15.5.1986), Rs. 222/84 (Johnston/Chief Constable), Slg. 1986, 1651 (1690) u.a.m.

[22] EuGH (Urt. vom 10.4.1984), Rs. 14/93 (von Colson und Kamann/Land Nordrhein-Westfalen), Slg. 1984, 1891 (1909); (Urt. vom 8.10.1987), Rs. 80/86 (Kolpinghuis Nijmegen), Slg. 1987, 3969 (3986).

[23] EuGH (Urt. vom 12.6.1990), Rs. C-8/88 (Deutschland-Kommission), Slg. 1990, I-2321 (2359) für die Länder; (Urt. vom 3.7.1974), Rs. 9/74 (Casagrande/Landeshauptstadt München), Slg. 1974, 773 (779 f.) für die Gemeinden.

[24] *M. Zuleeg*, KSE 9, oben Fn. 16, S. 47 - 60, 209 - 229; *ders.*, Die Kompetenzen der Europäischen Gemeinschaften gegenüber den Mitgliedstaaten, JöR n.F. Bd. 20 (1971), S. 1 (32 - 51).

Auf einem begrenzten Gebiet besteht allerdings eine Art Aufsicht der Gemeinschaft, auch wenn sie nicht so bezeichnet wird, die zu Nachteilen der Mitgliedstaaten führt und damit den Anforderungen des Gemeinschaftsrechts Nachdruck verleiht. Im Verfahren des Rechnungsabschlusses erhalten Mitgliedstaaten ihre Ausgaben im Rahmen der landwirtschaftlichen Marktordnungen nicht ersetzt, wenn sie unter Verstoß gegen Gemeinschaftsrecht finanzielle Aufwendungen erbracht[25] haben.

Der Europäische Gerichtshof hat einen Schadensersatzanspruch gegen den Mitgliedstaat hinzugefügt, der es unter Verletzung seiner Verpflichtungen unterlassen hat, ein im Gemeinschaftsrecht vorgesehenes Recht zugunsten einzelner zu schaffen[26].

Der Vertrag von Maastricht legt fest, daß die Kommission ein Verfahren vor den Europäischen Gerichtshof bringen kann, wenn ein Mitgliedstaat die nötigen Maßnahmen nicht ergreift, die sich aus einem Urteil des Gerichtshofes ergeben. Bleibt der Mitgliedstaat innerhalb einer von der Komission gesetzten Frist untätig, kann der Gerichtshof gegen den Mitgliedstaat Zwangsmittel in Gestalt von Geldzahlungen verhängen[27]. Dennoch bleibt die Gemeinschaft im wesentlichen darauf angewiesen, daß die Mitgliedstaaten ihr die Treue halten, namentlich dadurch, daß sie der Rechtsordnung der Gemeinschaft dazu verhelfen, sich in ihrem Hoheitsbereich durchzusetzen.

III. Die Rolle der Gemeinschaftsorgane

Auch wenn die Mitgliedstaaten eine starke Stellung einnehmen, sind die Organe der Gemeinschaft doch nicht ohne Einfluß auf den rechtlichen Zusammenhalt der Gemeinschaft. In erster Linie ist hier die Kommission zu nennen, die mit der Aufgabe betraut ist, für die Anwendung der Gründungsverträge sowie der von den Gemeinschaftsorganen getroffenen Bestimmungen Sorge zu tragen[28].

---

[25] *Joachim Scherer*, Das Rechnungsabschlußverfahren - Ein Instrument zur Durchsetzung europäischen Verwaltungsrechts?, EuR 1986, S. 229 - 272.

[26] EUGH (Urt. vom 19.11.1991), Rs. C-6 und 9/90 (Francovich und Bonifaci/Italien), Slg. 1991, I-5357 (5414 f.).

[27] Art. 171 EWGV idF des Titels II Nr. 51 des Vertrags über die Europäische Union.

[28] Zur Stellung der Kommission: *Ehlermann*, Das schwierige Geschäft der Kommission, EuR 1981, S. 335 - 365; *Hans Peter Ipsen*, Die EG-Komission in der Reformdiskussion, FS Hans-Jürgen Schlochauer, 1981, S. 813 - 828.

Zu diesem Zweck steht ihr insbesondere die Befugnis zu, ein Verfahren gegen einen Mitgliedstaat einzuleiten, der ihrer Ansicht nach gegen eine Verpflichtung aus dem Gründungsvertrag verstoßen hat[29]. Kommt der Staat einer dazu abgegebenen Stellungnahme der Kommission innerhalb einer von ihr gesetzten Frist nicht nach, kann sie den Europäischen Gerichtshof anrufen. Hält dieser den Vorwurf für begründet, stellt er die Vertragsverletzung fest. Der betroffene Mitgliedstaat hat daraufhin die Maßnahmen zu ergreifen, die sich aus dem Urteil des Gerichtshofes ergeben[30].

Der Rat setzt sich aus Vertretern der Mitgliedstaaten zusammen, die aus deren Regierungen entsandt werden. Er ist aber nicht etwa der verlängerte Arm der Mitgliedstaaten, sondern ein Organ der Gemeinschaft. In dieser Eigenschaft ist er verantwortlich dafür, daß die Rechtsordnung der Gemeinschaft in einer Weise ausgebaut wird, die den Zielen der Gemeinschaft dient, ohne den Zusammenhalt aufs Spiel zu setzen[31].

Der Rat ist freilich nicht allein berufen, dem rechtlichen Zusammenhalt eine solide Grundlage zu schaffen. Die Kommission als vorschlagsberechtigtes Organ gibt dem Gesetzgeber der Gemeinschaft Impulse. Auf beschränkten Bereichen ist sie selbst zur Normsetzung befugt[32]. Das Europäische Parlament tritt im Gesetzgebungsverfahren teils beratend, teils mitwirkend hinzu[33]. Wenn es dadurch auch den rechtlichen Zusammenhalt der Gemeinschaft fördern kann, liegt das Schwergewicht aber doch beim politischen Zusammenhalt, den die Abgeordneten als Vertreter der Völker der Gemeinschaft herbeiführen können.

---

[29] Dazu *Ehlermann*, Die Verfolgungen von Vertragsverletzungen der Mitgliedstaaten durch die Kommission, FS Hans Kutscher, 1981, S. 135 - 153; *Ulrich Everling*, Die Mitgliedstaaten der Europäischen Gemeinschaft vor ihrem Gerichtshof, EuR 1983, S. 101 - 127; *Hans Krück*, GTE, oben Fn. 10, Erl. zu Art. 169.

[30] Artikel 169, 171 EWGV, 141, 143 EAGV.

[31] *Oppermann*, Europarecht, 1991, S. 104 f. (Rn. 246 und 248).

[32] *Oppermann*, ebenda, S. 125 f. (Rn. 313 - 316); zu Art. 90 Abs. 3 EWGV: EuGH (Urt. vom 19.3.1991), Rs. C-202/88 (Frankreich-Kommission), Slg. 1991, I-1223 (1263, 1265).

[33] *Bieber*, Die Einwirkung des Europäischen Parlaments auf die Rechtsetzung in der Europäischen Gemeinschaft, in: Gesetzgebung in der Europäiscen Gemeinschaft, *Schwarze* (Hrsg.), 1985, S. 73 - 96; *ders.*, Das Gesetzgebungsverfahren der Zusammenarbeit gemäß Artikel 149 EWG-Vertrag, NJW 1989, S. 1395 - 1402. Zum Vertrag von Maastricht *Reinhard Boest*, Die Rolle des Europäischen Parlaments in der Rechtsetzung nach dem Vertrag über die Europäische Union, in: Aktuelle Entwicklungen in der Europäischen Gemeinschaft, *Rengeling/Reimer von Borries* (Hrsg.), 1992, S. 133 - 144.

Ohne ein Gericht, das letztverbindlich über Rechtsfragen zu entscheiden hat, wäre freilich der rechtliche Zusammenhalt rasch verschlissen[34]. Dem Europäischen Gerichtshof steht daher eine Schlüsselrolle zu[35]. Er hat die Aufgabe, die Wahrung des Rechts bei der Auslegung und Anwendung der Gründungsverträge zu sichern[36]. Für den rechtlichen Zusammenhalt ist es wesentlich, daß dies einheitlich geschieht[37]. Bei unterschiedlicher Auslegung und Anwendung des Gemeinschaftsrechts von Mitgliedstaat zu Mitgliedstaat oder auch innerhalb eines Mitgliedstaats wäre eine staatenübergreifende Steuerung des Verhaltens der Mitgliedstaaten und der Personen, die der Gemeinschaftshoheit unterliegen, nicht mehr möglich. Die Ziele der Gemeinschaft ließen sich nicht erreichen[38]. Um dies zu verhindern, sind dem Gerichtshof Zuständigkeiten eingeräumt, die in besonderem Maße auf die Einheit des Gemeinschaftsrechts hinwirken: das bereits erwähnte Verfahren wegen der Vertragsverletzung eines Mitgliedstaats und das Vorabentscheidungsverfahren[39]. Im Rahmen dieses Verfahrens entscheidet der Gerichtshof lediglich einen Ausschnitt aus einem Streit, der vor einem nationalen Gericht abläuft, nämlich die Fragen der Auslegung des Gemeinschaftsrechts und der Gültigkeit der

---

[34] *Wolfram Karl*, Die spätere Praxis im Rahmen eines dynamischen Vertragsbegriffs, in: Die Dynamik des Europäischen Gemeinschaftsrechts, *Bieber/Georg Ress* (Hrsg.), 1987, S. 81 (95 f.), zeigt auf, daß ohne den Gerichtshof der Sinn der Gründungsverträge durch nachfolgende Praxis der Mitgliedstaaten grundlegend verändert werden könnte.

[35] *L. Neville Brown/Francis G. Jacobs*, The Court of Justice of the European Communities, 3. Aufl., 1989; *Everling*, Die Bedeutung des Gerichtshofs der Europäischen Gemeinschaften für die Entwicklung und Durchsetzung des Gemeinschaftsrechts, in: Der Beitrag des Rechts zum Europäischen Einigungsprozeß, 1984, S. 117 - 130; *ders.*, Der Beitrag des Europäischen Gerichtshofes zur Entwicklung der Gemeinschaft, in: Entwicklungsperspektiven der Europäischen Gemeinschaft, *Siegfried Magiers* (Hrsg.), 1985, S. 195 - 216; *Gert Nicolaysen*, Der Gerichtshof - Funktion und Bewährung der Judikative, EuR 1972, S. 375 - 390; *Schwarze*, Stellung und Funktionen des Europäischen Gerichtshofes im Verfassungssystem der Europäischen Gemeinschaft, in: Fortentwicklung des Rechtsschutzes in der Europäischen Gemeinschaft, *Schwarze* (Hrsg.), 1987, S. 13 - 22.

[36] Artikel 31 EGKSV, 164 EWGV, 136 EAGV.

[37] EuGH (Urt. vom 9.3.1978 Rs. 106/77 (Finanzverwaltung/Simenthal), Slg. 1978, 629 (643); (Urt. vom 19.6.1990), Rs. C-213/89 (The Queen/Factortame), Slg. 1990, I-2433 (2473).

[38] Vgl. *Manfred A. Dauses*, Der EUGH: Garant der Einheit des Gemeinschaftsrechts, DRiZ 1984, S. 349 - 357; *Schwarze*, Das Recht als Integrationselement, in: Liber Amicorum Pierre Pescatore, 1987, S. 637 - 650; *ders.*, The Role of the European Court of Justice in the Interpretation of Uniform Law among the Member States of the European Communities, 1988.

[39] Artikel 41 EGKSV, 177 EWGV, 150 EAGV.

Rechtsakte der Gemeinschaftsorgane[40]. Dazu gibt das nationale Gericht dem Gerichtshof im Wege des Ersuchens um Vorabentscheidung die Gelegenheit. Auf diese Weise kommt eine Zusammenarbeit der nationalen Gerichte mit dem Europäischen Gerichtshof zustande[41]. Wie die Erfahrung lehrt, ist so ein wirksames Mittel gefunden, die Einhaltung des Gemeinschaftsrechts dem politischen Tauziehen zu entrücken, wobei aber anzumerken ist, daß den politischen Kräften die Möglichkeit offen steht, auf die Rahmendaten durch Rechtsänderung einzuwirken[42]. Darüber hinaus können sich die Mitgliedstaaten an allen Vorabentscheidungsverfahren beteiligen[43].

Wie aus den Bestimmungen über die Aufgabe des Gerichtshofs hervorgeht, ist dieser nicht darauf beschränkt, das gesetzte Recht auszulegen. Er darf vielmehr rechtsschöpferisch tätig werden, um Lücken im Gemeinschaftsrecht zu füllen und den Bedeutungsgehalt von Normen des Gemeinschaftsrechts abzustecken[44]. Die genannten Vorschriften unterscheiden nämlich zwischen dem jeweiligen "Vertrag" und dem "Recht", das über das Vertragsrecht hinausgeht[45]. Aber selbst ohne Anhaltspunkt im positiven Recht wäre es dem Europäischen Gerichtshof gestattet, die Rechtsordnung der Gemeinschaft zu ergänzen, wie dies auch im nationalen Rahmen durch die Gerichte geschieht[46].

---

[40] Zum Vorabentscheidungsverfahren: *Dauses*, Das Vorabentscheidungsverfahren nach Artikel 177 EWGV, 1985; *Everling*, Das Vorabentscheidungsverfahren vor dem Gerichtshof der Europäischen Gemeinschaften, 1986.

[41] EuGH (Urt. vom 1.12.1965), Rs. 16/65 (Schwarze/Einfuhr- und Vorratsstelle für Getreide und Futtermittel), Slg. 1965, 1151 (1165); (Urt. vom 25.6.1992), Rs. C-147/91 (Michele Ferrer Laderer), noch nicht in Slg., Nr. 6.

[42] *Schwarze*, Funktionen des Rechts in der Europäischen Gemeinschaft, in: Gesetzgebung in der Europäischen Gemeinschaft, oben Fn. 33, S. 9 (15 - 22), umreißt den rechtlichen Rahmen, der dem Gesetzgeber der Gemeinschaft gesetzt ist, und gelangt zu dem Schluß, daß die Gesetzgebung den an sie gestellten Anforderungen nicht immer gerecht wird.

[43] Art. 37 Abs. 1 der Satzung des Gerichtshofes der EWG, 38 Abs. 1 der Satzung des Gerichtshofes der EAG. Art. 34 Abs. 1 der Satzung des Gerichtshofes der EGKS verlangt von allen natürlichen und juristischen Personen ein berechtigtes Interesse am Ausgang eines beim Gerichtshof anhängigen Rechtsstreits.

[44] *Schwarze*, Die Befugnis zur Abstraktion im europäischen Gemeinschaftsrecht, 1976, S. 182 - 240.

[45] *Krück*, GTE, oben Fn. 10, Rn. 4 zu Art. 164.

[46] *Everling*, Rechtsvereinheitlichung durch Richterrecht in der Europäischen Gemeinschaft, RabelsZ Bd. 50 (1986), S. 193 - 232; *ders.*, Richterrecht in der Europäischen Gemeinschaft, Universität des Saarlandes, Vorträge, Reden und Berichte aus dem Europa-Institut Nr. 151, 1988. *Torsten Stein*, Richterrecht wie anderswo auch?, FS 600 Jahre Universität Heidelberg, 1986, S. 619 - 641, hebt die Besonderheiten der Rechtsfortbildung durch den EuGH hervor.

Das Bundesverfassungsgericht hat die Befugnis des Europäischen Gerichtshofs zur Rechtsfortbildung ausdrücklich bestätigt[47]. Um aber die Grenzen der rechtsprechenden Gewalt nicht zu überschreiten, bedarf es der Ansätze im gesetzten Recht oder allgemeinen Rechtsgrundsätzen für das Richterrecht[48]. Das ist für den rechtlichen Zusamenhalt der Gemeinschaft deswegen von besonderer Bedeutung, weil die Grundrechte, die Grundsätze einer Rechtsgemeinschaft und der Verfassungsgrundsatz der Demokratie erst im Wege des Richterrechts in die Rechtsordnung der Gemeinschaft gelangt sind[49]. Die Bedenken in einigen Mitgliedstaaten, namentlich in der Bundesrepublik Deutschland, gegen eine Hoheitsgewalt ohne solche Bindungen in den Gründungsverträgen lassen sich damit zerstreuen[50]. So hat das Bundesverfassungsgericht vor kurzem erneut die Zugehörigkeit Deutschlands zur Gemeinschaft für verfassungsrechtlich unbedenklich erklärt, weil eben der Europäische Gerichtshof mit seiner Rechtsprechung den Anforderungen des Grundgesetzes gerecht wird[51].

IV. Die Rolle der einzelnen

Die Tätigkeit der Gemeinschaftsorgane wäre nicht ausreichend, um den Zusammenhalt der Gemeinschaft mit rechtlichen Mitteln zu gewährleisten, wenn

---

[47] BVerfG (Beschl. vom 22.10.1986), E 73, 339 (374 - 388); (Beschl. vom 8.4.1987), E 75, 223 (241 - 244).

[48] Zur vertragsimanenten Rechtsentwicklung *Ingolf Pernice*, Grundrechtsgehalte im Europäischen Gemeinschaftsrecht, 1979, insbes. S. 53 - 63; zu den allg. Rechtsgrundsätzen *Rengeling*, Rechtsgrundsätze beim Verwaltungsvollzug des Europäischen Gemeinschaftsrechts, 1977, S. 67 - 88; *Schwarze*, Europäisches Verwaltungsrecht, Bd. I, 1988, S. 57 - 73.

[49] Zu den Grundrechten *Everling*, Der Beitrag des Europäischen Gerichtshofes zur europäischen Grundrechtsgemeinschaft, in: 40 Jahre Grundgesetz, *Klaus Stern* (Hrsg.), 1990, S. 167 - 180. Zur Rechtsgemeinschaft: *M. Zuleeg*, Rechtsstaatliche Rahmenbedingungen des Binnenmarktes Europa aus Gemeinschaftssicht, Bitburger Gespräche - Jahrbuch 1990, S. 13 - 27; zur Demokratie: *M. Zuleeg*, Demokratie und Wirtschaftsverfassung in der Rechtsprechung des Europäischen Gerichtshofes, EuR 1982, S. 21 (22 - 26). Die Rechtsprechung des EuGH zur sozialen Dimension der Gemeinschaft beruht indessen weitgehend auf gesetztem Recht; vgl. *Klaus-Dieter Borchardt*, Die Rechtsprechung des Gerichtshofes der EG und das Sozialrecht, Zeitschrift für Sozialhilfe und Sozialgesetzbuch (ZfSH/SGB) 1991, S. 132 - 141.

[50] Siehe dazu *M. Zuleeg*, Der Schutz der Menschenrechte im Gemeinschaftsrecht, DÖV 1992, S. 937 - 944.

[51] BVerfG (Urt. vom 28.1.1992), NJW 1992, S. 964.

nicht die einzelnen zur Wirksamkeit des Gemeinschaftsrechts beitrügen[52]. Die Voraussetzung dafür ist es, daß sie aus der Rechtsordnung der Gemeinschaft ihnen zustehende Rechte herleiten können. Mit Hilfe solcher subjektiver Rechte können die einzelnen mit Aussicht auf Erfolg Prozesse anstrengen[53]. Entscheidet ein mitgliedstaatliches Gericht den Rechtsstreit, kann es den Europäischen Gerichtshof anrufen, um sich darüber Klarheit zu verschaffen, ob das Gemeinschaftsrecht ein subjektives Recht gewährt. Die Gerichte, deren Entscheidungen nicht mehr mit Rechtsmitteln angreifbar sind, müssen dem Gerichtshof solche Fragen vorlegen[54]. Dieser hat fast von Anfang an Wert darauf gelegt, subjektive Rechte im Gemeinschaftsrecht aufzuzeigen, selbst wenn davon im Text einer Regelung keine Rede ist[55]. Es genügt eine Verpflichtung der Gemeinschaft oder des Mitgliedstaats, die hinlänglich deutlich ist, keinem zeitlichen Aufschub oder keiner aufschiebenden Bedingung unterliegt und keine Gesetzgebung mehr auf supranationaler oder nationaler Ebene erfordert[56]. Die Einschränkungen sind dazu da, die einer rechtsprechenden Gewalt gesetzten Schranken zu wahren[57]. In seinem Gutachten zur Vereinbarkeit des geplanten Vertrags über den Europäischen Wirtschaftsraum mit dem EWG-Vertrag hat der Gerichtshof es für unabdingbar erklärt, die Wirksamkeit subjektiver Rechte aus der Rechtsordnung der Gemeinschaft aufrechtzuerhalten[58].

Die Rechtsprechung des Gerichtshofes hat die Niederlassungsfreiheit aus der Sackgasse herausgeführt, in der sie wegen der zögerlichen Arbeit des Gesetz-

---

[52] Vgl. *M. Zuleeg*, Hat das subjektive öffentliche Recht noch eine Daseinsberechtigung? DVBl. 1976, S. 509 (520 f.).

[53] *M. Zuleeg*, KSE 9, oben Fn. 16, S. 170 - 172.

[54] Dazu *Pierre Pescatore*, Das Vorabentscheidungsverfahren nach Art. 177 EWG-Vertrag und die Zusammenarbeit zwischen dem Gerichtshof und den nationalen Gerichten, BayVBl. 1987, S. 33 - 43, 68 - 74.

[55] EuGH (Urt. vom 5.2.1963), Rs. 26/62 (van Gend & Loos/Niederländische Finanzverwaltung), Slg. 1963, 1 (25 f.).

[56] EuGH (Urt. vom 1.7.1969), Rs. 2 und 3/69 (Sociaal Fonds voor de Diamantarbeiders/Brachfeld), Slg. 1969, 211 (222); (Urt. vom 4.12.1974), Rs. 41/74 (van Duyn/Home Office), Slg. 1974, 1337 (1349); EuGH (Urt. vom 19.1.1982), Rs. 8/81 (Becker/Finanzamt Münster-Innenstadt), Slg. 1982, 53 (71).

[57] Dies geht aus EuGH (Urt. vom 19.11.1991), Rs. C-6 und 9/90 (Francovich und Bonifaci/Italien), Slg. 1991, I-5357 (5412), hervor.

[58] Gutachten 1/91, Slg. 1991, I-6079 (6102).

gebers während der Übergangszeit nach Gründung der EWG geraten war[59]. Aus der Pflicht der Mitgliedstaaten, den Ausländern mit der Staatsangehörigkeit eines Mitgliedstaats die Niederlassung zu erlauben, leitet sich ein subjektives Recht ab[60]. Entsprechend verfuhr der Gerichtshof bei der Dienstleistungsfreiheit[61]. Für die Freizügigkeit der Arbeitnehmer sorgte hingegen der Gesetzgeber der Gemeinschaft selbst, indem er diese mit subjektiven Rechten ausstattete, denen er sogar Grundrechtscharakter beimaß[62]. Immerhin mußte der Gerichtshof deren Inhalt wiederholt festlegen[63]. In seiner Rechtsprechung zeigt sich die Tendenz, Hindernisse für den freien Personenverkehr abzubauen, es sei denn, sie sind zugunsten eines höherrangigen Rechtsguts erforderlich. Diese Rechtsprechung kann sich auf Artikel 3 c EWGV stützen[64].

Die Rechte aus dem freien Warenverkehr kommen nicht nur Produzenten und Händlern, sondern mittelbar auch den Verbrauchern zugute[65]. Rechtfertigungsgründe für notwendige Behinderungen bewirken, daß nicht einseitig der

---

[59] *Everling*, Vertragsverhandlungen 1957 und Vertragspraxis 1987, FS Hans von der Groeben, 1987, S. 111 - 130; *Reinhard Riegel*, Zur Bedeutung der Niederlassungsfreiheit im Europäischen Gemeinschaftsrecht, NJW 1986, S. 2999 f.

[60] EuGH (Urt. vom 21.6.1974), Rs. 2/74 (Reyners/Belgien), Slg. 1974, 631 (652). Zur weiteren Entwicklung *Hans D.Jarass*, Die Niederlassungsfreiheit in der Europäischen Gemeinschaft, RIW 1993, S. 1 - 7.

[61] EuGH (Urt. vom 3.12.1974), Rs. 33/74 (van Binsbergen/Bestuur van de Bedrijfsvereniging), Slg. 1974, 1299 (1311).

[62] VO (EWG) Nr. 1612/68 über die Freizügigkeit der Arbeitnehmer in der Gemeinschaft vom 15.10.1968, ABl. Nr. L 257/2, ber. Nr. L 295/12, geändert durch VO (EWG) Nr. 312/76 vom 9.2.1976, ABl. Nr. L 39/2, 3. Erwägungsgrund der Präambel.

[63] Vor allem EuGH (Urt. vom 8.4.1976), Rs. 48/75 (Royer), Slg. 1976, 497 (512 f.; s. im übrigen *Ulrich Wölker*, GTE, oben Fn. 10, Erl. zu Art. 48.

[64] EuGH (Urt. vom 7.7.1976), Rs. 118/75 (Watson und Belmann), Slg. 1976, 1185 (1198); (Urt. vom 15.10.1987), Rs. 222/86 (Unectef/Heylens), Slg. 1987, 4097 (4115); (Urt. vom 7.7.1988), Rs. 143/87 (Stanton/Inasti), Slg. 1988, 3877 (3894); (Urt. vom 7.3.1991), Rs. C-10/90 (Masgio/Bundesknappschaft), Slg. 1991, I-1119 (1139 f.); (Urt. vom 7.5.1991), Rs. C-340/89 (Vlassopoulou/-Ministerium für Justiz), Slg. 1991, I-2357 (2383f.); (Urt. vom 7.7.1992), Rs. C-370/90 (The Queen/Singh) noch nicht in Slg., Rn. 15. Zwischen der Freizügigkeit der Arbeitnehmer nach Art. 48 und der Niederlassungsfreiheit Selbständiger nach Art. 52 EWGV besteht insoweit kein unterschiedlicher Schutz; so EuGH (Urt. vom 5.2.1991), Rs. C-363/89 (Roux/Belgien), Slg. 1991, I-273 (293).

[65] Näheres bei *Norbert Reich*, Förderung und Schutz diffuser Interessen durch die Europäischen Gemeinschaften, 1987, insbes. S. 30 - 41, 157 - 183, der aber die Regelungsbedürftigkeit des Verbraucherschutzes betont.

Handel die Regeln bestimmt[66]. Schutzrechte für Arbeitnehmer, die Gleichberechtigung von Mann und Frau im Arbeitsleben, soziale Rechte der Wanderarbeitnehmer[67] sowie andere subjektive Rechte mehr tragen dazu bei, bei den Bürgern der Mitgliedstaaten das Interesse zu wecken, sich des Gemeinschaftsrechts zu ihrem Vorteil zu bedienen, was nicht nur geeignet ist, die persönliche Lage zu verbessern, sondern auch den Zusammenhalt der Gemeinschaft mit rechtlichen Mitteln zu stärken[68]. Inwieweit die Richtlinien über die Freizügigkeit von Rentnern, Studenten und sonstigen Personen[69] subjektive Rechte gewähren, ist vom Gerichtshof noch nicht entschieden[70]. Diese Richtlinien sind jedenfalls Bestandteile eines Europas der Bürger, das als Leitbild für den Ausbau der Gemeinschaft dient. Dessen Befürworter versprechen sich davon einen Zuwachs an Zusammenhalt[71].

---

[66] Dazu *Gudrun Schmidt*, Freier Warenverkehr innerhalb der EG, in: Aktuelle Entwicklungen ..., oben Fn. 33, S. 57 - 79; *Wulf-Henning Roth*, Freier Warenverkehr und staatliche Regelungsgewalt in einem Gemeinsamen Markt, 1977; *Dauses*, Dogmatik des freien Warenverkehrs in der Europäischen Gemeinschaft. Recht der Internationalen Wirtschaft (RIW) 1984, S. 197 - 206. *Seidel*, Grundsätzliche Rechtsprobleme bei der Verwirklichung des Gemeinsamen Marktes, in: Entwicklungsperspektiven, oben Fn. 35, S. 169 - 185, steht auf dem Standpunkt, daß die Rspr. des EuGH ein Legitimationsproblem aufwirft.

[67] Siehe *M. Zuleeg*, Der Schutz sozialer Rechte in der Rechtsordnung der Europäischen Gemeinschaft, EuGRZ 1992, S. 329 - 334.

[68] *Rüdiger Stotz*, Die Rolle des Gerichtshofes bei der Integration, in: Aktuelle Entwicklungen ..., oben Fn. 33, S. 21 (22 - 28).

[69] Richtlinie Nr. 90/366/EWG des Rates vom 28.6.1990 über das Aufenthaltsrecht der Studenten, ABl. Nr. 180/30 vom 13.7.1990, für nichtig erklärt durch EuGH (Urt. vom 7.7. 1992), Rs. C-295/90 (Parlament/Rat), noch nicht in Slg., die Rechtswirkungen bleiben aber aufrechterhalten (Nr. 21); Richtlinie Nr. 90/365/EWG des Rates vom 28.6.1990 über das Aufenthaltsrecht der aus dem Erwerbsleben ausgeschiedenen Arbeitnehmer und selbständig Erwerbstätigen, ABl. Nr. L 180/28 vom 13.7.1990; Richtlinie Nr. 90/364/EWG vom 28.6.1990 über das Aufenthaltsrecht, ABl. Nr. 180/26 vom 13.7.1990. Vgl. auch *Kay Hailbronner*, Europa 1992 Freizügigkeit für Studenten und Auszubildende in der Europäischen Gemeinschaft, JuS 1991, S. 9 - 18.

[70] Dazu jetzt *Daniel-Erasmus Khan*, Zur unmittelbaren Anwendbarkeit der EG-Richtlinien über die allgemeine Personenfreizügigkeit, ZAR 1992, S. 161 - 166.

[71] Dazu *Everling*, Von der Freizügigkeit der Arbeitnehmer zum Europäischen Bürgerrecht?, EuR Beiheft 1-1990, S. 81 - 103; *ders.*, Die Stellung des Bürgers in der Europäischen Gemeinschaft, Zeitschrift für Rechtsvergleichung, Internationales Privatrecht und Europarecht 1992, S. 241 - 256; *Magiera*, Politische Rechte im Europa der Bürger, in: Ausländerrecht und Ausländerpolitik in Europa, *M. Zuleeg* (Hrsg.), S. 123 - 141; Das Europa der Bürger in einer Gemeinschaft ohne Binnengrenzen, *Magiers* (Hrsg.), 1990; *Oppermann*, Europarecht, 1991, S. 563 - 582.

V. Die Eigenarten der Rechtsordnung der Gemeinschaft

Im bereits erwähnten Gutachten zum Europäischen Wirtschaftsraum hat der Gerichtshof nicht nur die subjektiven Rechte als Eigenart des Gemeinschaftsrechts hervorgehoben. Er bezeichnete die Gründungsverträge als "Verfassungsurkunde einer Rechtsgemeinschaft"[72], womit die Vorstellung verbunden ist, daß darin grundlegende Entscheidungen getroffen werden, die sich in der gesamten Rechtsordnung der Gemeinschaft wiederfinden lassen müssen[73]. Das besondere Augenmerk verdienen dabei die Präambeln der Gründungs- und Abänderungsverträge, soweit sie grundlegende Ziele der Gemeinschaft aufstellen[74].

Weiterhin besteht der Gerichtshof im Gutachten einmal mehr auf dem Vorrang des Gemeinschaftsrechts, der im Konfliktfall die Anwendbarkeit nationalen Rechts ausschließt[75]. Daraus folgt vor allem, daß die Mitgliedstaaten durch spätere Gesetzgebung nicht die Regeln des Gemeinschaftsrechts für ihr Hoheitsgebiet zu Fall bringen können[76]. Der Vorrang des Gemeinschaftsrechts wird durch den Grundsatz der gemeinschaftskonformen Auslegung des nationalen Rechts ergänzt[77]. Läßt dieses mehrere Auslegungen zu, muß eine Auslegung, die zur Kollision mit dem Gemeinschaftsrecht führt, zugunsten einer damit vereinbarten Deutung zurücktreten[78].

Die Grundsätze einer Rechtsgemeinschaft binden nicht nur die Gemeinschaft selbst, sondern auch die Mitgliedstaaten im Anwendungsbereich des Gemein-

---

[72] Gutachten 1/91, Slg. 1991, I-6079 (6102).

[73] EuGH (Urt. vom 23.4.1986), Rs. 294/83 (Les Verts/Parlament), Slg. 1986, 1339 (1365). In diesem Sinne auch *Helmut Steinberger*, Der Verfassungsstaat als Glied einer europäischen Gemeinschaft, VVDStRL 50 (1991), S. 9 (18 - 29).

[74] Hierzu *M. Zuleeg*, GTE, oben Fn. 10, Erl. zur Präambel; ferner *Meinhard Hilf/Eckhard Pache*, ebenda, Anhang B, Erl. zur Präambel der Einheitlichen Europäischen Akte (Bd. IV, S. 6074 - 6087).

[75] EuGH, Gutachten 1/91, Slg. 1991, I-6079 (6102). Zur früheren Rechtsprechung: *Everling*, Zum Vorrang des EG-Rechts vor nationalem Recht, DVBl. 1985, S. 1201 - 1206.

[76] *Hans Peter Ipsen*, Europäisches Gemeinschaftsrecht, 1972, S. 278 - 287.

[77] Anerkannt durch EuGH (Urt. vom 10.4.1984), Rs. 14/83 (von Colson und Kamann/Land Nordrhein-Westfalen), Slg. 1984, 1891 (1909); (Urt. vom 10.4.1984), Rs. 79/83 (Harz/Deutsche Tradax), Slg. 1984, 1921 (1942 f.); (Urt. vom 13.11.1990), Marleasing/La Commercial Internacional de Alimentación), Slg. 1990, I-4135 (4159).

[78] *Jarass*, Richtlinienkonforme bzw. EG-rechtskonforme Auslegung nationalen Rechts, EuR 1991, S. 211 - 223; *M. Zuleeg*, Gleicher Zugang von Männern und Frauen zu beruflicher Tätigkeit, RdA 1984, S. 325 - 332.

schaftsrecht[79]. So müssen Gemeinschaft und Mitgliedstaaten die ins Gemeinschaftsrecht eingegliederten Grundrechte beachten. Es gelten die Grundsätze des Vorbehalts und des Vorrangs der Gesetze für hoheitliches Handeln, Sicherungen für das Verwaltungsverfahren, etwa das Gebot rechtlichen Gehörs und das Recht auf Verteidigung[80]. Gegen Maßnahmen der Hoheitsgewalt im Anwendungsbereich des Gemeinschaftsrechts müssen die Gemeinschaft und ihre Mitgliedstaaten Rechtsschutz gewähren[81].

Auf diese Weise wird das Vertrauen in die Rechtsordnung der Gemeinschaft bei den Betroffenen gestärkt. Den Mitgliedstaaten ist es verwehrt, das Gemeinschaftsrecht an der Entfaltung im innerstaatlichen Bereich zu hindern. Der rechtliche Zusammenhalt wird so untermauert. Die Gemeinschaft erweist sich auch dadurch als Rechtsgemeinschaft[82].

VI. Verhältnis zu anderen Stützen des Zusammenhalts der Gemeinschaft

1. Rechtlicher und politischer Zusammenhalt

Der rechtliche ist nicht vollständig losgelöst vom politischen Zusammenhalt. Die demokratische Legitimation der Rechtsordnung der Gemeinschaft wird nach wie vor hauptsächlich von den Mitgliedstaaten her geliefert. Zum einen bedürfen

---

[79] EuGH (Urt. vom 13.7.1989), Rs. 5/88 (Wachauf/Bundesamt für Ernährung und Forstwirtschaft), Slg. 1989, 2609 (2639 f.); (Urt. vom 18.6.1991), Rs. C-260/89 (ERT/DEP), Slg. 1991, I-2925 (2963 f.).

[80] Eingehende Darstellung bei *Schwarze*, Europäisches Verwaltungsrecht, Bd. I und II, 1988; siehe auch *dens.*, Der Schutz des Gemeinschaftsbürgers durch allgemeine Verwaltungsrechtsgrundsätze im EG-Recht, NJW 1986, S. 1067 - 1073; *M. Zuleeg*, Die Rechtsprechung des Europäischen Gerichtshofs zum Europarecht im Lichte des Grundgesetzes und seiner Dogmatik, in: Das Grundgesetz im internationalen Wirkungszusammenhang der Verfassungen, *Ulrich Battis u. a.* (Hrsg.), 1990, S. 227 (240 - 242); *dens.*, Rechtsstaatliche Rahmenbedingungen des Binnenmarktes Europa aus Gemeinschaftssicht, Bitburger Gespräche - Jahrbuch 1990, S. 13 (24 - 26).

[81] *Schwarze*, Grundzüge und neuere Entwicklung des Rechtsschutzes im Recht der Europäischen Gemeinschaft, NJW 1992, S. 1065 - 1072; EuGH (Urt. vom 23.4.1986), Rs. 294/83 (Les Verts/Parlament), Slg. 1986, 1339 (1365), für die Gemeinschaft; (Urt. vom 15.5.1986), Rs. 222/84 (Johnson/Chief Constable), Slg. 1986, 1651 (1682); (Urt. vom 3.12.1992), Rs. C-97/91 (Oleificio Borelli/Kommission), noch nicht in Slg., Nr. 14, für die Mitgliedstaaten.

[82] Der Ausdruck stammt von *Walter Hallstein*, Die Europäische Gemeinschaft, 5. Aufl., 1979, S. 52 - 77; übernommen durch EuGH (Urt. vom 23.4.1986), Rs. 294/83 (Les Verts/Europäisches Parlament), Slg. 1986, 1339 (1365); Gutachten 1/91, Slg. 1991, I-6079 (6102).

die Gründungsverträge und deren Abänderungen in allen Mitgliedstaaten der Zustimmung der Volksvertretung, wenn nicht gar einer Volksabstimmung. Zum anderen sind im Rat die Regierungen der Mitgliedstaaten vertreten, die für ihre Mitwirkung an der Hoheitsgewalt der Gemeinschaft eine Legitimationskette benötigen, die auf Wahlen zurückgeht. Diese Art der Legitimation wird freilich als unzureichend angesehen[83]. Sie hat obendrein den Nachteil, daß lediglich die Verfassungsgrundlagen den Bürgern der Mitgliedstaaten oder ihren Volksvertretern zu unterbreiten sind. Die Rechtsakte der Gemeinschaftsorgane kommen hingegen abgehoben von der Legitimationsbasis in den Mitgliedstaaten zustande und entbehren der Transparenz; denn der Rat entscheidet hinter verschlossenen Türen. Auch die Kommission hält ihren Entscheidungsprozeß im geheimen, sei es bei der Vorbereitung von Rechtsakten des Rates, sei es bei den verbindlichen Rechtsakten, die sie selbst erläßt.

Das Europäische Parlament war im Entscheidungsprozeß der Gemeinschaft ursprünglich nur beratend beteiligt, außerdem war es nicht unmittelbar von den Völkern in der Gemeinschaft gewählt. Das ist nach und nach anders geworden. Das Europäische Parlament wird seit 1979 unmittelbar gewählt und verfügt über Mitwirkungsrechte im Gesetzgebungsverfahren der Gemeinschaft, die freilich nicht durchgängig angeordnet sind[84]. Selbst dort, wo sie zum Zuge kommen, sind sie den Rechten nationaler Parlamente nicht gleichwertig[85]. Die Beteiligung der Volksvertreter an der Hoheitsgewalt der Gemeinschaft und die Transparenz der Entscheidungsvorgänge, die im Europäischen Parlament zu erreichen ist, sollten daher verstärkt werden[86]. Die geringe parlamentarische

---

[83] *Steinberger*, VVDStRL 50 (1991), S. 9 (39 - 42).

[84] Zur Gesetzgebung der Gemeinschaft jüngst *Hans-Jürgen Rabe*, Europäische Gesetzgebung - das unbekannte Wesen, NJW 1993, S. 1 - 5.

[85] *Bieber*, NJW 1989, S. 1395 - 1402; *Eckart Klein*, Entwicklungsperspektiven für das Europäische Parlament, EuR 1987, S. 97 - 112; *Oppermann/Michael Kilian*, Vergangenheit und Zukunft des Europäischen Parlaments, EuR 1981, S. 366 - 391.

[86] Vgl. den 5. Erwägungsgrund zum Vertrag über die Europäische Union:"In dem Wunsch, Demokratie und Effizienz in der Arbeit der Organe weiter zu stärken, Zu den Beteiligungsrechten des EP nach dem Vertrag von Maastricht: *Boest*, Ein langer Weg zur Demokratie in Europa, EuR 1992, S. 182 - 199. *Peter M. Huber*, Die Rolle des Demokratieprinzips im europäischen Integrationsprozeß, in: Staatswissenschaften und Staatspraxis 1992, S. 349 - 378, mahnt allerdings Grenzen an; kritisch auch *Dieter Grimm*, Der Mangel an europäischer Demokratie, Der Spiegel 43/1992, S. 57 f.

Kontrolle[87] in der Europäischen Gemeinschaft ist geeignet, das Unbehagen an der europäischen Einigung zu fördern[88].

Um so mehr bedarf die parlamentarische Vertretung der Völker der rechtlichen Absicherung. Der Europäische Gerichtshof trägt das Seinige dazu bei. Er erblickt in der Mitwirkung des Europäischen Parlaments am Entscheidungsprozeß der Gemeinschaft, sei es auch nur in rudimentärer Art, den Ausdruck eines Verfassungsgrundsatzes der Demokratie auf europäischer Ebene. Daraus folgt, daß die Mitwirkung des Parlaments ein wesentliches Verfahrenserfordernis im Sinne der prozessualen Vorschriften ist[89]. Daraus leitet sich weiterhin ab, daß bei der Auswahl der passenden Rechtsgrundlage für einen Rechtsakt der Gemeinschaft das Ausmaß der Beteiligung des Parlaments eine Rolle spielt, so bei Vorschriften zum Schutze der Umwelt, die gleichzeitig dem unverfälschten Wettbewerb innerhalb der Gemeinschaft dienen. Bei einem solchen Zusammentreffen zweier Vertragsziele genießt die Rechtsgrundlage den Vorrang, die das Verfahren der Zusammenarbeit zwischen Rat und Parlament vorsieht[90]. Aus dem Gleichgewicht der Gemeinschaftsorgane, wie es in der Verfassung der Gemeinschaft angelegt ist, leitet der Gerichtshof ein Klagerecht des Europäischen Parlaments vor dem Gerichtshof ab, um die ihm eingeräumten Rechte durchzusetzen, selbst wenn die Gemeinschaftsverträge ein solches Klagerecht nicht ausdrücklich gewähren[91]. Rechtlicher und politischer Zusammenhalt gehen insoweit Hand in Hand.

Der politische Zusammenhalt in der Gemeinschaft läßt sich weiterhin stärken, indem die Bürger der Gemeinschaft am politischen Geschehen beteiligt werden. Bislang ist freilich allein die Wahl zum Europäischen Parlament ein deutlicher Ausdruck des Einflusses der Bürger der Gemeinschaft, der aber durch die

---

[87] Diese Feststellung bedeutet nicht, daß die gegenwärtigen Möglichkeiten der Kontrolle gering zu schätzen sind; dazu *Johann Schoo*, Die Kontrollfunktionen des Europäischen Parlaments, in: Aktuelle Entwicklungen ..., oben Fn. 33, S. 1 - 19.

[88] *Beate Wieland*, Verfassungspolitische Probleme der "Staatswerdung Europas", in: Staatswerdung Europas?, oben Fn. 11, S. 429 - 459.

[89] EuGH (Urt. vom 29.10.1980), Rs. 138/79 (Roquette Frères/Rat), Slg.1980, 3333 (3360); (Urt. vom 29.10.1980), Rs. 139/79 (Maizena/Rat), Slg. 1980, 3393 (3424).

[90] EuGH (Urt. vom 11.6.1991), Rs. C-300/89. (Kommission/Rat), Slg. 1991, I-2867 (2900 f.): Richtlinie über Titandioxid-Abfälle.

[91] EuGH (Urt. vom 22.5.1990), RS. C-70/88 (Parlament/Rat), Slg. 1990, I-2041 (2072 f.).

schwache Stellung des Parlaments beschränkt wird[92]. Manche Mitgliedstaaten lassen Ausländer an den Kommunalwahlen teilnehmen, andere jedoch nicht. Der Europäische Gerichtshof hat entschieden, daß die Freizügigkeit der Arbeitnehmer im Binnenraum der Gemeinschaft bedingt, Arbeitnehmer aus anderen Mitgliedstaaten gleichberechtigt mit den Inländern bestimmen zu lassen, wer sie in Arbeitnehmerkammern, also zwangsweisen Zusammenschlüssen dieses Personenkreises, vertritt[93]. Der Gesetzgeber der Gemeinschaft gewährt den unter die Verordnung über die soziale Sicherheit fallenden Arbeitnehmern und Selbständigen das aktive Wahlrecht für die Vertretungsorgane der Träger der sozialen Sicherheit[94]. Der Vertrag von Maastricht soll die Bürgerbeteiligung in der Gemeinschaft erweitern. Vor allem ist an das Kommunalwahlrecht für Ausländer aus anderen Mitgliedstaaten gedacht[95].

2. Der rechtliche und wirtschaftliche Zusammenhalt

Um den wirtschaftlichen Zusammenhalt in der Gemeinschaft ist es erheblich besser als um den politischen bestellt. Der Europäische Gerichtshof gab und gibt dem wirtschaftlichen Zusammenwachsen der Gemeinschaft wesentliche Anstöße. Er hat den freien Warenverkehr über die Binnengrenzen hinweg dadurch gefördert, daß er nicht nur darauf drängt, Diskriminierungen abzuschaffen, sondern auch alle anderen Behinderungen des freien Austausches[96]. Den

---

[92] Dazu *Grabitz/Schmuck/Sabine Steppat/Wessels*, Direktwahl und Demokratisierung - Eine Funktionenbilanz des Europäischen Parlaments nach der ersten Wahlperiode, 1988.

[93] EuGH (Urt. vom 4.7.1991), Rs. C-213/90 (ASTI/Chambre des employés privés), Slg. 1991, I-3507 (3530 f.).

[94] Art. 3 Abs. 2 der VO (EWG) Nr. 1408/71 über die Anwendung der Systeme der sozialen Sicherheit auf Arbeitnehmer und Selbständige sowie deren Familienangehörige, die innerhalb der Gemeinschaft zu- und abwandern, vom 14.6.1971, ABl. Nr. L 149/2 vom 5.7.1971, ber. ABl. 1973 Nr. L 128/22, in der Fassung des Anhangs I zur VO Nr. 2001/83 vom 2.6.1983, ABl. Nr. L 230/6, Anhänge geändert durch VO Nr. 1660/85 vom 13.6.1985, ABl. Nr. L 160/1, Anhang VIII Beitritts- und Anpassungsakte vom 12.6.1985, ABl. Nr. L 302/170, geändert durch VO Nr. 3811/86 vom 11.12.1986, ABl. Nr. L 355/5; VO Nr. 1305/89 vom 11.5.1989, ABl. Nr. L 131/1; VO Nr. 2332/89 vom 18.7.1989, ABl. Nr. L 224/1; VO Nr. 3427/89 vom 30.10.1989, ABl. Nr. L 331/1; VO Nr. 2195/91 vom 25.6.1991, ABl. Nr. L 206/2.

[95] Art. 8 b des Vertrags über die Europäische Wirtschaftsgemeinschaft i. d. Fassung des Vertrags über die Europäische Union.

[96] *Rabe*, Garantien und Sicherungen des freien Warenverkehrs, in: Das Wirtschaftsrecht des Gemeinsamen Marktes in der aktuellen Rechtsentwicklung, *Schwarze* (Hrsg.), 1983, S. 41 - 63; *Stotz*, oben Fn. 68, S. 33 - 35.

einzelnen steht ein Recht zu, die freie Warenbewegung gerichtlich durchzusetzen, wenn nötig, muß ein nationales Gesetz dahinter zurückstehen[97].

Eine derartige Rechtsprechung birgt die Gefahr in sich, schützenswerte Rechtsgüter zugunsten des Warenaustausches zu vernachlässigen. Um dem entgegenzuwirken, hat der Gerichtshof sich nicht damit begnügt, die ausdrücklich im Vertrag genannten Schutzgüter, beispielsweise die Gesundheit, als Rechtfertigung einer Beschränkung anzuerkennen. Darüber hinaus dürfen Beschränkungen seitens der Mitgliedstaaten aufrechterhalten werden, die zwingenden Erfordernissen im öffentlichen Interesse dienen. Voraussetzung ist allerdings, daß der Grundsatz der Verhältnismäßigkeit gewahrt bleibt und die nationale Maßnahme keine verschleierte Beeinträchtigung des Handels darstellt[98]. Bleiben nationale Beschränkungen bestehen, läßt sich der Aufspaltung des Marktes nur durch Harmonisierung begegnen. Das führt zu einer lebhaften Gesetzgebungstätigkeit der Gemeinschaft, deren Auswüchse mit Hilfe des Subsidiaritätsprinzips bekämpft werden sollen. Ein beträchtlicher Bedarf an Harmonisierung wird indessen fortbestehen, dessen Umfang nicht rechtlich, sondern politisch durch die dafür zuständigen Gemeinschaftsorgane festzulegen ist[99].

Die Dienstleistungsfreiheit ist mittlerweile darauf ausgerichtet, Beschränkungen zu verhindern und nicht bloß Diskriminierungen abzubauen[100]. In diese Richtung geht die Rechtsprechung auch im Bereich der Niederlassungsfreiheit und der Freizügigkeit der Arbeitnehmer[101], ohne jedoch die umgekehrte Diskriminierung, also die Benachteiligung der Inländer einzubeziehen[102].

---

[97] *Stotz*, ebenda, S. 30 - 32.

[98] Vgl. *Dauses*, Grundregeln (des freien Warenverkehrs), in: Handbuch des EG-Wirtschaftsrechts, *Dauses* (Hrsg.), 1993, S. 255 (268 - 285).

[99] Vgl. *Everling*, Gestaltungsbedarf des Europäischen Rechts, EuR 1987, S. 214 - 235; *Joachim Sedemund*, "Cassis de Dijon" und das neue Harmonisierungskonzept der Kommission, in: Der Gemeinsame Markt - Bestand und Zukunft in wirtschaftsrechtlicher Perspektive, *Schwarze* (Hrsg.), 1987, S. 37 - 54.

[100] EuGH (Urt. vom 25.7.1991), Rs. C-288/89 (Gouda/Commissariaat voor de Media), Slg. 1991, I-4007 (4040 f.).

[101] Siehe oben Fn. 63.

[102] Vgl. *Peter Behrens*, Die Konvergenz der wirtschaftlichen Freiheiten im europäischen Gemeinschaftsrecht, EuR 1992, S. 145 - 162; *Wilhelm Kewenig*, Niederlassungsfreiheit, Freiheit für Dienstleistungsverkehr und Inländerdiskriminierung, JZ 1990, S. 20 - 24.

Betreibt die Gemeinschaft Wirtschaftslenkung, sind gewöhnlich rechtliche Regelungswerke notwendig, um die gesetzten Ziele zu verwirklichen. Die daraus entspringenden Belastungen sind gegenüber den einzelnen durchzusetzen, Vorteile müssen ihnen zugute kommen. Das Muster eines solcherart gestalteten Sachgebiets ist die Landwirtschaft[103]. Der Europäische Gerichtshof hat gerade dafür den Grundrechtsschutz ausgebaut und objektive Grundsätze einer Rechtsgemeinschaft entwickelt, die im nationalen Rahmen zu den rechtsstaatlichen Grundsätzen gehören, insbesondere den Grundsatz des Vertrauensschutzes, der Rechtssicherheit und des ordnungsgemäßen Verwaltungsverfahrens[104]. Ohne rechtliche Klammer mit den dazugehörigen Sicherungen wäre die Lenkungspolitik zum Scheitern verurteilt.

Grundsätzlich herrscht in der Gemeinschaft die Freiheit des Wettbewerbs. Das Kernstück der bestehenden Gemeinschaft ist der Gemeinsame Markt. Der Wettbewerb auf diesem Markt muß redlich und unverfälscht sein[105]. Diese Grundsätze gelten auch für die öffentliche Hand, wenn sie sich auf dem Markt betätigt[106]. Die Vorschriften über die Beihilfenaufsicht sind dazu da, den unverfälschten Wettbewerb zwischen den Mitgliedstaaten zu erhalten[107]. Beihilfen, hierzulande Subventionen genannt, unterliegen der Prüfung durch die Kommission, ob sie dem Wettbewerb nicht schädlich sind oder nach dem

---

[103] Siehe *Oppermann*, Europarecht, 1991, S. 475 - 503.

[104] Zuletzt wieder EuGH (Urt. vom 3.12.1992), Rs. C-264/90 (Wehrs/Hauptzollamt Lüneburg), noch nicht in Slg., Nr. 7 - 15 (Vertrauensschutz). Vgl. auch *Volkmar Götz*, Verfassungsschranken interventionistischer Regulierung nach europäischem Gemeinschaftsrecht im Vergleich mit dem Grundgesetz, JZ 1989, S. 1021 - 1024.

[105] 4. Erwägungsgrund der Präambel, Art. 3 Buchst. f EWGV. Dazu *Oppermann*, Europäische Wirtschaftsverfassung nach der Einheitlichen Europäischen Akte, in: Staat und Wirtschaft in der EG, *Peter-Christian Müller-Graff/M. Zuleeg* (Hrsg.), 1987, S. 53 - 71; *M. Zuleeg*, EuR 1982, S. 21 (26 - 29); *ders.*, GTE, oben Fn. 10, Rn. 10 zur Präambel, 9 zu Art. 3.

[106] *Ingfried F. Hochbaum*, GTE, oben Fn. 10, Erl. zu Art. 90; *Ernst Joachim Mestmäcker*, Staat und Unternehmen im europäischen Gemeinschaftsrecht, RabelsZ Bd. 52 (1988), S. 526 - 586; *ders.*, Zur Anwendbarkeit der Wettbewerbsregeln auf die Mitgliedstaaten und die Europäischen Gemeinschaften, FS Bodo Börner, 1992, S. 277 - 288; *Pernice*, Komm. zum EWG-Vertrag, *Grabitz* (Hrsg.), Stand 1990, Erl. zu Art. 90.

[107] *Grabitz*, Gemeinsamer Markt und nationale Subventionen, in: Entwicklungsperspektiven ... oben Fn. 35, S. 95 (97 - 104), gegen die Beschränkung auf den Flankenschutz für den freien Warenverkehr; so aber *Bodo Börner*, Gemeinsamer Markt und nationale Subventionen, ebenda, S. 83 - 94.

Gründungsvertrag im Interesse eines vorrangigen Rechtsguts gewährt werden dürfen. Im Streitfall entscheidet der Europäische Gerichtshof[108].

Die fortschreitende Integration auf wirtschaftlichem Gebiet macht eine Rechtsangleichung notwendig. Sie erstreckt sich auf technische Normen, Steuer- und Gesellschaftsrecht, um nur einige Rahmenbedingungen für die Wirtschaft zu nennen. Aufgrund des Europäischen Gerichtsstands- und Vollstreckungsübereinkommen sind die Zuständigkeit und die Vollstreckung in Zivil- und Handelssachen geregelt. Die Auslegung des Übereinkommens ist dem Europäischen Gerichtshof anvertraut[109]. Ein europäisches Privatrecht nimmt Gestalt an[110]. Die Befugnisse der Gemeinschaft sind keineswegs auf das Recht der Wirtschaft beschränkt[111]. Der Schutz der Gesundheit, der Umwelt, der Verbraucher und viele andere Rechtsgüter sind in die Rechtsangleichung auf Gemeinschaftsebene einbezogen[112]. Der erforderliche Ausgleich mit den wirtschaftlichen Interessen kann nicht anders als mit rechtlichen Mitteln gelingen. Der wirtschaftliche Zusammenhalt wird durch dieses juristische Instrumentarium verstärkt und abgesichert.

3. Rechtlicher und sozialer Zusammenhalt

Der soziale Zusammenhalt ist innerhalb der Gemeinschaft noch schwach ausgeprägt. Das beruht auf der Entscheidung, die wirtschaftliche Integration voranzutreiben, ohne zugleich eine umfassende gemeinschaftliche Sozialpolitik anzustreben. Zwar gab es bei der Aushandlung der Römischen Verträge Vorstöße in diese Richtung, um die Wettbewerbsbedingungen in allen Mitgliedstaaten gleich zu gestalten. Die Auffassung, daß dies nicht unabdingbar sei, setzte sich jedoch durch. Der Grundsatz der gleichen Entlohnung für Mann und Frau bei gleicher Arbeit wurde indessen in den EWG-Vertrag aufgenom-

---

[108] *Harald-Fritz Wenig*, GTE, oben Fn. 10, Erl. zu Art. 93.

[109] Zu den erfaßten Bereichen *Oppermann*, Europarecht, 1991, S. 425, 436.

[110] *Müller-Graff*, Gemeinsames Privatrecht in der Europäischen Gemeinschaft: Ebenen und gemeinschaftsprivatrechtliche Grundfragen, FS Börner, 1992, S. 303 - 343; *ders.*, Europäisches Gemeinschaftsrecht und Privatrecht, NJW 1993, S. 13 - 23; *Peter Ulmer*, Vom deutschen zum europäischen Privatrecht?, JZ 1992, S. 1 - 8.

[111] EuGH (Urt. vom 8.2.1968), Rs. 28/66 (Niederlande/Kommission), Slg. 1968, 1 (20); (Urt. vom 8.4.1976), Rs. 43/75 (Defrenne/Sabena), Slg. 1976, 455 (473).

[112] *Klaus Winkel*, Stand und Perspektiven der Rechtsangleichung zur Vollendung des Binnenmarktes, in: Aktuelle Entwicklungen ..., oben Fn. 33, S. 81 - 89.

men[113]. Der Europäische Gerichtshof hat den Grundsatz nicht nur als wirtschaftlich bedingtes Erfordernis, sondern auch als Grundrecht einzelner betrachtet. Der Grundsatz der Gleichberechtigung von Mann und Frau erstreckt sich darüber hinaus auf andere Arbeitsbedingungen, wobei die Ausgestaltung dem Gesetzgeber der Gemeinschaft obliegt, der dazu Richtlinien erlassen hat[114].

Soziale Rechte entspringen aus den Regeln über den freien Personenverkehr innerhalb der Gemeinschaft. So sichert die Verordnung über die Freizügigkeit der Arbeitnehmer innerhalb der Gemeinschaft auch die sozialen Rechte der Wanderarbeitnehmer aus anderen Mitgliedstaaten und ihrer Familienangehörigen. Die Verordnung über die Anwendung der Systeme der sozialen Sicherheit auf Arbeitnehmer und Selbständige sowie deren Familienangehörige koordiniert diese Systeme, um Hindernisse für die Freizügigkeit zu beseitigen[115]. Die Gemeinschaft verbessert den Arbeitsschutz, der nach dem Vertrag Schutz der Arbeitsumwelt heißt[116]. Sozialer Schutz erwächst aus Richtlinien zum Arbeitsrecht, das im Sprachgebrauch der Gemeinschaft zum Sozialrecht gehört[117].

---

[113] *Hanns Jürgen Küsters*, Die Gründung der Europäischen Gemeinschaft, 1982, S. 299 - 305, 375.

[114] *Roland Abele*, Geschlechtsbezogene Diskriminierungen beim Zugang zum Arbeitsverhältnis - Europarechtliche Vorgaben und deutschrechtliche Abweichungen, EuR 1990, S. 371 - 384; *Ninon Colneric*, Gleichberechtigung von Mann und Frau im Europäischen Gemeinschaftsrecht, BB 1988, S. 968 - 976; *dies.*, Neue Entscheidungen des EuGH zur Gleichbehandlung von Männern und Frauen, EuZW 1991, S. 75 - 79; *Heike Dieball*, Gleichberechtigung von Mann und Frau im Recht der EG, Arbeit und Recht 1991, S. 166 - 170; *Ingwer Ebsen*, Gleichberechtigung von Männern und Frauen im Arbeitsleben, in: *Bernd v. Maydell* (Hrsg.), Soziale Rechte in der EG - Bausteine einer zukünftigen europäischen Sozialunion, 1990, S. 99 - 119; *Georgios Kyriazis*, Die Sozialpolitik der Europäischen Wirtschaftsgemeinschaft in bezug auf die Gleichberechtigung männlicher und weiblicher Erwerbstätiger, 1990; *Christine Langenfeld*, Die Gleichbehandlung von Mann und Frau im Europäischen Gemeinschaftsrecht, 1990; *M. Zuleeg*, Gleicher Zugang von Mann und Frau zum Arbeitsleben als europarechtliches Problem, Vorträge, Reden und Berichte aus dem Europa-Institut Nr. 50, Saarbrücken 1985; *ders.*, Gleicher Zugang von Männern und Frauen zu beruflicher Tätigkeit, RdA 1984, S. 325 - 332.

[115] *M. Zuleeg*, EuGRZ 1992, S. 329 - 334 m.w.N.

[116] Dazu *Otfried Wlotzke*, Technischer Arbeitsschutz im Spannungsverhältnis von Arbeits- und Wirtschaftsrecht, RdA 1992, S. 85 - 96; *Erik de Gier*, Eine neue Herausforderung? Europäisches Arbeitsschutzrecht im Spannungsverhältnis von Wirtschaft und Gesellschaft, RdA 1992, S. 96 - 102.

[117] Vgl. EuGH (Urt. vom 19.11.1991), Rs. C-6 und 9/90 (Francovich und Bonifaci/Italien), Slg. 1991, I-5357 (5408 ff.). Zum Einfluß der Gemeinschaft auf das Arbeitsrecht: *Barbara Hartlage-Laufenberg*, Die Europäische Gemeinschaft und das deutsche individuelle und kollektive Arbeitsrecht, RIW 1992, S. 873 - 878; *M. Zuleeg*, Die Rolle des Arbeitsrechts in der europäischen Integration, RdA 1992, S. 133 - 141.

Auf die Förderung des sozialen Zusammenhalts in der Gemeinschaft mit Hilfe von finanziellen Fonds wurde bereits hingewiesen[118].

Die Gemeinschaft befindet sich so auf dem Wege zu einer Sozialgemeinschaft[119], die den europäischen Zusammenschluß als vorteilhaft für einzelne erweist[120]. Die Richtung dorthin ist in den Präambeln zu den Gründungsverträgen vorgezeichnet. Vor allem aber bekennen sich die Mitgliedstaaten in der Präambel zur Einheitlichen Europäischen Akte, einem Abänderungsvertrag zum EWG-Vertrag, zu Freiheit, Gleichheit und sozialer Gerechtigkeit, wobei sie sich auf die in der Europäischen Sozialcharta anerkannten Grundrechte stützen. Die Vertragsparteien äußern den festen Willen, die wirtschaftliche und die soziale Lage in der Gemeinschaft zu verbessern. Für die Lebens- und Arbeitsbedingungen der Arbeitskräfte verweist der EWG-Vertrag auf den Weg des Fortschritts. Der Europäische Gerichtshof entnimmt dem eine Auslegungsregel für die Rechtsfolgen einer Bestimmung, die auf soziale Rechtspositionen abzielt[121].

Wichtige Aufgaben der sozialen Politik liegen indessen nach wie vor in den Händen der Mitgliedstaaten. Zu erinnern ist hier an die Systeme der sozialen Sicherheit und der Sozialhilfe[122]. Mag infolgedessen der soziale Zusammenhalt

---

[118] Siehe oben zu Fn. 7; ferner *Manfred Beschel*, GTE, oben Fn. 10, Erl. zu Art. 130 a - e.

[119] Vgl. *Armin Iff*, Der Europäische Sozialstaat und seine Institutionen, DVBl. 1991, S. 1295 - 1300; *Pescatore*, Die Gemeinschaftsverträge als Verfassungsrecht - Ein Kapitel Verfassungsgeschichte in der Perspektive des Europäischen Gerichtshofs, systematisch geordnet, FS Hans Kutscher, 1981, S. 319 (334); Sozialstaat EG? Die andere Dimension des Binnenmarkts, *Wolfgang Däubler* (Hrsg.), 1989. Zurückhaltend insoweit allerdings *Meinhard Hilf/Benno Willms*, Europa 1992: Europäisches Arbeits- und Sozialrecht, JuS 1992, S. 368 - 372.

[120] Vgl. *Eberhard Eichendorfer*, Das Europäische Sozialrecht - Bestandsaufnahme und Entwicklungsperspektiven, JZ 1992, S. 269 - 277; *Bernd Schulte*, Europäisches und nationales Sozialrecht, EuR Beiheft I/1990, S. 35 - 79; *Christian Tomuschat*, Solidarität in Europa, in: Liber Amicorum Pierre Pescatore, 1987, S. 729 - 757; *M. Zuleeg*, Die Europäische Gemeinschaft auf dem Weg zur Sozialgemeinschaft, ZfSH/SGB 1990, S. 561 - 566, 618 - 630.

[121] EuGH (Urt. v. 8.4.1976), Rs. 43/75 (Defrenne/Sabena), Slg. 1976, 455 (473); (Urt. v. 29.9.1987), Rs. 126/86 (Giménez Zaera/Instituto Nacional de la Seguridad Social), Slg. 1987, 3697 (3716).

[122] EuGH (Urt. v. 13.10.1977), Rs. 22/77 (Fonds national de retraite/Mura), Slg. 1977, 1699 (1707); *Heinz-Dietrich Steinmeyer*, Harmonisierung des Arbeits- und Sozialrechts in der Europäischen Gemeinschaft - Eine Konsequenz aus der Schaffung eines einheitlichen Binnenmarktes?, Zeitschrift für internationales und ausländisches Sozialrecht 1989, S. 208 - 228; *Sigrid Zuleeg*, Zur Einwirkung des Europäischen Gemeinschaftsrechts auf die Sozialhilfe nach dem Bundessozialhilfegesetz, Nachrichtendienst des Deutschen Vereins für öffentliche und private Fürsorge 1987, S. 342 - 347.

in der Gemeinschaft noch gering sein, ist er doch nicht zu vernachlässigen[123]. Ohne enge Verknüpfung mit dem rechtlichen Zusammenhalt durch subjektive Rechte, aber auch durch Auslegungsregeln und Ermessensbindungen blieben die sozialen Ziele der Gemeinschaft weitgehend wirkungslos.

VII. Folgerungen

Angesichts der wesentlichen Bedeutung des rechtlichen Zusammenhalts für den Fortbestand und den Ausbau der Europäischen Gemeinschaft bedarf es der Absicherung dieses Bindeglieds des Zusammenschlusses. Auf der europäischen Ebene steht dabei die Gerichtsbarkeit im Mittelpunkt. Der Europäische Gerichtshof benötigt einen ausreichenden Kompetenzrahmen, um die Einheit des Gemeinschaftsrechts zu wahren. Er ist gegenwärtig durchaus vorhanden. Im Lichte seiner Rechtsprechung[124] sind aber Vorhaben bedenklich, die Kompetenzen des Gerichtshofes zu beschneiden, insbesondere auf dem Gebiet der Zusammenarbeit zwischen dem Gerichtshof und den mitgliedstaatlichen Gerichten im Vorabentscheidungsverfahren[125]. Der Gerichtshof hat in seinem Gutachten zum Entwurf eines Abkommens über die Schaffung eines Europäischen Wirtschaftsraums festgestellt, daß "der EWG-Vertrag ... die grundlegende Verfassungsurkunde einer Rechtsgemeinschaft darstellt. ... die Gemeinschaftsverträge (haben) eine neue Rechtsordnung geschaffen, zu deren Gunsten die Staaten in immer weiteren Bereichen ihre Souveranitätsrechte eingeschränkt haben und deren Rechtssubjekte nicht nur die Mitgliedstaaten, sondern auch

---

[123] *Klaus Sieveking*, Bestimmungsfaktoren und Bezugspunkte europäischer Sozialpolitik, in: Staatswerdung Europas?, oben Fn. 11, S. 285 - 320, zieht eine Bilanz und weist auf die Herausforderungen einer europäischen Sozialpolitik hin.

[124] EuGH (Urt. vom 27.6.1991), Rs. C-348/89 (Mecanarte/Chefe de Servico), Slg. 1991, I-3277 (3312 f.): Durch die dem Gerichtshof in Artikel 177 eingeräumten Befugnisse soll im wesentlichen eine einheitliche Anwendung des Gemeinschaftsrechts durch die innerstaatlichen Gerichte sichergestellt werden. Zu diesem Zweck gibt Artikel 177 dem innerstaatlichen Gericht ein Mittel zur Bewältigung der Schwierigkeiten, die das Erfordernis, dem Gemeinschaftsrecht im Rahmen der Gerichtbarkeit der Mitgliedstaaten volle Wirkung zu verschaffen, mit sich bringen könnte. Die praktische Wirksamkeit des mit Artikel 177 EWGVertrag geschaffenen Systems setzt voraus, daß die innerstaatlichen Gerichte im weitestmöglichen Umfang zur Anrufung des Gerichtshofes befugt sind, wenn sie der Auffassung sind, daß ein bei ihnen anhängiger Rechtsstreit Fragen nach der Auslegung oder der Gültigkeit gemeinschaftsrechtlicher Vorschriften aufwirft, die zur Entscheidung dieses Rechtsstreits erforderlich sind.

[125] Erwogen von *Susanne Hoffmann/Otto Schulz*, Auf dem Weg zu einer europäischen Arbeits- und Sozialgerichtsbarkeit?, ZfSH/SGB 1992, S. 561 (573f.).

deren Bürger sind ... Die wesentlichen Merkmale der so verfaßten Rechtsordnung der Gemeinschaft sind ihr Vorrang vor dem Recht der Mitgliedstaaten und die unmittelbare Wirkung zahlreicher für ihre Staatsangehörigen und für sie selbst geltenden Bestimmungen". Der Gerichtshof sieht diese Eigenart der Gemeinschaft aufs Spiel gesetzt, wenn seine Zuständigkeit in einer Weise vermindert wird, die geeignet ist, die Autonomie des Rechtssystems der Gemeinschaft zu beeinträchtigen, deren Wahrung der Gerichtshof nach Artikel 164 EWGV sichert[126].

Diese Bestimmung schließt die Rechtsfortbildung ein. Dabei wird der Gerichtshof rechtsschöpferisch tätig[127]. Das Bundesverfassungsgericht hat ihm wiederholt bescheinigt, daß er die einem Gericht gesetzten Grenzen nicht überschritten hat[128]. Ein Verbot, Lücken in der Rechtsordnung der Gemeinschaft durch Richterrecht zu füllen, würde die Einheit des Gemeinschaftsrechts und seine wirksame Entfaltung ins Mark treffen. Obendrein müßten sich die Verfassungsgerichte der Mitgliedstaaten, insbesondere das Bundesverfassungsgericht, erneut Gedanken darüber machen, ob die Hoheitsgewalt der Gemeinschaft an Verfassungsgrundsätze gebunden ist, die von der eigenen Verfassung des Mitgliedstaats hochgehalten werden[129]. Die Gemeinschaft verdankt die Bindung an derartige Grundsätze nämlich der Rechtsfortbildung durch den Europäischen Gerichtshof[130]. Diese Entwicklung ist keineswegs abgeschlossen.

Wirft man dem Gerichtshof vor, in verfehlter Weise den "effet utile", die nützliche Wirkung für die europäische Integration bei der Auslegung und

---

[126] Gutachten 1/91, Slg. 1991, I-6079 (6102, 6105).

[127] *Wolfgang Dänzer-Vanotti*, Unzulässige Rechtsfortbildung des Europäischen Gerichtshofs, RIW 1992, S. 733 - 742, der es sich angelegen sein läßt, die Grenzen des Richterrechts aufzuzeigen. Er ruft den nationalen Rechtsanwender auf, Urteile des EuGH, die den Rahmen nicht einhalten, "als ohne weiteres unwirksam anzusehen. Solche Urteile sind also nicht verbindlich und auch nicht als Präjudiz anzusehen" (S. 741). Offensichtlich ist dabei die eigene Einschätzung des Rechtsanwenders maßgeblich. *Klein*, Der Verfassungsstaat als Glied einer europäischen Gemeinschaft, VVDStRL 50 (1991), S. 56 (66 - 68), spricht dem EuGH zwar die "Kompetenz zum Fehlurteil" ab, hält die Mitgliedstaaten und ihre Gerichte aber nicht für befugt, die "Kompetenzentscheidungen des EuGH ... für ihren Jurisdiktionsbereich konterkarieren zu können". Nur für die Grenzen der nationalen Integrationsgewalt soll anderes gelten (S. 69 f.).

[128] Siehe oben Fn. 47.

[129] Vgl. dazu *Ehlermann*, Zur Diskussion um einen "Solange III"-Beschluß: Rechtspolitische Perspektiven aus der Sicht des Gemeinschaftsrechts, EuR-Beiheft 1/1991, S. 27 - 38; *Kirchhof*, ebenda, S. 11 - 25, jeweils m.w.N.

[130] *Steinberger*, VVDStRL 50 (1991), S. 9 (24 - 48).

Fortbildung des Gemeinschaftsrechts heranzuziehen[131], verlangt man von ihm, die Ziele der Gründungsverträge aufzugeben, die gerade die zunehmende Einbindung der Mitgliedstaaten ins Auge fassen[132]. Der Gerichtshof muß auch deswegen Herr seiner Auslegungsmethoden bleiben, weil sonst seine Unabhängigkeit bedroht wäre. Eine weitere Folgerung aus dem rechtlichen Zusammenhalt der Gemeinschaft ist es, daß auf die Anerkennung der Urteile des Gerichtshofs in den Mitgliedstaaten und durch sie sowie den Vollzug dieser Urteile großer Wert zu legen ist[133].

Darüber hinaus bedarf es in den Mitgliedstaaten einer Struktur, die es ermöglicht, die Europäische Gemeinschaft als Rechtsgemeinschaft in vollem Umfang zu unterstützen. Dies bedeutet, daß die Mitgliedstaaten die Verfassungsgrundsätze beibehalten müssen, die für sie selbst gelten und die sie der Gemeinschaft mit auf den Weg gegeben haben. Zu erinnern ist hier an die Präambel zur Einheitlichen Europäischen Akte. Es müssen namentlich der Schutz der Grundrechte, rechtsstaatliche Grundsätze, Rechtsschutz und nicht zuletzt demokratische Willensbildung gewährleistet sein, ohne die sich grundsätzliche Anforderungen des Gemeinschaftsrechts nicht mehr erfüllen ließen[134].

Der rechtliche Zusammenhalt bedarf der Pflege in den Mitgliedstaaten. Zunächst einmal ist die Kenntnis des Gemeinschaftsrechts bei den Staatsorganen, aber auch bei anderen, die mit dem Recht umgehen, unerläßlich. Dafür sind vornehmlich die juristischen Ausbildungsstätten gefordert[135].

Wichtige Beiträge leisten auch diejenigen, die Kritik an der Gesetzgebung, der Verwaltung und insbesondere der Rechtsprechung der Gemeinschaft üben. Wegweisende Vorschläge für die Entwicklung des Gemeinschaftsrechts dienen

---

[131] Die Wirksamkeit des Gemeinschaftsrecht betont der EuGH (Urt. vom 9.3.1978), Rs. 106/77 (Finanzverwaltung/Simmenthal), Slg. 1978, 629 (644 f.); (Urt. vom 17.1.1980), Rs. 792/79 R (Camera Care/Kommission), Slg. 1980, 119 (131).

[132] *Magiera*, Kompetenzgrenzen und Strukturprinzipien der Europäischen Gemeinschaft, FS Rudolf Morsey, 1992, S. 211 - 236.

[133] *Everling*, Bindung und Rahmen: Recht und Integration, in: Die Identität Europas, *Werner Weidenfeld* (Hrsg.), 1985, S. 152 (163 f.).

[134] Die Anforderung der Homogenität in der Grundstruktur betont zu Recht *Jochen Abr. Frowein*, Die rechtliche Bedeutung des Verfassungsprinzips der parlamentarischen Demokratie für den europäischen Integrationsprozeß, EuR 1983, S. 301 (309 - 317); *ders.*, Verfassungsperspektiven der Europäischen Gemeinschaft, EuR-Beiheft 1 (1992), S. 63 (65 f.).

[135] *Ehlermann*, Die Europäische Gemeinschaft, das Recht und die Juristen, NJW 1992, S. 1856 - 1860.

dem Rückhalt der Gemeinschaftspolitik bei den Betroffenen. Rechtspolitische Gremien, etwa der Deutsche Juristentag, sind dafür besonders geeignet. Man muß sich indessen bewußt sein, daß alle Bemühungen um die optimalen Voraussetzungen einer Rechtsgemeinschaft die Anstrengungen nicht überflüssig machen, den politischen Zusammenhalt zu verstärken[136]. Der Weg dazu führt namentlich über die Ansätze zur Demokratie in Europa, die in der Verfassung der Gemeinschaft enthalten sind[137]. Dem Europäischen Parlament gebührt dabei eine führende Rolle[138].

[136] Vor den Gefahren der Verrechtlichung warnt *Wilfried Fiedler*, Die Funktion des Rechts in der Europäischen Einigungsbewegung, JZ 1986, S. 60 - 65.

[137] Vgl. jetzt auch die Präambel zum Vertrag von Maastricht, 3. Erwägungsgrund: "in Bestätigung ihres (der vertragsschließenden Parteien d.V.) Bekenntnisses zu den Grundsätzen der Freiheit, der Demokratie und der Achtung der Menschenrechte und Grundfreiheiten und der Rechtsstaatlichkeit, ...". Zur Demokratie in der Europäischen Gemeinschaft: *Frowein* und *Hilf*, Die rechtliche Bedeutung des Verfassungsprinzips der parlamentarischen Demokratie für den europäischen Integrationsprozeß, EuR 1983, S. 301 - 317, und 1984, S. 9 - 40; *M. Zuleeg*, Der Verfassungsgrundsatz der Demokratie und die Europäischen Gemeinschaften, Der Staat Bd. 17 (1978), S. 27 - 47.

[138] Ebenso *Everling*, Bindung und Rahmen, oben Fn. 133, S. 170 f. Zu den Fortschritten, die insoweit der Vertrag von Maastricht mit sich bringt, siehe oben Fn. 3.

Europäischer Gerichtshof und deutsche Arbeitsgerichtsbarkeit im judiziellen Dialog*

Von Wolfgang Blomeyer, Erlangen

A. Einleitung

Mit dem Gerichtshof der Europäischen Gemeinschaften in Luxemburg, dem EuGH, verfügt die Europäische Union über ein Organ, das allein in der Lage ist, für eine einheitliche Beachtung des von ihr "gesetzten" einheitlichen Rechts in den Mitgliedstaaten zu sorgen und damit den rechtlichen "Zusammenhalt Europas" auch tatsächlich zu bewirken. Der EuGH ist heute diejenige Kraft in Europa, die - wie etwa das Reichsgericht nach der Gründung des deutschen Reiches - die Verknüpfung des nationalen Rechts mit dem europäischen Recht in Europa, d. h. die Vereinheitlichung, besser "Europäisierung", unseres Rechts in die Tat umsetzt.

Die stetig breiter werdende Judikatur des EuGH hat längst auch das Arbeitsrecht erfaßt. Auf dem Boden des EWG- bzw. EG-Vertrages greift der EuGH unmittelbar in gesetzlich normiertes nationales Recht ein. So erklärt z. B. das deutsche Betriebsverfassungsrecht das Amt eines Betriebsratsmitglieds zum unentgeltlichen Ehrenamt (§ 37 Abs. 1 BetrVG) mit der Folge, daß eine Begünstigung, zu der auch eine Vergütung für die Betriebsratstätigkeit gehört, unzulässig ist (§ 78 S. 2 BetrVG). Der Arbeitgeber muß das Betriebsratsmitglied aber unter bestimmten Voraussetzungen zwecks Erfüllung seiner Amtsaufgaben von seiner vertraglichen Arbeitstätigkeit unter Fortzahlung der Bezüge ganz oder teilweise freistellen (§ 37 Abs. 2 BetrVG). Gleiches gilt unter noch engeren Voraussetzungen für die Teilnahme an außerbetrieblichen Schulungsver-

---

* Der Beitrag ist am 31.12.1993 abgeschlossen worden. Zur weiteren Entwicklung vgl. den Autor in NZA 1994, 633 ff.

anstaltungen (§ 37 Abs. 6 BetrVG). An einer solchen Schulungsveranstaltung-hatte eine bei der Berliner Arbeiterwohlfahrt angestellte Hauspflegerin, die wegen ihrer Betriebsratsaufgaben gänzlich von der Arbeitsverpflichtung freigestellt war, teilgenommen. Ihre vertragliche Arbeitsverpflichtung betrug 30 Wochenstunden. Die Schulungsveranstaltung dauerte in der betreffenden Woche ausnahmsweise 50 Stunden. Für die 20 "Über-Stunden" hatte sie nach deutschem Recht keinen Anspruch auf Arbeitsentgelt, weil einerseits keine Arbeitstätigkeit ausfiel und weil andererseits eine Bezahlung für die Betriebratstätigkeit unzulässig ist. Entgegen dieser eindeutigen deutschen Rechtslage, hat ihr der Europäische Gerichtshof im Urteil vom 4. Juni 1992[1] für die 20 Stunden einen Anspruch auf Arbeitslohn aufgrund von Art. 119 EG-Vertrag zuerkannt - mit der simplen Begründung, daß sie eine *Frau* sei[2]. Auf die Begründung wird noch zurückzukommmen sein. Bemerkenswert ist hier zunächst nur das Phänomen: Der EuGH korrigiert im Ergebnis deutsches Arbeitsrecht, das seiner Auffassung nach mit europäischem Recht kollidiert, prüft aber nicht, inwieweit diese Korrektur Grundprinzipien und -strukturen des deutschen Rechts zerstört.

Bevor die Eingriffsmöglichkeiten und -wirkungen der EuGH-Rechtsprechung auf das deutsche materielle Recht, - exemplifiziert am Arbeitsrecht - näher dargestellt werden können, sollen die beiden Komponenten, die hier am Werke sind, das *Europäische Recht* mit Gegenstand und Wirkungen, und der *Europäische Gerichtshof* mit seinen Aufgaben, Kompetenzen und seiner Arbeitsweise kurz vorgestellt werden.

B. Europäische Rechtsetzung

1. Regelungsbereiche

Die Europäische Rechtsetzung ist in den letzten Jahrzehnten auf vielen Gebieten des Privatrechts aktiv geworden: zunächst vor allem im Handels- und Gesellschaftsrecht, im Wirtschaftsrecht, insbesondere im Kartellrecht und im gewerblichen Rechtsschutz, im Bank- und Versicherungsrecht und neuerdings auch im Bereich des Schuldrechts, etwa hinsichtlich der Produkthaftung. Betrof-

[1] Urt. v. 4.6.1992, RS C-360/90 (Bötel) - BB 1992, 2073 f. = DB 1992, 1481 f. = NZA 1992, 687 f. = ArbuR 1992, 382 f. = EuZW 1993, 61.

[2] Ebenso bereits LAG Berlin 30.1.1990, NZA 1990, 578.

fen ist auch das Arbeitsrecht[3]. Kennzeichnend für alle gesetzgeberischen Aktivitäten ist ein gewisser Aktionismus, dessen jeweilige Zielrichtung nicht immer klar auszumachen ist. Eigentliches Ziel der Gesetzgebung war bisher die *Schaffung eines einheitlichen europäischen Marktes*, d. h. also die *Beseitigung aller Hindernisse für den freien Verkehr mit Waren, Dienstleistungen und Arbeitskraft*. Angestrebt wird aber auch eine Harmonisierung der nationalen Rechte zum Zwecke der Rechtsvereinheitlichung. Neuerdings und nicht zuletzt aufgrund des Maastrichter Vertrages verstärkt sich die Tendenz zur *Verbesserung des Schutzes für vermeintlich besonders schutzbedürftige Personengruppen*, wie z. B. die Konsumenten (Produkthaftung) oder die Arbeitnehmer. Da an einen Abbau der bereits vorhandenen einzelstaatlichen Schutzvorschriften nicht gedacht ist, kann es nur darum gehen, einen *Mindestschutz* in Europa einzuführen. Damit wird freilich eine *Rechtsharmonisierung* oder gar *-vereinheitlichung* nicht erreicht.

2. Regelungsinstrumente

Für die Rechtswissenschaft gleichermaßen beachtenswert sind neben den Zielen der Europäischen Gesetzgebung auch die zur Verwirklichung eingesetzten *Instrumente*. Nach rechtlicher Qualität und Wirkungsweise lassen sich diese in vier Gruppen einteilen.

An der Spitze stehen der Vertrag von Rom, der *EG-Vertrag* und neuerdings der Vertrag über die Europäische Union. Der EG-Vertrag kommt in seiner Funktion einer Verfassung der Gemeinschaft nahe; er wirkt innerhalb der Mitgliedstaaten unmittelbar, d. h. er ist für alle einzelstaatlichen Organe, also auch die Gerichte, und für die Bürger unmittelbar verbindlich. Im Eingangsfall lag z. B. dem Urteil des EuGH Art. 119 Abs. 1 EGV zugrunde, der die Mitgliedstaaten anhält, den Grundsatz des "gleichen Entgelts für gleiche Arbeit" für Männer und Frauen zu verwirklichen. Historischer Normzweck ist hier die Beseitigung von Wettbewerbsvorteilen für einzelne Länder durch Verwendung

---

[3] Vgl. etwa die Richtlinie über Massenentlassungen (75/129/EWG Abl. L 48 v. 22.2.1975 S. 29); die Richtlinie über den Betriebsübergang (77/187/EWG Abl. L 61 v. 5.3.1977, S. 26); die Richtlinie über die Zahlungsunfähigkeit des Arbeitgebers (80/987/EWG Abl. L 283 v. 28.10.1980, S. 23); ferner die Richtlinie über die Pflicht des Arbeitgebers zur Unterrichtung des Arbeitnehmers über die für seinen Arbeitsvertrag oder sein Arbeitsverhältnis geltenden Bedingungen (91/533/EWG Abl. L 288 v. 18.10.1991, S. 32).

billiger Frauenarbeit[4]. Die Bestimmung zählt zu den Grundlagen der Europäischen Gemeinschaft bzw. Union und ist damit in den Mitgliedstaaten geltendes Recht[5].

Gleichermaßen unmittelbar wirken die *Verordnungen* der EWG. Sie stehen den geltenden nationalen Gesetzen gleich. Die Brüsseler Gesetzgebung war hier bisher äußerst zurückhaltend. Man benutzt dieses Instrument in der Regel nur dort, wo eine *Vereinheitlichung* angestrebt wird und nationales Recht nicht zu harmonisieren ist (z. B. für die EWIV oder die SE).

Wichtigstes Regelungsinstrument der Gemeinschaft ist die *Richtlinie*. Sie gibt den Mitgliedstaaten ein Regelungsziel vor und verpflichtet sie, binnen einer festgesetzten Frist eine entsprechende nationale Regelung zu schaffen. Eine unmittelbare Wirkung für die Bürger geht von ihr nicht aus, wohl aber eine mittelbare (sog. Direkt- oder Durchgriffswirkung). Denn die mangelnde Vereinbarkeit des nationalen Rechts mit der Richtlinie kann auch vom Bürger gegenüber dem Staat geltend gemacht werden, wenn ein Mitgliedstaat die vorgesehene Umsetzungsfrist verstreichen läßt und die Richtlinie so detailliert gefaßt ist, daß für die Mitgliedstaaten praktisch kein Regelungsspielraum für die Formen- und Mittelwahl verbleibt[6]. Im Eingangsfall hat der EuGH sein Urteil zusätzlich auf eine Richtlinie aus dem Jahre 1975 gestützt, die die Anwendung des Grundsatzes des "gleichen Entgelts für Männer und Frauen" im einzelnen regelt[7]. Für den Bereich des Arbeitsrechts bestehen bereits zahlreiche *Richtlinien*. Der größte Teil ist auch schon in die deutsche Gesetzgebung umgesetzt worden, wie z. B. in den §§ 611 a ff und 613 a BGB. Eine große Zahl von Richtlinien befindet sich in Vorbereitung.

Die letzte Kategorie bilden die *Empfehlungen*, die ob ihrer Unverbindlichkeit für unser Thema keinen Belang haben.

---

[4] Vgl. dazu *Nicolaysen*, EuR 1984, S. 380, 381.

[5] Ständige Rechtsprechung des EuGH, vgl. vor allem Urt. v. 8.4.1976 - Rs 43/75 - (Defrenne II), Slg. 1976, 455 f. und 472 ff.; ebenso BAG, vgl. etwa Urt. v. 23.1.1990 - 3 AZR 58/88 - AP Nr. 7 zur § 1 BetrAVG Gleichberechtigung (m.w.Nachw. zu B II 1 a der Gründe).

[6] So grundlegend der EuGH im Urt. v. 19.1.1982 - Rs 8/81 - Slg. 1982, 53 ff. RdNr. 17 ff.; ihm folgend BVerfGE 75, 223, 237; vgl. dazu den Fall van Duyn (EuGH Slg. 1974, 1337, 1339); später klarer auf den Staat bezogen im Fall Marschall (EuGH Slg. 1986, 723).

[7] Richtlinie des Rates 75/117/EWG vom 10.02.1975 zur Angleichung der Rechtsvorschriften der Mitgliedstaaten über die Anwendung des Grundsatzes des gleichen Entgelts für Männer und Frauen (Abl. L 45, S. 19).

C. Der Europäische Gerichtshof

Während im allgemeinen für internationale Verträge und Übereinkommen, wie z. B. das UN-Kaufrecht, keine ebenso allgemeine Gerichtsinstanz besteht, die die Kompetenz zur Wahrung einer einheitlichen Auslegung des internationalen Rechts besitzt, ist in den Verträgen der Europäischen Gemeinschaften von Anfang an der Europäische Gerichtshof mit dieser Aufgabe betraut worden.

1. Kompetenzen

Maßgeblich sind vor allem die Art. 164 - 188 EGV. Flankierend gilt das "Abkommen über gemeinsame Organe der Europäischen Gemeinschaften" (v. 25.3.1957)[8]. Da das Gericht nicht nur für die Europäische Wirtschaftsgemeinschaft, sondern auch für die Europäische Gemeinschaft für Kohle und Stahl und für die Europäische Atomgemeinschaft zuständig ist, bestehen entsprechende, sich untereinander weitgehend gleichende "Protokolle über die Satzung des Gerichtshofs ..." für diese beiden anderen Europäischen Gemeinschaften[9]. Die Verfahrensordnung des Gerichtshofs ist seit dem 4.12.1974 eigenständig geregelt[10].

Die allgemeine Kompetenz des Gerichtshofs ist in Art. 164 EGV sehr knapp umschrieben. Danach "sichert" er "die Wahrung des Rechts bei der Auslegung und Anwendung" des EG-Vertrages bzw. des durch den Rat geschaffenen Rechts. Nach allgemeiner Auffassung ist unter "Recht" der "Inbegriff der Gerechtigkeitsidee der abendländischen Verfassungskultur" zu verstehen[11]. Es handelt sich also keineswegs nur um die geschriebenen Normen; man spricht vielmehr von einem "jus commune europaeum", d. h. von einer umfassenden

---

[8] BGBl. II S. 1156 - Art. 3 u. 4.

[9] "Protokoll über die Satzung des Gerichtshofs der Europäischen Wirtschaftsgemeinschaft" v. 17.4.1957 (BGBl. II, 1166), "Protokoll über die Satzung des Gerichtshofs der Europäischen Atomgemeinschaft" v. 17.4.1957 (BGBl. II, 1194), sowie "Protokoll über die Satzung des Gerichtshofs der Europäischen Gemeinschaft für Kohle und Stahl" v. 18.4.1951 (BGBl. 1952 II, 482), dessen Bestimmungen allerdings seit Aufnahme der Tätigkeit des einzigen und gemeinsamen Gerichtshofs nur noch insoweit gelten, als sie den Artt. 32-32c des EGKS-Vertrages nicht entgegenstehen (Art. 3 des Abkommens über gemeinsame Organe v. 25.3.1957).

[10] Abl. Nr. L 3/1, zuletzt geändert am 19.6.1991 Abl. Nr. L 176/7; vgl. ferner die ergänzende "zusätzliche Verfahrensordnung" v. 4.12.1974 - ABl. Nr. L 350/29, zuletzt geändert am 8.5.1987, ABl. Nr. L 165/4.

[11] *Pernice* in: Grabitz, Komm. z. EWG-Vertrag, Art. 164 Rdnr. 7.

materialen Verfassungsgarantie[12]. Daß es sich dabei nur um ein einziges Recht, nämlich das der Europäischen Gemeinschaft, handeln kann, versteht sich von selbst. Insofern bilden die Europäischen Gemeinschaften eine "Rechtsgemeinschaft"[13]. Wenn der EG-Vertrag von einer "Wahrung des Rechts" spricht, so wird darunter auch eine Rechtsetzung verstanden, d. h. eine Konkretisierung und Fortbildung im Sinne unserer richterlichen Rechtsfortbildung, obwohl der EuGH - entsprechend der französischen Tradition - nicht ausdrücklich zwischen Auslegung und Rechtsfortbildung unterscheidet. Damit gewinnt die Rechtsprechung des EuGH ein dynamisches Element. Darüber hinaus kommt dem EuGH vor allem eine Integrationsfunktion zu. Er selbst sieht es sogar als seine ureigene Aufgabe an, die "Einheit des Gemeinschaftsrechts" zu wahren. Der *"Vorrang des Gemeinschaftsrechts"* gilt als Rechtsgrundlage der Gemeinschaft, anders ausgedrückt: *"Gemeinschaftsrecht bricht nationales Recht"* (vgl. den entsprechenden Grundsatz in Art. 31 GG für den Vorrang des Bundesrechts gegenüber dem Landesrecht). Die Rechtsfortbildungskompetenz des EuGH ist vom BVerfG zwar im Grundsatz anerkannt[14], im Maastricht-Urteil aber aus der Sicht des deutschen Verfassungsrechts insofern in Zweifel gezogen worden, als es ihm die Kompetenz zur "Auslegung von Befugnisnormen", die in ihrem Ergebnis einer Vertragserweiterung gleichkommen würde, bestreitet[15]. Bei einer Überschreitung dieser Grenze könnte ein Urteil des EuGH in Deutschland unter Umständen keine Bindungswirkung entfalten. Bedenkt man ferner, daß es das BVerfG schon in der Entscheidung vom 8.4.1987[16] als notwendig erachtet hatte, die Kompetenzen der EG im Lichte und im Einklang mit den Vertragszielen auszulegen und zu konkretisieren[17],

---

[12] Vgl. *Ritterspach*, Festschr. f. Gebhard Müller, S. 321.

[13] *Hallstein* in: Die Europäische Gemeinschaft, 5. Aufl. (1979) S. 51 ff.

[14] Die Rechtmäßigkeit der Rechtsfortbildung des Europäischen Gemeinschaftsrechts durch den EuGH ist im Hinblick auf Art. 24 Abs. 1 GG vom BVerfG inzwischen bestätigt worden (Beschl. v. 8.4.1987 BVerfGE 75, 223, 242 = EuGRZ 1993, 429 ff. Zur Rechtsfortbildung allegmeine vgl. etwa *Kutscher*, Thesen zu den Methoden der Auslegung des Gemeinschaftsrechts, 1976, S. 12; *Everling*, RabelsZ 50 (1986), S. 193 ff.; *Zuleeg*, in : Die soziale Dimension des Europäischen Binnenmarktes (1990), S. 15 ff.; *Eichenhofer*, SGb 1992, S. 573 ff.; *Kirchhoff*, DB 1989, S. 2261 ff.; - kritisch: *Dänzer-Vanotti*, BB 1991, 1015; *ders.*, RIW/AWD 1992, S. 733; *Reiter*, ZfSH/SGB 1993, S. 57 ff.; *Clever*, SF 1992, S. 1 ff.; *Nessler*, RIW/AWD 1993, S. 206 ff.

[15] BVerfG v. 12.10.1993 - 2 BvR 2134/92 und 2159/92 (Maastricht-Urteil) - JZ 1993, 1100 ff.; so bereits auch BVerfG v. 8.4.1987 zur Direktwirkung nicht fristgemäß umgesetzter Richtlinien (BVerfGE 75, 223).

[16] BVerfGE 75, 223, 242.

[17] Ebenso *Götz*, JZ 1993; 1081, 1084.

so könnte das Maastricht-Urteil eine neue Tendenz des BVerfG andeuten, die Auslegungs- und Rechtsfortbildungskompetenzen des EuGH künftig stärker zu beobachten und gegebenenfalls einzugrenzen.

Diese starke Entscheidungskompetenz des Gerichtshofs ist allerdings insoweit begrenzt, als er grundsätzlich nur Vertragsverletzungen durch Organe der Mitgliedstaaten feststellen, Handlungen solcher Organe für nichtig erklären oder über ihre Auslegung entscheiden kann (vgl. Art. 173, 177 EGV). Mittel zur Durchsetzung gegenüber den Mitgliedstaaten stehen dem Gericht nicht zur Verfügung. Insofern bleibt es den Mitgliedstaaten selbst, und unter engen Voraussetzungen auch ihren Bürgern, nicht zuletzt aber ihren Gerichten überlassen, die Entscheidungen des EuGH in den Mitgliedstaaten durchzusetzen und gegebenenfalls zu vollstrecken.

2. Vorabentscheidungsverfahren

Die Einzelkompetenzen der EuGH-Rechtsprechung erstrecken sich auf mehrere Verfahrensarten. Größere Bedeutung für die Aufgabe, über die Einheitlichkeit des Europäischen Rechts zu wachen, hat dabei das "Vertragsverletzungsverfahren"[18].

Für die Entwicklung eines europaweit einheitlichen Arbeitsrechts (Europäischen Arbeitsrechts) hat sich das "Verfahren der Vorabentscheidung" gem. Art. 177 EGV als das häufigste und wirksamste erwiesen[19]. Es gilt heute gemeinhin als "Schluß- und Eckstein der Gemeinschaftsrechtsordnung"[20]. Der EG-Vertrag geht hier von zwei grundsätzlichen Annahmen aus. Er unterstellt, daß das Gemeinschaftsrecht und das Recht der Mitgliedstaaten getrennte

[18] Entweder als sog. Amtsverfahren auf Initiative der Kommission (Art. 169 EWGV) oder als sog. Staatenklage auf Initiative eines anderen Mitgliedstaats (Art. 170 EWGV). Bis zum Ende des Jahres 1989 waren insgesamt 731 Amtsverfahren durchgeführt und 26 Urteile gefällt worden, während im gleichen Zeitpunkt nur 9 Staatenklagen erhoben waren. Bei einem festgestellten Verstoß gegen EU-Recht wird der vertragsuntreue Staat verurteilt. Er ist verpflichtet, die sich aus dem Urteil ergebenden Maßnahmen zu Herstellung der Rechtseinheit zu ergreifen (Art. 171 EWGV). Zwangsmittel zur Durchsetzung hat es bisher weder für den EuGH noch für die übrigen Staaten gegeben. Im (Maastrichter) Vertrag über die Europäische Union ist die Nichtbeachtung der EuGH-Urteile durch die Mitgliedstaaten im Wege der Neufassung des Art. 170 EWGV nunmehr sanktioniert worden (Titel II, Art. G, lit. E, unter Nr. 51).

[19] Bis Ende des Jahres 1987 waren insgesamt 1500 Verfahren anhängig gewesen. Die Zahl der anhängig werdenden Verfahren bewegt sich im Jahr bei etwa 120 bis 180.

[20] Vgl. dazu *Dauses*, Das Vorabentscheidungsverfahren nach Artikel 177 EWG-Vertrag, Luxemburg 1985, S. 30.

Rechtsordnungen bilden, und er überläßt es primär den nationalen Gerichten, die Anwendung des Gemeinschaftsrechts innerhalb der Mitgliedstaaten zu überwachen.

Aufgabe des Gerichtshofes ist es auch in dieser Verfahrensart, *dafür zu sorgen, daß das Gemeinschaftsrecht einheitlich und wirksam in den Mitgliedstaaten angewendet wird*[21]. Deshalb hat jedes nationale Gericht - derzeit noch (?) [22] - das *Recht,* zwecks verbindlicher Auslegung des Gemeinschaftsrechts und der Gültigkeit bzw. der Auslegung von Handlungen der Gemeinschaftsorgane den Gerichtshof anzurufen (Art. 177 Abs. 1 EGV)[23]. Eine entsprechende Verpflichtung zur Anrufung des Gerichtshofs besteht aufgrund des EG-Vertrages lediglich für die letzte Instanz (Art. 177 Abs. 3 EGV). Zugleich übernimmt der Gerichtshof damit auch die *Rechtsschutzfunktion* zugunsten des einzelnen Bürgers gegenüber Vertragsverletzungen durch die Mitgliedstaaten. Sofern das nationale Gericht letzte Instanz ist[24], besteht eine *Anrufungspflicht* (Art. 177 Abs. 3 EGV), die allerdings nicht unmittelbar[25] sanktioniert ist.

Diese Prämissen führen zu drei ganz erheblichen Konsequenzen für das Verfahren und die Entscheidung des Gerichtshofs. Es handelt sich um ein *"Verfahren zwischen Richtern"*, einen sog. *"judiziellen Dialog"*. Das vorlegende Gericht bleibt während des gesamten Verfahrens "Herr des Verfahrens"; es selbst bestimmt die Fragen, die für den Gerichtshof bindend sind. Der EuGH

---

[21] Urt. v. 16.12.1974 - Rs 166/73 (Rheinmühlen) - Slg. 1974, 33 RdNr. 2.

[22] Gegen Bestrebungen, das Vorlagerecht der Instanzgerichte zu beseitigen, haben sich jüngst auch das Europäische Parlament gewandt (vgl. die Entschließung vom 16.9.1993 - EuRZ 1993, 600 f), ebenso der derzeitige deutsche Generalanwalt am EuGH *Lenz* (NJW 1993, 2664 f.) sowie der deutsche Richter am EuGH *Zuleeg* (JZ 1994, 1, 7).

[23] Zur Frage, ob das deutsche unterinstanzliche Gericht aus rechtsstaatlichen Erwägungen (z.B. zwecks Abkürzung des Verfahrens) zu einer Vorlage verpflichtet sein kann, vgl. etwa *Bernhardt*, Verfassungsprinzipien - Verfassungsgerichtsfunktionen - Verfassungsprozeßrecht im EWG-Vertrag, Berlin 1987, S. 253; *Lieber*, Über die Vorlagepflicht des Artikel 177 EWG-Vertrag und deren Mißachtung, München 1986, S. 83 ff.

[24] Letztinstanzliche Gerichte im Sinne des Art. 177 Abs. 3 EWGV sind nach der wohl überwiegenden Praxis der Gerichte in den Mitgliedsstaaten nur die jeweils höchsten Instanzen eines Gerichtszweiges, deren Aufgabe die Wahrung der Rechtseinheit auf nationaler Ebene ist, in Deutschland also nur die obersten Gerichte des Bundes und die Verfassungsgerichte (dazu näher *Lieber*, Fußn. 22, S.85 ff.).

[25] Mittelbar ist sie insofern sanktioniert, als die Weigerung eines obersten Gerichts, den Gerichtshof anzurufen, eine Vertragsverletzung im Sinne des Art. 169 EWG-Vertrag darstellt. Ferner wertet das deutsche Bundesverfassungsgericht die Weigerung als Verletzung des Anspruchs auf den gesetzlichen Richter im Sinne des Art. 101 Abs. 1 S. 2 GG (vgl. BVerfGE 75, 223).

muß den Verantwortungsbereich des innerstaatlichen Gerichts respektieren. Ferner sind die *Parteien des ausgesetzten Verfahrens* vor dem nationalen Gericht im Grunde unbeteiligt. Sie haben lediglich - ebenso wie sämtliche Mitgliedstaaten und die Kommission - ein einziges Mal Gelegenheit zur Einreichung schriftlicher Erklärungen und zu mündlichen Äußerungen. Ein Initiativrecht steht ihnen nicht zu. Eine *Kostenentscheidung* ergeht nicht. Insofern bleibt es bei der Kompetenz des nationalen Gerichts. Die von den Mitgliedstaaten und den Gemeinschaftsorganen verauslagten Kosten sind nicht erstattungsfähig.

Die *Entscheidungskompetenz des Gerichtshofs* erstreckt sich auf das gesamte primäre und sekundäre Gemeinschaftsrecht, d. h. also nicht nur auf den EG-Vertrag, sondern auch auf die Verordnungen und die Richtlinien der Gemeinschaft. Die Kompetenz *ist aber* insofern *beschränkt*, als lediglich über die *Auslegung* des Gemeinschaftsrechts, d. h. über die abstrakte Ermittlung des Norminhalts entschieden werden darf; die konkrete Anwendung des Gemeinschaftsrechts, d. h. die Subsumtion des konkreten Sachverhalts unter die Norm, ist dem Gerichtshof verschlossen[26]. Die vorlegenden Gerichte müssen dem Gerichtshof also konkrete - wenn auch abstrakt formulierte - Rechtsfragen stellen, Rechtsfragen, die die Auslegung des Gemeinschaftsrechts betreffen und in ihrem Fall auch entscheidungserheblich sind. Dabei wird der Begriff der "Auslegung" nicht formalistisch eng aufgefaßt. Ganz deutlich bemüht sich der Gerichtshof um die "richtige" Interpretation der Vorlagefrage, auch wenn diese - formal gesehen - unzulässig wäre, weil sie nicht auf die Auslegung europäischen Rechts sondern auf die Vereinbarkeit des nationalen mit dem europäischen Recht gerichtet ist[27]. Im Gewande der Auslegungsfrage entscheidet der

---

[26] Zur Problematik einer scharfen Grenzziehung zwischen "Auslegung" und "Anwendung" und zur Notwendigkeit für den EuGH, auch den Sachverhalt des Verfahrens in seine Überlegungen einzubeziehen, vgl. etwa *Bernhardt* (Fußn. 23), S. 223 ff.; *Zuleeg* (Fuß. 22), S. 3 ff.

[27] So hatte zum Beispiel das Arbeitsgericht Oldenburg Zweifel, ob der nach dem deutschen Lohnfortzahlungsgesetz für den Krankheitsfall vorgesehene Ausschluß geringfügig Beschäftigter von der Lohnfortzahlung mit dem arbeitsrechtlichen Diskriminierungsverbot des Art. 119 EWG-Vertrag vereinbar ist. In seinem Vorlagebeschluß aus dem Jahre 1988 fragte es beim EuGH an, ob es mit Art. 119 EWGV und mit der ergänzenden Richtlinie (75/177 EWG) vereinbar ist, "wenn eine gesetzliche Regelung" geringfügig Beschäftigte von der Lohnfortzahlung "ausnimmt, obwohl der Anteil der Frauen, die von dieser Ausnahme nachteilig betroffen werden, wesentlich höher ist, als der Anteil der Männer?" (Beschl. v. 5.5.1988, DB 1988, 1756). Der EuGH hätte die Vorlage als unzulässig zurückweisen können, ist aber großzügig verfahren, indem er die Anfrage in eine reine Interpretationsfrage umgedeutet hat. Er begann seine Entscheidung mit folgenden Worten: "Art. 119 EWG-Vertrag ist dahin auszulegen, daß er einer nationalen Regelung entgegensteht, die ..." (Urt. v. 13.7.1989 - Rs 171/88 - DB 1989, 1574).

EuGH damit durchaus auch über die Frage, ob nationales Recht mit Gemeinschaftsrecht *vereinbar* ist.

Da die Mitgliedstaaten durch den EU-Vertrag, durch Verordnungen und Richtlinien generell aufgefordert werden, dafür zu sorgen, daß ihr gesamtes nationale Recht dem Gemeinschaftsrecht entspricht, können sich die Vorlagebeschlüsse der nationalen Gerichte *auch auf privatrechtliche Verträge* (u.a. auch auf Einzelarbeitsverträge) *und auch auf Tarifverträge* beziehen. Hier liegt, wie noch zu zeigen sein wird, inzwischen wohl auch das "Hauptarbeitsgebiet" des EuGH.

Die *Entscheidung des EuGH bindet das vorlegende Gericht* und die anderen Gerichte, die in derselben Sache zu entscheiden haben nach Maßgabe des Tenors[28], der allerdings "im Lichte der Entscheidungsgründe zu verstehen ist"[29]. Eine Bindungswirkung für andere Gerichte besteht nicht; diese sind lediglich berechtigt, das Gemeinschaftsrecht in der vom EuGH bestimmten Auslegung anzuwenden[30]. An die Auslegung des EuGH gebunden sind allerdings die letztinstanzlichen Gerichte, wie z. B. der BGH oder das BAG[31]. Bei einer geplanten Abweichung müssen sie die Frage erneut dem EuGH vorlegen[32]. Das BAG hat von dieser Möglichkeit, soweit ersichtlich, bisher nur selten Gebrauch gemacht[33]. Eine Eigenbindung des EuGH ist grundsätzlich zwar ausgeschlossen, doch betrachtet er die Vorabentscheidungsurteile generell als Präjudizien.

Der interpretative Charakter der EuGH-Entscheidungen nach Art. 177 EGV hat eine weitere, für das Zivil- und Arbeitsrecht besonders bedeutsame Konsequenz: Da es sich *nur* um Auslegung handelt, können und müssen die Gerichte die betreffende Vorschrift in der festgestellten Auslegung auch auf Rechtsverhältnisse anwenden, die vor Erlaß des auf Ersuchen um Auslegung ergange-

---

[28] Vgl. EuGH Beschl. v. 5.3.1986 - Rs 69/85 (Wünsche) - Slg. 1986, 947, 952.

[29] EuGH Rs 135/77 (Bosch II), Slg. 1978, 855.

[30] Zur Bindungswirkung allgemein vgl. etwa *Bernhardt* (Fußn. 23, S. 255 ff.).

[31] Vgl. etwa EuGH Urt. v. 6.10.1982 - Rs 283/81 (C.I.L.F.I.T.) - EuGHE 1982, 3415, 3429; ebenso *Groeben/Thiesing/Ehlermann/Krück*, EWG-Vertrag, 4. Aufl. Art. 177 Rdnr. 90.

[32] *Wohlfahrt* in: Grabitz (Fußn. 12), Art. 177 Rdnr. 72.

[33] Deshalb kommt seiner Entscheidung vom 20.10.1993 besondere Bedeutung zu, wo es im Hinblick auf die Bötel-Entscheidung des EuGH (oben Fußn. 1) anfragt, ob das "Verbot der mittelbaren Diskriminierung beim Arbeitsentgelt" den nationalen Gesetzgeber hindert, das Betriebsratsamt als unentgeltlich zu führendes Ehrenamt auszugestalten und die Betriebsratsmitglieder lediglich vor Einkommenseinbußen zu schützen, die sie sonst durch betriebsratsbedingte Versäumung von Arbeitszeit erleiden würden (7 AZR 581/92 - AuR 1993, 372).

nen Urteils entstanden sind. Eine solche *Rückwirkung* ist uns nicht neu. Sie wird z. B. auch vom BAG angenommen[34]. Allerdings kann der Gerichtshof unter bestimmten Umständen im Interesse der Rechtssicherheit die Rückwirkung seiner Entscheidungen einschränken. Das setzt voraus, daß durch ein rückwirkendes Urteil schwerwiegende Beeinträchtigungen für die in gutem Glauben früher begründeten Rechtsverhältnisse entstehen. Ein solcher Rückwirkungsausschluß ist nach eigener Rechtsprechung des EuGH jedoch nur in dem Urteil zulässig, in dem über die beantragte Auslegung entschieden wird[35]. Dementsprechend hat der EuGH z. B. in der *"Barber"*-Entscheidung über die Gleichbehandlung der Geschlechter in Altersgrenzenregelungen die Rückwirkung ausgeschlossen, allerdings nur für diejenigen Rechtsverhältnisse, die zum Urteilszeitpunkt (17.5.1990) "völlig abgeschlossen" waren[36]. Diese Formulierung erwies sich allerdings als derart sybillinisch, daß sich der Gerichtshof in seiner Entscheidung vom 06.10.1993 aufgrund einer erneuten Vorlage gezwungen sah, nachträglich eine Konkretisierung vorzunehmenen[37].

Die bisherige Entscheidungspraxis der EuGH zeigt sehr deutlich, daß nicht nur die Anwendung sondern auch die Fortentwicklung des einheitlichen Europäischen (Arbeits-) Rechts auf den Schultern der nationalen Gerichte ruht. Trotzdem ist erkennbar geworden, daß sich die strikte Trennung zwischen der Auslegung des Gemeinschaftsrechts (durch den EuGH) und der Feststellung seiner Anwendung durch die nationalen Gerichte, die ja auch die Vereinbarkeit des nationalen Rechts mit dem Gemeinschaftsrecht einschließen müßte, in dieser strengen Form nicht durchhalten läßt.

3. Organisation des Gerichtshofs

Für das Verständnis der EuGH-Rechtsprechung nicht unerheblich ist die Organisation des Gerichtshofs. Formal betrachtet verfügt er - allerdings erst seit

---

[34] Vgl. dazu etwa die Entscheidung des BAG zur Rückwirkung seiner neuesten Erkenntnisse über die Gleichstellung der Witwer- mit der Witwenversorgung (BAG 5.9.1989, BB 1989, 2400).

[35] EuGH Rs 43/75 (Defrenne II) - Slg. 1976, 455; Rs 61/79 (Salumi) - Slg. 1985, 1205; Rs 309/85 (Barra), Urt. v. 2.2.1988.

[36] Urt. v. 17.5.1990 (Barber), Rs C-262/881 - DB 1990, 1824.

[37] Urt. v. 6.10.1993 (Ten Oever), Rs C-109/91 - DB 1993, 132 = BetrAV 1993, 240.

1988/89 - über zwei Instanzen. Da aber die erste Instanz[38], die aus zwölf Richtern besteht, nur für bestimmte, eng umgrenzte Rechtssachen zuständig ist, wie z. B. für die Klagen der Beamten und Bediensteten der Gemeinschaftsorgane (Art. 179 EGV) oder wettbewerbsrechtliche Klagen (Art. 3 Abs. 1 des Ratsbeschlusses vom 24.10.1988), nicht aber für das für die Wahrung der Einheit des Gemeinschaftsrechts so wichtige Vorabentscheidungsverfahren, besteht für dieses nur eine einzige Instanz. Das entspricht der Funktion des Vorabentscheidungsverfahrens als "judizieller Dialog".

Die Zusammensetzung des Gerichtshofs sorgt dafür, daß Rechtsgrundsätze und Rechtsdenken eines einzigen Mitgliedstaates oder einer Gruppe von Staaten nicht dominieren können. Seit dem Jahre 1986 besteht der EuGH aus insgesamt 13 Richtern, d. h. aus zwölf Richtern, die jeder Mitgliedstaat entsendet und einem weiteren Richter, der im Turnus von den fünf großen Mitgliedstaaten entsandt wird[39]. Jeder Richter wird auf Vorschlag eines Mitgliedstaates von den Regierungen aller Mitgliedstaaten einverständlich auf sechs Jahre ernannt. Wiederwahl ist möglich. Die ausgewählten Personen müssen nicht unbedingt zuvor Richter gewesen sein; sie müssen lediglich die Gewähr für ihre Unabhängigkeit und für die Erfüllung der für die höchsten richterlichen Ämter im jeweiligen Mitgliedstaat erforderlichen Voraussetzungen bieten oder eine anerkannte hervorragende Befähigung als Jurist besitzen. Deshalb können z. B. auch Nichtjuristen ernannt werden, wenn nämlich im Heimatland auch Nichtjuristen höchste richterliche Ämter führen können. Jeder Richter hat drei persönliche Mitarbeiter.

Unabhängig von den Richtern arbeiten - ausgenommen das Gericht der ersten Instanz - *sechs Generalanwälte*, von denen vier von den vier großen Mitgliedstaaten gestellt werden, während die fünfte und sechste Stelle im Turnus von den kleinen Mitgliedstaaten besetzt wird. Vor jeder Entscheidung des Spruchkörpers muß der zuständige Generalanwalt angehört werden. Er hat die Aufgabe, "in völliger Unparteilichkeit und Unabhängigkeit begründete Schlußanträge zu den dem Gerichtshof vorgelegten Rechtssachen öffentlich zu stellen, um den Gerichtshof bei der Erfüllung seiner in Art. 164 bestimmten Aufgabe

---

[38] Geschaffen wurde sie aufgrund der Änderung des EWG-Vertrags durch die Einheitliche Europäische Akte (Art. 168 a EWGV) durch Beschluß des Rates vom 24.10.1988 (ABl. L 319 S. 1; Berichtigung ABl. 1989 L 241 S. 4 und Abl. 1989 C 215 S. 1). Ihre Tätigkeit aufgenommen hat die Erste Instanz im Jahre 1989.

[39] Zur partiellen Neubesetzung des Gerichtshofs im Abstand von drei Jahren vgl. Art. 167 Abs. 2 und 3 EWG-Vertrag.

zu unterstützen" (Art. 166 Abs. 2 EGV). Die Schlußanträge enthalten einen unverbindliche Entscheidungsvorschläge, die vom Gerichtshof häufig nicht befolgt werden. Trotzdem sind sie bei der späteren Analyse der Entscheidung nicht nur für die Wissenschaft, sondern auch für die Praxis von großer Bedeutung und insofern auch beachtlich.

Der Gerichtshof entscheidet entweder als Plenum oder in Kammern, von denen insgesamt sechs gebildet sind[40]. Im Plenum müssen mindestens 7 Richter (Forum gem. Art. 15 S. 2 der Satzung) beteiligt sein. Vorabentscheidungsersuchen können, müssen aber nicht, einer Kammer zugewiesen werden (Art. 165 Abs. 3 EGV i.V.m. Art. 95 VerfO). Gebrauch gemacht wird davon in der Regel dann, wenn eine ständige Rechtsprechung des Gerichtshofs vorliegt, wenn es sich um Sachverhaltsprobleme[41] oder technische Fragen handelt oder wenn die Entscheidung durch das Plenum nicht zwingend geboten ist[42]. Im Jahre 1989 sind z. B. von insgesamt 489 Entscheidungen 258, d. h. also etwa die Hälfte durch die Kammern gefällt worden.

Die Organisation gewährleistet, daß das Rechtsdenken sämtlicher Mitgliedstaaten in die Entscheidungsfindung einfließt. Da die Mitgliedstaaten unterschiedlichen Rechtskreisen angehören (kontinentaleuropäisches Gesetzes- und angelsächsisches gemeines Recht), sind bei der Entwicklung eines Auslegungsergebnisses Sytemeinbrüche für jedes nationale Recht selbst dann denkbar, wenn sich das Vorabentscheidungsverfahren, wie regelmäßig, *nur* auf die Interpretation von Richtlinien erstreckt. Richtlinien lassen zwar jedem Mitgliedstaat einen gewissen legislativen Spielraum, begrenzen diesen aber auch. Auf diese Frage ist im Zusammenhang mit dem Schadensersatzanspruch bei diskriminierender Einstellung gem. § 611 a Abs. 2 BGB noch näher einzugehen[43].

---

[40] Von diesen sind vier mit drei und zwei mit fünf Richtern besetzt.

[41] Wobei zu beachten ist, daß das Gericht im Vorabentscheidungsverfahren nicht über Sachverhalte zu entscheiden hat.

[42] *Klinke*, Der Gerichtshof der Europäischen Gemeinschaft, Baden-Baden 1989, 36 f.

[43] Zu dieser Problematik (vgl. dazu unten Abschnitt C.2.).

4. Auslegungsgrundsätze

Nach allgemeiner Auffassung bedient sich der EuGH der gleichen Interpretationsmethoden wie die Gerichte der Mitgliedstaaten[44]. Dabei wird jedoch übersehen, daß diese Methoden keineswegs einheitlich sind. So ist z. B. die Bindung an den Wortlaut in England stärker als auf dem Kontinent. Der romanische Rechtskreis neigt mehr zu einem legalistischen Verständnis. Es verwundert daher nicht, daß auch die Gewichtung der Auslegungsgrundsätze in der Rechtsfindung des EuGH nicht unbedingt mit der in Deutschland üblichen übereinstimmt. Für den Gerichtshof scheint die Auslegung als solche trotz der höchst unterschiedlichen Herkunft der Richter nicht so sehr ein Erkenntnis- sondern vordringlich ein Begründungsproblem zu sein[45]. Da das Gemeinschaftsrecht gegenüber dem Recht der Mitgliedstaaten selbständig ist, kann auf diese bei der Auslegung nicht immer Rücksicht genommen werden. So lassen sich z. B. Lücken im Gemeinschaftsrecht nicht ohne weiteres durch Heranziehung nationaler Bestimmungen füllen, und zwar auch nicht solcher, nach deren Vorbild die Gemeinschaftsnorm gestaltet ist[46]. Die Auslegungsmethode als solche basiert auf den nachfolgend kurz skizzierten Grundsätzen[47].

a) Ausgangspunkt ist der - allerdings mehrsprachige - *Wortlaut*, der einer Textkritik zu unterziehen ist. Er wird in den meisten Fällen ohnehin Anlaß zu Zweifeln geben, so daß ihm angesichts der Mehrsprachigkeit der EG keine größere Bedeutung zukommt. Beachtlich ist indessen der Wortsinn, sofern es sich um einen gemeinschaftsrechtlichen Wortsinn handelt[48]. Das war in den ersten Jahrzehnten der EG keineswegs der Fall; je weiter aber die europäische

---

[44] Vgl. dazu allgemein *H. Kutscher*, Thesen zu den Methoden der Auslegung des Gemeinschaftsrechts aus der Sicht eines Richters; *F. Dumont*, Die Rechtsprechung des Gerichtshofes - kritische Prüfung der Auslegungsmethoden; *C. Hamson*, Methoden der Auslegung - kritische Wertung der Ergebnisse, sämtl. in: "Begegnung von Justiz und Hochschule", Luxemburg 1976.

[45] Vgl. dazu *Everling*, Rechtsanwendungs- und Auslegungsgrundsätze des Gerichtshofs der Europäischen Gemeinschaften, in: Kruse (Hrsg.), Zölle, Verbrauchssteuern, Europäisches Marktordnungsrecht, Köln 1988, S. 51 ff., 59 ff.

[46] *Lutter*, JZ 1992, 593, 601 f.

[47] Vgl. dazu etwa *Oppermann*, Europarecht, 1991, § 7 RdNr. 577 ff.; *Bleckmann*, Europarecht, 5. Aufl. 1990, § 4 RdNr. 248 ff.; *ders.*, Teleologische und dynamische Auslegung des Europäischen Gemeinschaftsrechts, EuR 1979, 239; *ders.*, Zu den Auslegungsmethoden des Europäischen Gerichtshofs, NJW 1982, 1177 ff.; *Bach*, JZ 1990, 1108 ff, 1112; *Lutter*, Die Auslegung angeglichenen Rechts, JZ 1992, 593, 598 ff.; *Bernhardt*, in: FS Kutscher (1981) S. 17 ff.; *Bredimas*, Methods of Interpretation and Community Law, London 1978, passim.

[48] *Lutter*, JZ 1992, 593, 599.

Rechtseinheit fortschreitet, umso mehr wird sich ein solcher Wortsinn entwikkeln.

b) Die *Entstehungsgeschichte* (historische Auslegung) wird in Gegensatz zur deutschen Methodenlehre[49] nur selten als relevant angesehen. Soweit etwa Richtlinien, wie das regelmäßig der Fall ist, "Erwägungsgründe" und Begründungen enthalten, lassen diese freilich Rückschlüsse auf den objektiven Willen des Gesetzgebers zu. Weitere Gesetzesmaterialien gelten allenfalls als Hilfsmittel oder "Fingerzeig"[50]. Das liegt nicht nur an der weitgehenden Unzugänglichkeit und Unübersichtlichkeit dieser Materialien, sondern vor allem an der Dynamik des EWG- bzw. EG-Vertrages. Jede Rückbesinnung auf das ursprünglich Gewollte, gilt dem EuGH angesichts der stürmischen Weiterentwicklung als Rückschritt (Everling)[51].

c) Wichtig ist dagegen der *systematische Zusammenhang* innerhalb des primären und sekundären Gemeinschaftsrechts. Er hat Vorrang vor der wörtlichen Auslegung. Dabei greift der Gerichtshof auch gerne auf die im Gemeinschaftsrecht bereits angelegten allgemeinen Rechtsgrundsätze zurück, wie z. B. Gleichheit, Freiheit, Solidarität, und gelegentlich auch auf die (übereinstimmenden ?) Wertentscheidungen der nationalen Rechtsordnungen[52]. Häufig dient die systematische Auslegung freilich nur zur Stützung des im Wege der teleologischen Auslegung gewonnenen Ergebnisses; bemerkenswert ist dabei, daß das Gericht nicht immer klar zwischen beiden Auslegungsgrundsätzen unterscheidet, sondern häufig in seiner Argumentation die verschiedenen Auslegungsmethoden recht unvermittelt wechselt, was nicht unbedingt dem Sinn der Auslegungsregeln entspricht[53].

d) Größten Wert legt der Gerichtshof auf die *teleologische Auslegung*. Insofern maßgeblich sind der Geist, der Aufbau und vor allem auf die Ziele des Gemeinschaftsrechts[54]. Da die Ziele generell vom Ministerrat (bzw. vom Euro-

---

[49] Vgl. etwa *Larenz*, Methodenlehre, 6. Aufl.1991, S. 328 ff.

[50] *Oppermann* (Fußn. 47) Rdnr. 584.; abweichend *Lutter*, JZ 1992, 593, 599 f., der historischen der Auslegung größeres Gewicht beimißt.

[51] Vgl. dazu *Everling*, (Fußn. 45) S. 59 ff.

[52] Vgl. dazu *Oppermann*, (Fußn. 47) Rdnr. 581.

[53] Vgl. dazu *Oppermann*, (Fußn. 47) Rdnr. 582; *Schweitzer/Hummer*, Europarecht, 3. Aufl. 1990, S. 135.

[54] *Bleckmann*, EuR 1979, 239; *ders.*, NJW 1982, 1172; *Bernhardt* in: FS Kutscher (1981) S. 17 ff.; *Bredimas*, Methods of Interpretation and Community Law, London 1978, passim.; *Lutter*, JZ 1992, 593, 602 ff.

päischen Rat) definiert werden und die Weiterentwicklung der Ziele geradezu die Aufgabe dieses Organs ist, befindet sich der Gerichtshof häufig in einem Dilemma. Das Ziel liegt noch "im Dunklen", soll aber die Normauslegung entscheidend beeinflussen. Da die gesetzlichen Ausnahmen zugleich auch zieleinschränkende Bedeutung haben, werden Ausnahmen zu den grundlegenden Vertragsbestimmungen *generell eng auslegt*[55]. Im Rahmen der teleologischen Auslegung wird vor allem auf die *Funktionsfähigkeit der Gemeinschaft* und auf die *Einheitlichkeit der Auslegung und Anwendung des Gemeinschaftsrechts* geachtet[56].

e) Einen besonderen Stellenwert hat für den Gerichtshof das *Prinzip der praktischen Wirksamkeit ("effet utile")*. Es wird von zwei oder mehr möglichen Auslegungsergebnissen demjenigen der Vorzug gegeben, der die Verwirklichung der Vertragsziele, etwa die Errichtung des Gemeinsames Marktes, am meisten fördert[57]. Das geschieht in der Regel dort, wo der entsprechende politische Konsens der gesetzgebenden Organe gefehlt hatte[58]. Das ist aus der Sicht der Legitimationsgrundlage des Gerichtshofs nicht unproblematisch und hat daher auch das BVerfG im Maastricht-Urteil zu kritischen Bemerkungen über das Auslegungskriterium des "effet utile" veranlaßt[59], weil hier die Trennlinie zwischen Rechtsfortbildung und Vertragserweiterung überschritten zu sein scheint[60].

f) Um die Einheit der Gemeinschaftsrechtsordnung zu wahren, bemüht sich der EuGH um eine *vertragskonforme Auslegung der sekundären Vorschriften des Gemeinschaftsrechts* (Verordnungen und Richtlinien). Deshalb wird unter zwei möglichen Textauslegungen diejenige gewählt, die mit den vom EuGH entwickelten gemeinschaftsrechtlichen Grundsätzen am ehesten übereinstimmt.

---

[55] Vgl. etwa Rs 29/75 (Kaufhof) - Slg. 1976, 431, 442; Rs 2/74 (Reyners) - Slg. 1974, 631, 654.

[56] Vgl. dazu im einzelnen *Lutter*, JZ 1992, 593, 603.

[57] Das Prinzip findet seine Grundlage in Art. 2 mit Art. 4 EWG-Vertrag. Es findet sich erstmalig im Urteil v. 29.10.1956, Rs 8/55 (Fédéchar) - Slg. 1956, 297, 321; ferner Urt. v. 12.7.1973, Rs 70/72 (Kommission) - Slg. 1973, 813, 829 und für das Arbeitsrecht Urt. v. 7.2.1991, Rs C-184/89 (Nimz) - Slg. 1991 I 297, 321. Generell abgestellt wird hier stets auf das "Interesse der praktischen Wirksamkeit des Gemeinschaftsrechts"; vgl. dazu *Kutscher*, Thesen zu den Methoden der Auslegung des Gemeinschaftsrechts aus der Sicht eines Richters. Begegnung von Justiz und Hochschule, Teil I, S. 44; *Zuleeg*, EuR 1969, S. 106.

[58] Vgl. auch *T. Stein*, Richterrecht wie anderswo auch? in: "Richterliche Rechtsfortbildung" Festschr. zur 600-Jahr-Feier der Universität Heidelberg, 1986, 619, 626.

[59] Vgl. dazu oben Fußn. 15.

[60] Ebenso *Götz* (Fußn. 17).

g) Offenbar aus dem deutschen Rechtskreis übernommen wurde das *Verhältnismäßigkeitsprinzip*. Es gilt nach Ansicht des EuGH nicht nur für Eingriffe der Gemeinschaft in die Rechte einzelner Bürger oder der Mitgliedstaaten, sondern wohl auch für die Eingriffe der Mitgliedstaaten in die durch das Gemeinschaftsrecht begründeten Rechte anderer zur Wahrnehmung ihrer berechtigten Interessen. Geltung verlangt es sogar auch für die Abgrenzung der Gesetzgebungskompetenzen der Gemeinschaft gegenüber den Mitgliedstaaten.

5. Allgemeine Rechtsgrundsätze

Ohne besonderen Auftrag im EG-Vertrag hat sich der EuGH von Anfang an darum bemüht, *allgemeine Rechtsgrundsätze* durch eine vergleichende Wertung der gemeinsamen Verfassungstradition in Europa zu entwickeln. Für das deutsche Recht haben sie den Rang von *gemeinschaftsrechtlichen Grundrechten*. Sie umfassen sowohl *Rechtsstaatsprinzipien* als auch eigentliche *Grundrechte*[61]. Sie sind heute bereits in fast allen Bereichen entstanden, in denen das Grundgesetz den deutschen Bürgern Grundrechte gewährt. Dazu zählen etwa die Freiheit der wirtschaftlichen Betätigung, die Berufsfreiheit, das Eigentumsrecht, das Recht auf Achtung des Privat- und Familienlebens, der Wohnung und des Briefverkehrs, ferner Grundrechte im gerichtlichen Verfahren, rechtsstaatliche Grundsätze, wie z. B. das Rückwirkungsverbot oder der Bestimmheitsgrundsatz und der Grundsatz des Vertrauensschutzes, ja sogar eine Art Koalitionsfreiheit.

Konsequenterweise hat das *Bundesverfassungsgericht* in seiner *"Solange II"*-Entscheidung vom 22.10.1986[62] erklärt, es werde seine Gerichtsbarkeit über die Anwendbarkeit von abgeleitetem Gemeinschaftsrecht nicht mehr ausüben und dieses Recht mithin auch nicht mehr am Maßstab der Grundrechte überprüfen, *solange* die Europäischen Gemeinschaften und insbesondere die Rechtsprechung des EuGH "einen wirksamen Schutz der Grundrechte gegenüber der Hoheitsgewalt der Gemeinschaften generell gewährleisten, der dem vom Grundgesetz als unabdingbar gebotenen Grundrechtsschutz im wesentlichen gleich zu achten ist". Die Entscheidung betraf zwar "nur" eine Verfassungsbeschwerde gegen primäres Gemeinschaftsrecht, doch ist fraglich, ob das Gericht Verfas-

---

[61] Vgl. dazu *Schweitzer/Hummer* (Fußn.53) S. 216 f.

[62] 2 BvR 197/83 - BVerfGE 73, 339 - AP Nr. 42 zu Art. 101 GG, vgl. BVerfG, NJW 1987, 3077 und 1988, 1459. Noch im Jahre 1974 war das BVerfG anderer Meinung gewesen (BVerfGE 37, 271, 280 ff.); im Jahre 1979 hatte es erste Zweifel angemeldet (BVerfGE 52, 187, 202). Zur Entwicklung der BVerfG-Rechtsprechung vgl. *Kloepfer*, JZ 1988, 1089 ff.

sungsbeschwerden gegen Akte des nationalen Gesetzgebers, die europäische Richtlinien vollziehen, nicht ebenso behandeln wird[63].

Die *Bedeutung* dieser vielbeachteten Entscheidung ist für die Einwirkung des europäischen auf das deutsche Recht von allergrößter Bedeutung: Gegen Vorabentscheidungen des EuGH kann mit einer Verfassungsbeschwerde in Karlsruhe nicht mehr vorgegangen werden. Da die Verfahren vor dem EuGH wesentlich weniger Zeit in Anspruch nehmen als Vorlagebeschlüsse zum Bundesverfassungsgericht, hat sich z. B. die eigenartige Situation ergeben, daß das Bundesverfassungsgericht in der Frage des Nachtarbeitsverbots für Frauen seit längerer Zeit darüber "gebrütet" hat[64], während der EuGH längst rascher darüber entschieden hat[65].

C. Einfluß des EuGH auf die Entscheidungspraxis deutscher Arbeitsgerichte

Die für das deutsche Arbeitsrecht maßgebliche Einflußnahme durch den EuGH geschah ausschließlich im Vorabentscheidungsverfahren auf Vorlage einzelner Arbeitsgerichte[66] oder des Bundesarbeitsgerichts. Die Mehrzahl der Entscheidungen bezieht sich auf den Grundsatz der Gleichbehandlung der Geschlechter. Diese Konzentration erklärt sich aus der Tatsache, daß die Geschlechtergleichbehandlung neben der Freizügigkeit bisher den Schwerpunkt der arbeitsrechtlichen Rechtsetzung der EG - im Zusammenhang mit Art. 119 EG-Vertrag - gebildet hat[67]. In der Mehrzahl der Fälle hat der EuGH von der ihm

---

[63] Ablehnend *Götz*, NJW 1992, 1849, 1853.

[64] Urt. v. 28.1.1992 - 1 BvR 1025/82, 1 BvL 16/83, 1 BvL 10/91, NJW 1992, 964 ff. = NZA 1992, 270 ff.

[65] Urt. v. 25.7.1991, Rs C 345/89 (Stoeckel) - EuZW 1991, 666 f. = EuGRZ 1991, 421 ff. = ArbuR 1992. 186.

[66] Vgl. z.B. Arbeitsgericht Hamm, DB 1983, 1102 zur Frage der angemessenen Entschädigung für Diskriminierung bei Einstellung.

[67] Ursache ist die Regelung des Art. 119 EWG-Vertrag, die einzige arbeitsrechtliche Bestimmung des Vertrages von hoher sozialpolitischer Relevanz. Sie wird gerne auch als "Fremdkörper" im EWG-Vertrag bezeichnet (so *Zuleeg*, Vorträge, Reden und Berichte aus dem Europainstitut Nr. 50, Saarbrücken 1985, 6). Sie ist auf einen Kompromiß der Vertragspartner Deutschland und Frankreich zurückzuführen. Während das deutsche Interesse auf die Errichtung eines gemeinsamen Marktes ohne gemeinsame Sozialpolitik ging, war Frankreich an einer einheitlichen Sozialpolitik interessiert, zumindest aber an einer Übernahme der damals in Frankreich bereits durchgesetzten Gleichberechtigung der Geschlechter im Arbeitsleben (*Groeben/Thiesing/Ehlermann*, Komm. z. EWG-Vertrag, Art. 119 Rdnr. 11 m.w.N.).

gebotenen Chance, das Gemeinschaftsrecht weiterzubilden, Gebrauch gemacht; retardierende Entscheidungen sind selten.

Aus der diesbezüglichen Rechtsprechung exemplarisch herausgegriffen werden sollen die Entscheidungen zur mittelbaren Diskriminierung bei Teilzeitbeschäftigung[68], die ihren vorläufigen "Höhepunkt" im Urteil des EuGH über den Lohnanspruch des teilzeitbeschäftigten Betriebsratsmitglieds für die Teilnahme an einer Schulungsveranstaltung gefunden hat, sowie ferner die Entscheidung zum Schadensersatz bei geschlechtsdiskriminierenden Einstellung[69] und schließlich die Urteile zum Widerspruchsrecht des Arbeitnehmers gegen den automatischen Übergang des Arbeitsverhältnisses bei Betriebsübergang[70].

1. Die "mittelbare" Diskriminierung

a) Entwicklung der EuGH-Rechtsprechung: Im sog. *"Bilka"*-Fall, der vom EuGH auf Vorlage des BAG[71] entschieden worden ist[72], hatte der Gerichtshof jede mittelbare geschlechtsspezifische Diskriminierung für unzulässig erklärt. Hergeleitet wurde dieses Ergebnis unmittelbar aus Art. 119 Abs. 1 EGV. Nach dieser Bestimmung ist jeder Mitgliedstaat der EWG verpflichtet, den Grundsatz des gleichen Entgelts für Männer und Frauen bei gleicher Arbeit anzuwenden und beizubehalten. Der Wortlaut bezieht sich also ausdrücklich nur auf eine unmittelbare Ungleichbehandlung; von der Möglichkeit der mittelbaren Ungleichbehandlung oder gar Diskriminierung[73] durch den Arbeitgeber ist nicht die Rede. Das Gericht berief sich auf sein früheres Urteil im Falle *"Jen-*

---

[68] Den Ausgangspunkt bildet die EuGH-Entscheidung v. 13.5.1986 Rs 170/84 - Slg. 1986, 1620 ff. = DB 1986, 1525 f.; vgl. dazu *Pfarr/Bertelsmann*, Diskriminierung im Erwerbsleben, 1989, 111 ff.

[69] Urt. v. 10.4.1985, Rs 14/83 (von Colson und Kamann)- Slg. 1984, 1891 = NJW 1984, 2021; im wesentlichen gleichlautend Urt. v. 10.4.1985 Rs 79/83 (Harz) - Slg. 1984, 1921; vgl. auch DB 1984, 1042.

[70] EuGH, Urt. v. 5.5.1988, C-144/87 und C-145/87 (Berg u.a.) - Slg. 1988, 2559 = NZA 1990, 885.

[71] BAG, Beschl. v. 5.6.1984, 3 AZR 66/83 - DB 1984, 1577 ff.

[72] Urt. v. 13.5.1986, Rs 170/84 - Slg 1986, 1607 = DB 1986, 1525 = NZA 1986, 599 = NJW 1986, 3020.

[73] Zutreffend weist *Herrmann* darauf hin, daß dem Begriff der "Diskriminierung" im Gegensatz zur "Ungleichbehandlung" im deutschen Sprachgebrauch eine (abfällige) Wertung anhaftet (SAE 1993, 275).

kins"[74], in dem es ohne jede Begründung die mittelbare Diskriminierung der unmittelbaren gleichgestellt hatte. Verwendet wird der Begriff der mittelbaren Diskriminierung lediglich in der "Gleichbehandlungsrichtlinie" von 1976 (76/207/EWG - Art. 2 Abs. 1). Dem deutschen Verfassungsrecht ist ein solches Verbot fremd; auch das BVerfG erkannte ihm bisher keine eigenständige Bedeutung zu[75]. Es hatte zwar im Parteienfinanzierungsurteil schon im Jahre 1958 die Möglichkeit einer mittelbaren Ungleichbehandlung angedeutet, die rechtlichen Voraussetzungen jedoch anders bestimmt[76]. Danach sollte ein "Gesetz, das in seinem Wortlaut eine ungleiche Behandlung vermeidet und seinen Geltungsbereich abstrakt-allgemein umschreibt, dem Gleichheitssatz dann widersprechen, wenn sich aus seiner praktischen Anwendung eine offenbare Ungleichheit ergibt und diese ungleiche Auswirkung gerade auf die rechtliche Gestaltung zurückzuführen ist"[77]. Die vom BVerfG aufgestellten Tatbestandsvoraussetzungen entsprechen jedoch, wie noch darzulegen ist, inhaltlich nicht denen, die der EuGH anwenden will, so daß die vom BVerfG neuerdings angedeutete Übereinstimmung[78] tatsächlich nicht besteht.

b) Tatbestand der mittelbaren Diskriminierung: Für den EuGH liegt nämlich eine unzulässige "mittelbare Diskriminierung" der Frauen[79] schon dann vor, wenn ein "erheblich größerer Prozentsatz Frauen als Männer" von einer geschlechtsneutral formulierten nachteiligen Regelung betroffen ist, und nicht auszuschließen ist, daß dies auf geschlechtsspezifischen Eigenschaften oder Verhaltensweisen der Frauen beruht. Diese rein statistische Beurteilungsweise, die den "Einstieg" in die Untersuchung der mittelbaren Diskriminierung bildet, ist in der zitierten BVerfG-Rechtsprechung nicht angelegt.

---

[74] Urt. v. 31.3.1981, Rs 96/80 - Slg 1981, 911 = DB 1981, 1940 = AP Nr. 2 zu Art. 119 EWG-Vertrag.

[75] Vgl. zuletzt Urteil des BVerfG v. 28.1.1992 ("Nachtarbeitsverbot"), wo es ausdrücklich heißt, das Geschlecht dürfe grundsätzlich nicht "als Anknüpfungspunkt für eine rechtliche Ungleichbehandlung herangezogen werden" und dies gelte auch dann, "wenn eine Regelung nicht auf eine nach Art. 3 III GG verbotene Ungleichbehandlung angelegt ist, sondern in erster Linie andere Ziele verfolgt" (NJW 1992, 964 zu C I a der Gründe); vgl. dazu auch *Jaeger,* NZA 1990, 1, 3.

[76] BVerfGE 8,51, 64 unter Hinweis auf *Leibholz,* DVBl. 1951, 195 f. und *ders.* AöR n.F. 12 (1927) 15, 16.

[77] So ausdrücklich BVerfG v. 28.9.1992 - 1 BvR 496/87 - NZA 1993, 213 zu 2. b aa der Gründe, unter Bezug auf *Hanau/Preis,* ZfA 1988, 185.

[78] BVerfG, Beschl. v. 28.9.1992 - NZA 1993, 213 zu 2.b.aa. der Gründe.

[79] In gleicher Weise muß dies selbstverständlich auch für die "Männer-Diskriminierung" gelten.

Betrifft eine Regelung einen "erheblich größeren Prozentsatz Frauen als Männer" nachteilig, muß derjenige, der die Regelung getroffen hat, - im allgemeinen ist das das Unternehmen, gelegentlich der Staat - darlegen, "daß die Regelung (z. B. die Lohnpolitik) auf Faktoren beruht, die objektiv gerechtfertigt sind und nichts mit einer Diskriminierung aufgrund des Geschlechts zu tun haben". Ob und durch welche Faktoren eine solche mittelbare Ungleichbehandlung "gerechtfertigt" sein kann, hat der EuGH ausdrücklich nicht bestimmt. Die Entscheidung darüber überläßt er den nationalen Gerichten[80]. Eines hat er inzwischen aber durch eigene Rechtsprechung klargestellt: Benachteiligt die betreffende Regelung *Teilzeitkräfte* und ist unter ihnen der Anteil an Frauen wesentlich größer als der der Männer, unterstellt er heute generell, daß damit objektiv bereits eine Diskriminierung vorliegt. Da sich nun aber nach statistischer Auffassung des EuGH unter den Teilzeitkräften in Deutschland und in den Industriestaaten Europas überwiegend Frauen befinden, ist die mittelbare "Diskriminierung" einer jeden Regelung evident, von der eine *nachteilige Wirkung*[81] auf weibliche Teilzeitkräfte ausgeht. Im Bereich der *betrieblichen Altersversorgung* ist es für das Gericht darüberhinaus nunmehr bereits selbstverständlich, daß die Nichteinbeziehung von Teilzeitkräften auf Faktoren beruht, die keineswegs objektiv gerechtfertigt sind und mit Sicherheit mit einer Diskriminierung aufgrund des Geschlechts in Verbindung zu bringen sind[82]. Gleichermaßen entschieden hat der Gerichtshof am 27.6.1990 aber auch zum *Übergangsgeld* nach BAT[83] und zum *Bewährungsaufstieg* nach § 23a BAT[84], fer-

---

[80] Hinsichtlich einer unterschiedlichen Behandlung von voll- und teilzeitbeschäftigten Arbeitnehmern wurden bisher als rechtfertigende Gründe angeführt: Marktkenntnisse der im Verkauf tätigen Arbeitnehmer, Kenntnisse des Kundenverhaltens, das Bedürfnis nach mehr Vollzeitarbeit, weil Teilzeitarbeit größeren Koordinationsbedarf auslöst, die Befürchtung des Arbeitgebers, Teilzeitbeschäftigte seien weniger motiviert, die höheren Personalkosten für Teilzeitbeschäftigte (*Heither*, Die Gleichbehandlungsrechtsprechung des EuGH und ihre Umsetzung auf die betriebliche Altersversorgung in Deutschland, in: Bewährungsprobe der Alterssicherungssysteme in Zeiten wirtschaftlicher Rezession, 1993. S. 101, 107).

[81] Sie fehlt z.B. der Bestimmung des § 23 Abs. 1 Satz 2 KSchG, die Kleinbetriebe vom Kündigungschutz freistellt und bei der Berechnung der Höchstarbeitnehmerzahl Teilzeitkräfte ausnimmt (so EuGH v. 30.11.1993, Rs C - 189/91 (Kirsammer-Hack) - EuroAS 1994, 10). Die Ausgrenzung betrifft nicht den Schutz der Teilzeitkräfte, sondern den der Kleinbetriebe. Daß dort statistisch erheblich mehr Frauen als Männer beschäftigt sind, ist nicht belegbar.

[82] Vgl. dazu etwa das BAG-Urteil v. 5.10.1993, nach dem ein völliger Ausschluß der "unterhälftig Beschäftigten" von der betrieblichen Altersversorgung generell eine "mittelbare Diskriminierung" darstellt (3 AZR 695/92 - AuR 1993, 369).

[83] Urt. v. 27.6.1990 - Rs C-33/89 (Kowalska), Slg. 1990, 2591 = EuzW 1990, 316 = NZA 1990, 771 f.

ner zur *Entlohnung von Halbtags-Betriebsratsmitgliedern gem. § 37 BetrVG* außerhalb ihrer Arbeitszeit[85]. Gleiches soll gem. § 612 Abs. 3 Satz 3 BGB auch dann gelten, wenn erheblich mehr Männer als Frauen bei gleicher Arbeit *übertariflich entlohnt* werden[86].

In anderen Sachbereichen außerhalb der betrieblichen Altersversorgung haben das BAG und Instanzgerichte bisher Wert auf eine eigenständige Prüfung des Tatbestandsmerkmals "objektiv rechtfertigende Gründe ..., die nichts mit einer Diskriminierung aufgrund des Geschlechts zu tun haben", gelegt. So hat etwa das BAG derartige Rechtfertigungsgründe in einer Sozialplanregelung gefunden, nach der eine Überbrückungshilfe entsprechend der persönlichen Arbeitszeit im Verhältnis zur tariflichen Arbeitszeit gezahlt wurde, obwohl hier Teilzeitschäftige (d. h. in der Mehrzahl Frauen) benachteiligt wurden[87]. Der sachliche Grund lag hier im Normzweck der Abfindung, der auf eine Abmilderung des Verlustes des persönlichen Besitzstands gerichtet war. Dieser ist nach Meinung des BAG durch die persönliche Arbeitszeit gekennzeichnet. Das LAG Düsseldorf[88] hält im Gegensatz zum Arbeitsgericht Berlin[89] die Nichtberücksichtigung von Zeiten des Erziehungsurlaubs im Rahmen einer betrieblichen Versorgungsregelung ebenfalls für objektiv gerechtfertigt und damit nicht für eine mittelbare Frauendiskriminierung, weil es dem Arbeitgeber unbenommen bleiben müsse, den Maßstab für den Umfang der betrieblichen Versorgungsleistungen an dem Grad der erbrachten Arbeitsleistungen der Beschäftigten auszurichten und als Folge hiervon die Zeiten, in denen ein Arbeitsverhältnis ruht, unberücksichtigt zu lassen.

c) Gesetzliche "mittelbare Diskriminierungen": Der Topos der "mittelbaren Diskriminierung" wird vom EuGH auch im Zusammenhang mit gesetzlichen Differenzierungen verwendet. So ist z. B. nach der Entscheidung vom

---

[84] Urt. v. 25.9.1991, 4 AZR 33/91 - NZA 1992, 280 ff.

[85] Fußn. 1.

[86] BAG, Urt. v. 23.09.1992, 4 AZR 30/92 - NZA 1993, 891 = EWiR 1993, 361 (*Blomeyer).*

[87] BAG v. 28.10.1992, 10 AZR 128/92 - SAE 1993, 268 m. Anm. *Herrmann* (zu II 2 d der Gründe) unter ausdrücklicher Berufung auf EuGH v. 13.5.1986, Rs 170/84 - AP Nr. 10 zu Art. 119 EWG-Vertrag = SAE 1987, 165 m. Anm. *Mayer-Maly).*

[88] Urt. v. 21.7.1993 - LAGE EWG-Vertrag Art. 119 Nr. 7.

[89] Das ArbG Berlin erklärte die Kürzung einer Weihnachtsgratifikation für eine teilzeitbeschäftigte Arbeitnehmerin wegen unbezahlter Fehlzeiten dann für unzulässig, wenn diese Fehlzeiten auf einem Erziehungsurlaub beruhen. Allein entscheidend war auch hier, daß der Frauenanteil der Teilzeitbeschäftigten erheblich über dem Männeranteil liegt (Urt. v. 11.6.1990 - DB 1990, 1773). Eine objektive Rechtfertigung wurde nicht geprüft.

13.7.1989[90] die Bestimmung des § 1 Abs. 3 Nr. 2 LohnFG unzulässig und unanwendbar, da sie von der Lohnfortzahlung im Krankheitsfall diejenigen Arbeiter ausnimmt, deren regelmäßige Arbeitszeit wöchentlich zehn Stunden oder monatlich fünfundvierzig Stunden nicht übersteigt. Entscheidend war, daß die Vorschrift entsprechend der statistischen Betrachtungsweise des EuGH in Deutschland "wesentlich mehr Frauen als Männer trifft". Mit dieser Entscheidung ist der Gerichtshof ganz bewußt abgewichen vom Schlußantrag des Generalanwalts *Darmon*[91], der dafür plädiert hatte, gesetzliche Regelungen zunächst als mit Art. 119 EGV vereinbar anzusehen und Unvereinbarkeit nur dann anzunehmen, wenn das Gesetz nachweislich auf Gründen beruht, die mit einer Diskriminierung aufgrund des Geschlechts zu tun haben. Das hätte bedeutet, daß die Beweislast nicht bei der Bundesregierung sondern bei den Betroffenen gelegen hätte, so daß letztlich eine solche gesetzliche Bestimmung zunächst einmal grundsätzlich gültig gewesen wäre[92]. Nachdem inzwischen sowohl das Arbeitsgericht Oldenburg als vorlegendes Gericht[93] als auch das BAG[94] dem EuGH ohne weitere Diskussion gefolgt sind, bestehen heute keine Bedenken mehr in Deutschland, sämtliche Regelungen der Arbeitgeber, Tarifvertragsparteien und Gesetzgeber einer Rechtskontrolle auf "mittelbare Diskriminierung" zu unterwerfen[95].

Die Konsequenzen solcher Entscheidungen für die betriebliche Altersversorgung sind noch gar nicht abzuschätzen. In Frage gestellt wird z. B. die Koppelung der Betriebsrenten an die Dauer der Betriebszugehörigkeit dann, wenn festgestellt werden sollte, daß Männer in der Regel eine längere Dauer der Betriebszugehörigkeit aufweisen als Frauen. Angesichts der kürzeren Lebensarbeitszeit der Frauen wäre das gewiß nicht auszuschließen.

d) Vergütung für Betriebsratstätigkeit: Nachdem sich gezeigt hatte, daß das "Verbot der mittelbaren Diskriminierung" undifferenziert auch auf Gesetze

---

[90] Rs 171/88 *(Rinnes-Kühn)* - *Slg 1989*, 2743 Rdnr. 7 = NZA 1990, 434 ff. = BB 1989, 2114 = DB 1989, 1574.

[91] Schlußantrag v. 19.4.1989 - Slg 1989, 2749, 2756.

[92] Ebenso *Wißmann*, DB 1989, 1922.

[93] Urteil v. 14.12.1989 - BB 1990, 349 = EWiR 1990, 181 *(Plagemann)*.

[94] BAG v. 9.10.1991 - 5 AZR 598/90 - NZA 1992, 259.

[95] Vgl. etwa *Colneric*, Anm. zu EuGH AR-Blattei (D), Gleichbehandlung im Arbeitsverhältnis, Entsch. 77; *Pfarr/Bertelsmann*, Gleichbehandlungsgesetz, 1985, 99; *Ahrend/Beucher*, BetrAV 1993, 253, 254; *Heither* in: Bewährungsprobe der Alterssicherungssysteme in Zeiten wirtschaftlicher Rezession, 1993, S. 101, 104 ff.

anzuwenden ist, war der Boden bereitet für das eingangs zitierten Urteil zum Vergütungsanspruch des teilzeitbeschäftigten Betriebsratsmitglied[96], das in der deutschen Literatur wenig Zustimmung und mehr Ablehnung erfahren hat[97]. Im Ergebnis erklärt es den Lohnausfallersatzanspruch des Betriebsratsmitglieds zum Arbeitsentgelt im Sinne von Art. 119 EGV. Da die Klägerin eine Frau und mit 30 statt 40 Stunden nur teilzeitbeschäftigt war, sah der Gerichtshof in der gesetzlichen Regelung, die eine Vergütung für Betriebsratstätigkeit nicht kennt (§§ 37 Abs. 1 i.V.m. § 78 S. 2 BetrVG), eine mittelbare, d. h. unzulässige "Diskriminierung".

Wenig Kopfzerbrechen bereitete dabei dem Gericht die Frage, ob und wie sich das deutsche Lohnausfallersatzprinzip mit dem Begriff des "Arbeitsentgelts" verknüpfen läßt. Ohne Nachprüfung unterstellt wurde, daß die teilzeitbeschäftigten Betriebsratsmitglieder in Deutschland - oder in dem betroffenen Betrieb (?) - überwiegend Frauen sind, sowie ferner, daß die bei einer allgemein üblichen 38-Stunden-Woche höchst seltene 30-Stunden-Woche gerade deshalb vereinbart war, weil es sich um eine Frau handelte. Keine Beachtung fand das Prinzip des unentgeltlichen Ehrenamts des deutschen Betriebsverfassungsrechts. Nach deutschem Rechtsverständnis bildet die Tätigkeit im oder für den Betriebsrat keine aufgrund des Arbeitsvertrags geschuldete, weisungsabhängige Dienstleistung, wäre also auch keine "Arbeit" i.S. des Art. 119 Abs. 1 EG-Vertrags. Selbst wenn dies so wäre, könnte der Ehrenamtsgrundsatz des BetrVG zumindest einen objektiven Rechtfertigungsgrund darstellen. Darüberhinaus verbietet das BetrVG sogar eine Bevorzugung der Betriebsratsmitglieder (§ 78 Satz 2 BetrVG). Dem widerspricht es, einzelnen (teilzeitbeschäftigten) Mitgliedern die Teilnahme an Schulungsveranstaltungen außerhalb der Arbeitszeit zu zahlen, und anderen (vollzeitbeschäftigten) nicht. Außer Betracht blieb ferner, daß die Teilnahme an Schulungsveranstaltungen in Deutschland

---

[96] Fußn. 1.

[97] Zustimmend etwa *Dieball,* AuR 1992, 383 f.; *Kuster,* AiB 1992, 528 ff; *Mauer,* NZA 1993, 56 ff; *Meißner,* Der Betriebsrat, 1992, 108; *Bobke-von Camen/Veit*, RdA 1993, 333, 334; - ablehnend *Blomeyer,* EWiR 1993, 45 f.; *Erasmy,* Der Arbeitgeber 1992, 1005 ff.; *Heinze,* ZfA 1992, 331, 350; Schiefer, DB 1993, 38, 42; *Schiefer/Erasmy,* DB 1992, 1482 f.; *Sowka,* DB 1992, 2030, 2032; *Hess/Schlochauer/Glaubitz,* BetrVG 4. Aufl. § 37 RdNr. 149.

nicht zur unmittelbaren Betriebsratstätigkeit i.S. des Lohnausgleichsrechts (§ 37 Abs. 3 BetrVG) zählt[98].

Völlig unberücksichtigt blieben die Konsequenzen. Während es in den früheren Teilzeit-Urteilen des EuGH nur darum ging, den weiblichen Teilzeitkräften eine *relative* Gleichbehandlung zu gewährleisten, wurde nun erstmals eine absolute Gleichbehandlung vorgeschrieben, d. h. die grundsätzliche Relativität der Gleichartigkeit von vollzeit- und teilzeitbeschäftigten Arbeitnehmern wurde übersehen. Teilzeitbeschäftigte Betriebsratsmitglieder - zumindest weibliche - können nun einer Vollzeit-Betriebsratstätigkeit nachgehen, soweit diese zur Erfüllung ihrer Amtsaufgaben erforderlich ist, und werden dann auch als Vollzeitarbeitnehmer vergütet. Eine solche Bevorzugung der teilzeitbeschäftigten Betriebsratsmitglieder gegenüber voll- und teilzeitbeschäftigten Belegschaftsmitgliedern ist nach deutschem Recht unzulässig (§ 78 Satz 2 BetrVG). Im Ergebnis läuft die Haltung des EuGH auf eine Negierung, besser noch, ein Verbot des Ehrenamtsprinzips hinaus.

Das eigentliche Problem der Entscheidung liegt m.E. in der Frage nach den Grenzen der Auslegungskompetenz des Gerichtshofs. Streng genommen hätte er sich darauf beschränken können, den Begriff des "Arbeitsentgelts" in Art. 119 Abs. 1 EGV zu interpretieren. Der Begriffsinhalt hätte sich nicht mit dem des entsprechenden deutschen Begriffes decken müssen. Es wäre auch eine Subsumtion der deutschen betriebsverfassungsrechtlichen Lohnausfallregelung unter den Begriff des Arbeitsentgelts nicht angezeigt gewesen, weil es sich insofern bereits um Rechtsanwendung handelt. Auf keinen Fall aber hätte der EuGH eine Prüfung der deutschen Regelung vornehmen dürfen, ohne deren rechtssystematischen Zusammenhang zu berücksichtigen.

Unter diesen Umständen ist es sehr zu begrüßen, daß das BAG dem EuGH nun mit einer erneuten sehr konkret und überzeugend begründeten Vorlage gem. Art. 177 Abs. 1 lit. a und b und Abs. 3 EG-Vertrag die Gelegenheit

---

[98] Zur Verkennung des Ehrenamtsprinzips vgl. auch *Schiefer*, DB 1993, 42; *Heinze*, ZfA 1992, 350. Außer Betracht blieb ferner, daß die Teilnahme an Schulungsveranstaltungen nicht zur unmittelbaren Betriebsratstätigkeit i.S. des Lohnausgleichsrechts (§ 37 Abs. 3 BetrVG) zählt (vgl. etwa Urt. v. 18.9.1973 -BAGE 25, 305, 307 ff.; Urt. v. 19.7.1977 - AP Nr. 31 zu § 37 BetrVG 1972; Urt. v. 27.6.1990 - AP Nr. 76 zu § 37 BetrVG 1972); - a.A. *Bobke-von Camen/Veit*, RdA 1993, 333, 336, gestützt auf einen unterstellten Grundsatz, nach dem Betriebsratsmitglieder keine Aufwendungen aus eigenem Vermögen (!) tätigen sollen.

gegeben hat, seine Auffassung zu überprüfen und gegebenenfalls zu revidieren.[99]

e) Konsequenzen: Die Entscheidungen des EuGH zur mittelbaren Diskriminierung werden für das gesamte deutsche Arbeitsrecht erhebliche Folgen haben.

aa) Zunächst wird sich ergeben, daß das vom Diskriminierungsverbot jeweils nicht betroffene Geschlecht, in der Regel das männliche, einen Anspruch auf Gleichbehandlung dann hat, wenn es sich bei der Minderheit befindet, der der EuGH einen Anspruch auf Gleichbehandlung einräumt. Denn eine Ausnahme von den "Segnungen" der neuen Rechtsprechung wäre mit Sicherheit wiederum eine geschlechtsspezifische und objektiv nicht gerechtfertigte Diskriminierung. Konsequent stehen dann also auch den Männern entsprechende Leistungsansprüche zu. Beispielsweise können nun im geschilderten Eingangsfall *alle teilzeitbeschäftigten Betriebsratsmitglieder ohne Rücksicht auf ihr Geschlecht* Arbeitsentgelt für Amtstätigkeiten außerhalb der vertraglichen Arbeitszeit beanspruchen[100]. Das Ergebnis entbehrt nicht einer gewissen Kuriosität: Das schlichte Verbot der geschlechtsspezifischen Benachteiligung wurde in den Händen des EuGH zu einem generellen Verbot arbeitszeitabhängiger Differenzierung, anders ausgedrückt: die Auslegungskunst des Gerichtshofs gerät zum Vehikel für die Umsetzung sozialpolitischer Vorstellungen in das europäische Normensystem[101], obwohl der EG-Vertrag eine entsprechende Gesetzgebungskompetenz - zumindest bisher - gar nicht kennt.

bb) Die Konsequenzen reichen noch weiter. Der Topos der "mittelbaren Geschlechtsdiskriminierung" ist - zumindest in der Rechtsprechung des BAG - zum eigenständigen Verbotstatbestand geraten. Er erschüttert die Bestandsfestigkeit sämtlicher, bisher als zulässig angesehenen, Differenzierungen. Denn Differenzierungen lösen fast immer unterschiedliche Wirkungen aus und bewirken dadurch entweder eine günstigere oder ungünstigere Behandlung der eingegrenzten Arbeitnehmergruppe gegenüber der ausgegrenzten. Es kommt

[99] Die Entscheidung BAG v. 20.10.1993 stellt dem EuGH konkret die Frage, ob das "Verbot der mittelbaren Diskriminierung beim Arbeitsentgelt" den nationalen Gesetzgeber hindert, das Betriebsratsamt als unentgeltlich zu führendes Ehrenamt auszugestalten und die Betriebsratsmitglieder lediglich vor Einkommenseinbußen zu schützen, die sie sonst durch betriebsratsbedingte Versäumung von Arbeitszeit erleiden würden (7 AZR 581/92 - AuR 1993, 372).

[100] So wird das nun auch bereits in der Literatur gefordert von *Bobke-von Camen/Veit*, RdA 1993, 333, 334.

[101] So wird die Entscheidung des EuGH auch mittlerweise verstanden von den dem Europäischen Metallgewerkschaftsbund nahestehenden Autoren *Bobke-von Camen/Veit*, RdA 1993, 333, 334.

daher allein darauf an, ob eine gesetzliche, tarifliche oder vertragliche Differenzierung mehr oder weniger zufällig ein Geschlecht - gleich, ob Frauen oder Männer - in wesentlich grösserem Umfang betrifft.

Aus der Fülle der davon betroffenen gesetzlichen Unterscheidungen seien nur kurz herausgegriffen: tariflicher Ausschluß der Überstundenvergütung für Teilzeitkräfte[102], Wartezeiten beim Kündigungsschutz gem. § 1 Abs. 1 KSchG, Wartezeiten beim Erholungsurlaub (§ 4 BUrlG), Wartezeiten hinsichtlich des passiven Wahlrechts im Betriebsverfassungs- und Personalvertretungsrecht, die Nichtberücksichtigung von Zeiten des Erziehungsurlaubs, wenn dieser überwiegend von Frauen oder Männern in Anspruch genommen werden sollte, die Ausnahme geringfügig Beschäftigter im Rahmen der Sozialversicherung, sämtliche Anspruchsvoraussetzungen und Kündigungsfristen, die sich nach der Dauer der Betriebszugehörigkeit richten, schließlich auch sogar Zahlengrenzen, etwa die Zahl fünf für Kleinbetriebe im Kündigungs-[103] und Betriebsverfassungsrecht oder die Zahl 20, etwa hinsichtlich der Anzeigepflicht von Massenentlassungen oder der Erzwingbarkeit von Sozialplänen, und viele andere Differenzierungen mehr. Entsprechendes gilt für tarifliche und einzelvertragliche Bestimmungen, insbesondere für Anspruchsvoraussetzungen, die sich nach der Betriebszugehörigkeit richten.

cc) In allen derartigen Fällen wird es in Zukunft darauf ankommen, ob von den fraglichen Bestimmungen "wesentlich mehr" bzw. "erheblich mehr" Männer oder Frauen betroffen werden. Zunächst einmal wird man davon ausgehen können, daß sich die Gruppenrelevanz nach den von der jeweiligen Regelung (Vertrag, Tarifvertrag, Gesetz) betroffenen Gruppen richtet. Es stellt sich aber das - m.E. kaum lösbare - Problem der exakten Be-stimmung der maßgeblichen Zahlenverhältnisse. In den Entscheidungen des EuGH handelte es sich offenbar immer um recht klare Verhältnisse von 1:10 oder 1:9. Doch wie soll entschieden werden, wenn das Zahlenverhältnis gegen 1:2 oder gar gegen 1:1 tendiert? Wo liegt die maßgebliche Größe? Sofern es es sich um Tarifverträge oder gar um Gesetze handelt, müßten zunächst Statistiken erstellt werden, für die es

---

[102] Vgl. dazu *Schüren*, RdA 1990, 18, 23.

[103] In der Entscheidung v. 30.11.1993, Rs C - 189, 91 (*Kirsammer-Hack) - Euwo AS 1994, 10, hat es der EuGH dahingestellt bleiben lassen*, ob die der Regelung des § 23 Absatz 1 Satz 3 KSchG unterliegenden Unternehmen erheblich mehr Frauen als Männer beschäftigen. Hier könnte eine solche Regelung durch "objektive Faktoren gerechtfertigt sein, die nichts mit einer Diskriminierung aufgrund des Geschlechts zu tun haben.

häufig keinerlei gesicherte Datenbasis gibt[104]. Die Beweislastanforderungen lassen sich hier kaum je erfüllen.

dd) Ein weiteres Problem kommt hinzu: Zahlreiche betroffene Gesetze - auch Tarifverträge - stammen aus Zeiten, in denen die Zahlenverhältnisse anders lagen, so daß von einer Diskriminierung zum Zeitpunkt der Gesetzesentstehung nicht die Rede sein konnte. Da der EuGH nicht nach den Motiven, sondern nur nach der Wirkung fragt, müßte man auf den aktuellen Zeitpunkt abstellen, so daß ein Gesetz infolge der Veränderung der faktischen Verhältnisse "allmählich" unwirksam werden kann. Ob eine solche Auswirkung mit dem Gebot der Rechtssicherheit zu vereinbaren ist, steht dahin.

ee) Erhebliche Fragen werden künftig hinsichtlich der "objektiven Rechtfertigung" entstehen. Diese ist an die Stelle des "einfachen" sachlichen Differenzierungsgrundes getreten, der bisher über die Zulässigkeit der Differenzierung entschieden hat. Der EuGH hat z. B. die Auffassung der Bundesregierung, geringfügig beschäftigte Arbeiter seien nicht in einem den anderen Arbeitnehmern vergleichbaren Maße in den Betrieb eingegliedert und ihm verbunden, als nicht ausreichend angesehen. Der EuGH will die Differenzierung nur zulassen, wenn sie einem notwendigen Ziel der staatlichen Sozialpolitik dient und zur Erreichung dieses Zieles auch geeignet und erforderlich ist. Gerade das wurde von dem hier anfragenden Gericht, dem ArbG Oldenburg, ausdrücklich abgelehnt. Die hohen Anforderungen des EuGH können aber, wie ein sozialrechtlicher Fall zeigt, vom nationalen Gesetzgeber gelegentlich auch erfüllt werden. Das niederländische Unfallversicherungsrecht sieht Zuschläge unter Rücksichtnahme auf das Erwerbseinkommen eines Ehegatten vor und führt dazu, daß an wesentlich mehr verheiratete Männer als an verheiratete Frauen ein Zuschlag wegen bestehender Unterhaltsverpflichtungen gezahlt wird. Der EuGH sah die Rechtfertigung dieser Regelung darin, daß die Zuschläge ausschließlich dem Ziel dienen, den Anspruchsberechtigten ein angemessenes Existenzminimum zu garantieren. Damit sind sie geeignet und erforderlich im Sinne des Verhältnismäßigkeitsgrundsatzes[105].

---

[104] Bezeichnend ist dafür z.B. die EuGH-Entscheidung v. 30.11.1993 (Fußn. 103), die es als nicht erwiesen ansieht, daß Kleinunternehmen einen erheblich höheren Prozentsatz Frauen als Männer beschäftigen (unter Ziff. 30).

[105] EuGH v. 6.11.1987, Rs 30/85 - SozR 6083 Art. 4 Nr. 4.

2. Entschädigung bei diskriminierender Nicht-Einstellung

a) Rechtsprechung des EuGH: Die Urteile des EuGH vom 10.4.1984[106] um Schadensersatz bei diskriminierender Einstellung ergingen auf Vorlage mehrerer deutscher Arbeitsgerichte[107]. Zu entscheiden war über die Interpretation der Gleichbehandlungsrichtlinie 76/207/EWG[108]. Diese vervollständigt das Gleichbehandlungskonzept der EU, das in Art. 119 EGV nur prinzipiell angelegt ist. Verboten ist jegliche "unmittelbare oder mittelbare Diskriminierung aufgrund des Geschlechts - insbesondere unter Bezugnahme auf den Ehe- oder Familienstand - ..." (Art. 2 Abs. 1). Die Mitgliedstaaten werden verpflichtet, die innerstaatlichen Vorschriften zu erlassen, "die notwendig sind, damit jeder, der sich wegen Nichtanwendung des Grundsatzes der Gleichbehandlung ... auf seine Person für beschwert hält, nach etwaiger Befassung anderer zuständiger Stellen seine Rechte gerichtlich geltend machen kann" (Art. 6). Der EuGH hat zunächst feststellen müssen, daß die Richtlinie keine bestimmte Sanktion vorschreibt, sondern den Mitgliedstaaten Freiheit bei der Wahl unter den verschiedenen - zur Verwirklichung ihrer Zielsetzung geeigneten - Lösungen beläßt. Dieses - dem Wortlaut entsprechende - Auslegungsergebnis wird sodann insofern erweitert, als das Gericht meint, eine "wirkliche Chancengleichheit" könne "nicht ohne eine geeignete Sanktionsregelung erreicht werden". In freier richterlicher Rechtsfortbildung wird sodann - offenbar entsprechend dem Grundsatz der "Wirksamkeit" (effet utile) - erklärt, die von den Mitgliedstaaten zu treffenden Sanktionen müßten nicht nur den Weg zu den Gerichten öffnen, sondern auch *"einen tatsächlichen und wirksamen Rechtsschutz ... gewährleisten"*. Ein solcher Rechtsschutz müsse, so meint das Gericht, *"eine wirklich abschreckende Wirkung gegenüber dem Arbeitgeber haben". Wenn sich ein Mitgliedstaat dafür entscheidet, eine "finanzielle Wiedergutmachung"*, d. h. Entschädigung, zu gewähren, so müsse diese "jedenfalls in einem angemessenen Verhältnis zum erlittenen Schaden stehen". Angemessen ist sie nach einer neueren Entscheidung dann, wenn sie es "erlaubt, die durch die diskriminierende Entlassung tatsächlich entstandenen Schäden gemäß den anwendbaren staatlichen Regeln in

---

[106] Rs 14/83 (von Colson und Kamann) - Slg. 1984, 1891 = NJW 1984, 2021 und Rs 79/83 (Harz) - Slg. 1984, 1921; vgl. auch DB 1984, 1042.

[107] Vgl. etwa ArbG Hamm DB 1983, 1102.

[108] "Richtlinie zur Verwirklichung des Grundsatzes der Gleichbehandlung von Männern und Frauen hinsichtlich des Zugangs zur Beschäftigung, zur Berufsbildung und zum beruflichen Aufstieg sowie in bezug auf die Arbeitsbedingungen" v. 9.2.1976 ABl. Nr. L 39/40.

vollem Umfang auszugleichen"[109]. Wird der Schadensersatz "auf eine rein symbolische Entschädigung, wie etwa die Erstattung der Bewerbungskosten beschränkt", so würde das "den Erfordernisse einer wirksamen Umsetzung der Richtlinie nicht gerecht". Gleiches gilt aufgrund einer neuen Entscheidung dann, wenn staatliche Rechtsvorschriften eine Obergrenze für den Anspruch oder aber keine Verzinsung des Entschädigungsanspruches vorsehen[110].

Die aus diesen Überlegungen hervorgehende Verpflichtung der Mitgliedstaaten, für eine angemessene Sanktion zu sorgen, betrifft nach Meinung des EuGH keineswegs nur die gesetzgebenden Organe des Staates, sondern auch die angegangenen Gerichte. Sie müßten "unter voller Ausschöpfung des Beurteilungsspielraums, den das nationale Recht einräumt, das aufgrund der Richtlinie ergangene nationale Gesetz in Übereinstimmung mit den Anforderungen des Gemeinschaftsrechts auslegen und anwenden".

In Deutschland kann die Bestimmung des § 611 a Abs. 2 BGB, die einen Vertrauensschadensersatz vorsieht, in ihrer bisherigen Fassung selbst unter maximaler Ausschöpfung des Beurteilungsspielraums nicht zu einem Erfüllungsschadensersatz führen. Darüber meint sich der EuGH angesichts des Vorrangs des sekundären Gemeinschaftsrechts vor dem nationalen Recht hinwegsetzen zu können, wobei die Dogmatik des deutschen BGB, die nun einmal zwischen Vertrauensschaden bei nicht zustande gekommenen Verträgen und Erfüllungsschaden bei Vertragsbruch unterscheidet, ohne Relevanz bleibt.

b) Deutsche Folgeentscheidungen: Der zuständige Senat des BAG ist inzwischen dem "Auftrag" des EuGH nachgekommen. Es hat die in § 611 a Abs. 2 enthaltende Beschränkung der Schadensersatzpflicht auf das negative Interesse insofern beiseite geschoben, als es annimmt, die Vorschrift sei zwar insgesamt auf den Ersatz des materiellen Schadens beschränkt, ließe aber Ansprüche auf Ersatz immaterieller Schäden unberührt[111]. Von dieser These aus, die bisher nur von *Zuleeg*[112] und *Eisemann*[113] vertreten worden war, kam das BAG dann zum Ergebnis, daß eine Benachteiligung entgegen § 611 a Abs. 1 BGB

---

[109] Urt. v. 2.8.1993, Rs C-271/91 (Marshall) - EuZW 1993, 706.

[110] Urt. v. 2.8.1993 Fußn. 109.

[111] Urteile v. 14.3.1989 - 8 AZR 447/87 - NJW 1990, 65 = NZA 1990, 21 und 8 AZR 351/86 - NJW 1990, 67 = NZA 1990, 24; beide in BB 1989, 2118.

[112] RdA 1984, 325, 330.

[113] AuR 1988, 225, 223.

bzw. der Richtlinie 76/207/EWG regelmäßig[114] eine erhebliche Persönlichkeitsverletzung darstellt. Die äußerst schwierige Frage nach dem Umfang der Verletzung und der Höhe des fälligen Schadensersatzes wurde vom BAG allerdings wesentlich leichter genommen als von der Vorinstanz. Aus der deutschen Regelung im BGB meinte es entnehmen zu können, daß der nationale Gesetzgeber geschlechtsspezifische Diskriminierungen nur insoweit sanktionieren wollte, "als dies nach EG-Recht unbedingt erforderlich ist". Die unterste Grenze glaubte der 8. Senat "im Normalfall" auf die Höhe eines Monatsverdienstes festsetzen zu können. Der Gesetzgeber hat inzwischen den Regelungsbedarf erkannt; ein entsprechender Gesetzentwurf befindet sich gegenwärtig im Gesetzgebungsverfahren[115]. Danach soll der Vertrauensschadensersatz im Grundsatz beibehalten werden[116]; ein Anspruch auf Begründung des Arbeitsverhältnisses wird abgelehnt. Die Höhe des Schadensersatzanspruches soll, in Anlehnung an die vom BAG gesetzten Maßstäbe, im Regelfall bei einem Monatsverdienst liegen und höchstens drei Monatsverdienste betragen[117].

c) Dogmatische Kollisionen: Die Entscheidungen zeigen die erheblichen Schwierigkeiten, die bei dem Versuch entstehen müssen, auf eine gewachsene nationale Rechtsordnung mit einer tiefgründigen Dogmatik eine neuen und noch wenig fundierten Komplex von Rechtsnormen "aufzupfropfen", die der nationalen Rechtsordnung fremd sind. Das Institut des Schadensersatzes für das negative Interesse, den sog. Vertrauensschaden, hat nach deutscher Konzeption keineswegs Symbolcharakter; es gewährleistet auch keinen unwirksamen Rechtsschutz. Der Vertrauensschaden kann, je nach Einzelfall, auch sehr hoch sein, etwa dann, wenn der Bewerber bzw. die Bewerberin in festem Vertrauen auf die Einstellung eine lukrative anderweitige Offerte ausgeschlagen hat. In einem Fall wie diesem kann der Ersatzanspruch sogar das Erfüllungsinteresse

---

[114] Von diesem Grundsatz läßt das BAG durchaus Ausnahmen zu. So hat es z.B. im Urteil v. 14.3.1989 (8 AZR 351/86 - NZA 1990, 24) eine Persönlichkeitsverletzung mit der Begründung abgelehnt, die gleiche Bewerberin habe zuvor eine andere Stelle im Betrieb ausgeschlagen, für die sie das gleiche Entgelt wie bei einer erfolgreichen Bewerbung erhalten hätte.

[115] Vgl. Art. 8 des Regierungsentwurfs eines Gesetzes zur Durchführung der Gleichberechtigung von Frauen und Männern (Zweites Gleichberechtigungsgesetz - 2. GleiBG) vom 21.7.1993 - BT-Drucks. 12/5468, S. 55 ff.

[116] § 611 a Abs. 2 und 3 BGB i.d.F. des Entwurfs.

[117] Diese vorgeschlagene Regelung ist im Bundesrat als unzureichend kritisiert worden. Es wurde eine Bemessung des Schadensersatzanspruches in § 611a Abs. 2 BGB auf mindestens zwei Monatsverdienste ohne Obergrenze vorgeschlagen - BR-Drucks. 301/1/93 = BT-Drucks. 12/5468, Anlage 2, S. 55, 62. Zur Gegenäußerung der Bundesregierung hierzu und deren verfassungsrechtlichen und wirtschaftspolitischen Bedenken vgl. ebendort S. 68, 74.

übersteigen; eine Begrenzung auf das Erfüllungsinteresse, wie z. B. in § 122 Abs. 1 BGB vorgesehen, ist durch § 611 a Abs. 1 BGB nicht angeordnet. Auf der anderen Seite steht - und hier trifft die von *Zuleeg* in diesem Verfahren seitens der Bundesregierung vorgetragene Auffassung nur teilweise zu - die Einräumung eines Ersatzanspruches für das negative Interesse grundsätzlich einem Schadensersatzanspruch für das positive Interesse entgegen. Wenn z. B. das BAG die Zuflucht beim Anspruch auf Schmerzensgeld sucht, wie das *Zuleeg* schon vor dem EuGH vorgeschlagen hatte[118], so stimmt es auf der einen Seite nachdenklich, daß das Persönlichkeitsrecht erst durch die Richtlinie 76/207/EWG diese Ausgestaltung erfahren haben sollte, und befremdet auf der anderen Seite, weil mittels des Schmerzensgeldanspruches eben doch kein immaterielles, sondern ein materielles und obendrein auch ein positives Interesse geltend gemacht wird[119]. Das BAG hat darüberhinaus verkannt, daß das Persönlichkeitsrecht dem Arbeitnehmer keineswegs einen Anspruch auf *Begründung* eines Arbeitsvertrages verschaffen kann[120], ganz abgesehen davon, daß Schadensersatzanspüche wegen Persönlichkeitsverletzung nach deutschem Privatrecht stets eine *schwerwiegende* Verletzung voraussetzen[121]. Der vorliegende Gesetzentwurf[122] orientiert sich insofern nicht am BAG, als er im Prinzip am Vertrauensschadensersatz festhält und diesen lediglich konkretisiert und limitiert. Ob er freilich einer "Überprüfung" durch den EuGH - insbesondere im Hinblick auf die Höhe des "Schadens"-ersatzes und die Ausschlußfrist von zwei Monaten - standhalten wird, erscheint angesichts neuer Rechtsprechung zu den gesetzlichen Konditionen des Anspruchs als noch völlig offen[123].

Ganz besonders auffällig und für die Rechtsprechung des EuGH bezeichnend ist, daß sich der EuGH in keiner Weise mit der nationalen Rechtsordnung auseinandergesetzt hat, sondern eine Beschäftigung mit den mitgliedsstaatlichen Rechtsordnungen ausdrücklich von sich gewiesen hat. Der Gerichtshof "schwebt" also letztlich über den Mitgliedstaaten; eine Verknüpfung des Gemeinschaftsrechts mit dem nationalen Recht wird bewußt ausgeschlossen. Daß

[118] Anm. zu den Urt. des EuGH, RdA 1984, 325.

[119] Vgl. dazu auch *Wiese*, JuS 1990, 357, 361.

[120] Ebenso *Wiese*, S. 361.

[121] Ebenso *Wiese*, S. 361.

[122] Oben Fußn. 115.

[123] Urt. v. 2.8.1993, Rs C-271/91 (Marshall) - EuZW 1993, 706.

auf diese Weise das dogmatisch fundierte und - zugegebenermaßen - kompliziert angelegte deutsche Arbeitsrecht als Teil des intensiv durchstrukturierten Bürgerlichen Rechts Systembrüche erleiden muß, liegt auf der Hand.

Entscheidend für den EuGH ist also nicht der systematische Zusammenhang der betreffenden nationalen Rechtsnormen, sondern ausschließlich ihre Wirkung auf das Arbeitsleben. Da nach dieser Rechtsprechung auf seiten des abgelehnten Bewerbers nicht einmal ein Schaden eingetreten sein muß, kann es sich bei dem vom EuGH angestrebten Ersatzanspruch nur um Strafschadensersatz, um sog. *"punitive damages"*, handeln, für den ein Schadensnachweis nicht erforderlich ist[124]. Europäische Juristen werden sich daran gewöhnen müssen, verstärkt auf die Wirkung der mitgliedstaatlichen Normen abzustellen, was letztlich nur bedeuten kann, daß sie künftig zunehmend mehr auf den systematischen Zusammenhang, d. h. die Widerspruchsfreiheit der mitgliedstaatlichen Normen, verzichten müssen.

3. Betriebsübergang und Widerspruch des Arbeitnehmers

Schwierige Probleme der Kompatibilität zwischen EuGH-Rechtsprechung und den mitgliedstaatlichen Rechtsordnungen sind auch im Bereich der gesetzlichen Regelungen über den Betriebsübergang aufgetreten. Die im Jahre 1977 erlassene Richtlinie des Rates zur Angleichung der Rechtvorschriften der Mitgliedstaaten über die Wahrung von Ansprüchen der Arbeitnehmer beim Übergang von Unternehmen, Betrieben oder Betriebsteilen[125], die im Jahre 1980 durch Bundesgesetz im Wege der Änderung des § 613 a BGB umgesetzt worden ist[126], sieht in Art. 3 Abs. 1 vor, daß die "Rechte und Pflichten des Veräußerers aus einem ... bestehenden ... Arbeitsverhältnis ... aufgrund des Übergangs auf den Erwerber" übergehen. Dem entspricht dem Inhalt nach die seit 1969 bestehende Regelung des § 613 a BGB. Dazu vertritt das BAG in ständiger Rechtsprechung die Auffassung, daß ein Arbeitsverhältnis entgegen dem Wortlaut auf den Erwerber nicht übergeht, wenn der Arbeitnehmer rechtzeitig, d. h.

---

[124] Vgl. zu dieser Betrachtungsweise etwa den Schlußantrag des Generalanwalts *Rozès* v. 31.1.1984 - Slg. 1984, S. 1911, 1918 f.

[125] Richtlinie vom 14.2.1977 - 77/187/EWG - ABl. Nr. L 61/26.

[126] Gesetz vom 13.8.1980 - BGBl. I S. 1308.

binnen drei Wochen nach Kenntnis, dagegen Widerspruch einlegt[127]. Das BAG stützt sich hier vor allem - allerdings nicht unbestritten[128] - auf den Normzweck der Vorschrift. Dessenungeachtet hat der EuGH in einem die Niederlande betreffenden Urteil vom 5.5.1988[129] entschieden, Art. 3 Abs. 1 der Richtlinie sei dahin auszulegen, daß der Veräußerer von seinen arbeitsvertraglichen Pflichten allein aufgrund des Übergangs befreit ist, selbst wenn die Arbeitnehmer dem nicht zustimmen oder Einwände dagegen erheben. Dies hatte in Deutschland beträchtliche Unruhe ausgelöst, weil die Formulierung im Widerspruch zur Auffassung des BAG zu stehen schien und sozialpolitisch als unanehmbar galt. Auf Vorlage der Arbeitsgerichte Bamberg und Hamburg[130], die die Diskrepanz zur BAG-Rechtsprechung herausgestellt hatten, mußte der EuGH über die Vereinbarkeit der BAG-Auffassung mit der Richtlinie entscheiden. Daraufhin hat der EuGH im Urteil vom 16.12.1992 der Auffassung des BAG im Ergebnis zugestimmt[131].

Für die vorliegende Thematik besonders aufschlußreich ist die recht gewandte - fast schon rabulistische - Begründung. Der Gerichtshof arbeitet heraus, daß sich das Urteil von 1988 -weil das niederländische Recht betreffend - auf eine anders gestellte Vorlagefrage bezogen hatte. Diese habe nur den Fall betroffen, "daß der Arbeitnehmer, ohne dem Übergang seines Arbeitsvertrags oder Arbeitsverhältnisses zu widersprechen, dem Übergang der Verpflichtungen widerspricht, die der Veräußerer... übernommen hatte". Unter Bezug auf ein älteres Urteil vom 11.7.1985[132] wiederholt der EuGH seine Meinung, daß der Schutz der Richtlinie gegenstandslos sei, wenn der Betroffene selbst aufgrund eigener Entscheidung das Arbeitsverhältnis nach dem Übergang auf den Erwerber nicht fortsetzt. Erstaunlich ist die feinsinnige Unterscheidung zwischen dem Übergang des Arbeitverhältnisses, der hier betroffen war, und dem Übergang der

---

[127] Urt. v. 2.10.1974 - BAGE 26, 301, 304 ff. = AP Nr. 1 zu § 613a (m.Anm. *Seiter)*, siehe auch Urteile v. 21.7.1977 - AP Nr. 8, v. 6.2.1980 - AP Nr. 21, v. 15.2.1984 - AP Nr. 37 und v. 30.10.1986 - AP Nr. 55 zu § 613 a BGB.

[128] Vgl. dazu vor allem die Kritik von MünchArbR/*Wank*, 1993, § 120 RdNr. 93 mit zahlr. weiteren Nachweisen in Fußn. 171.

[129] Rs C-144/87 und C-145/87 (Berg u.a.) - Slg. 1988, 2559 = NZA 1990, 885.

[130] DB 1991, 1382 bzw. EuZW 1992, 31; über einen entsprechenden - später erfolgten - Vorlagebeschluß des BAG (v. 21.5.1992 - EuZW 1992, 739) brauchte der EuGH nicht mehr zu entscheiden.

[131] Rs C-132/91, C-138/91 und C-139/91 - DB 1993, 230 = EWiR 1993, 149 (*Blomeyer*); vgl. dazu *Birk* EuZW 1993, 156; *Joost* ZIP 1993, 178.

[132] Rs-C 105/84 (Mikkelsen) - Slg. 1985, 2639.

Verpflichtungen aus dem Arbeitsverhältnis, der durch Urteil vom 5.5.1988 entschieden worden ist. Der Unterschied ist zumindest der deutschen Dogmatik unbekannt. Bestehen nämlich die Verpflichtungen aus dem Arbeitsverhältnis vor allem in der Arbeitsleistungspflicht des Arbeitnehmers und der Entgeltleistungspflicht (ggf. auch der Beschäftigungspflicht) des Arbeitgebers, so ist ein Unterschied zum Übergang des ganzen Arbeitsverhältnisses schwer erkennbar. Die Argumentation zeigt, auf welchem dünnen dogmatischen Boden der EuGH steht, wenn er sich gezwungen sieht, ein sozialpolitisch erwünschtes Ergebnis zu begründen. Bezeichnend für die, wohl von ihm selbst gespürte, geringe Überzeugungskraft ist der weitere Hinweis des EuGH, eine gesetzliche Verpflichtung des Arbeitnehmers zur Fortsetzung des Arbeitsverhältnisses verstieße gegen dessen Grundrechte, weil er bei der Wahl seines Arbeitgebers frei sein müsse und nicht verpflichtet werden könne, für einen Arbeitgeber zu arbeiten, den er nicht frei gewählt hat. Hier bestürzt die Vermengung von Arbeitsplatz, den zu schützen das Ziel der Richtlinie ist, und Arbeitgeber, dessen Persönlichkeit in der Regel, wie etwa bei Juristischen Personen, im Arbeitsverhältnis keine Bedeutung hat. Eine klare Argumentation mit dem Normzweck der Richtlinie und der rechtlichen Bedeutung des Leistungsversprechens des Arbeitnehmers wäre wesentlich einsichtiger gewesen.

Mit dieser Lösung konnte das Gericht die weiteren - und wesentlich schwierigeren - Vorlagefragen nach der Bedeutung des Begriffs "Rechts- oder Verwaltungsvorschrift" in Art. 7 der Richtlinie dahingestellt sein lassen. Die Vorschrift besagt, daß die Möglichkeit der Mitgliedstaaten, für die Arbeitnehmer *günstigere Rechts- oder Verwaltungsvorschriften anzuwenden oder zu erlassen*, nicht eingeschränkt werde. Vorsorglich hatten die vorlegenden Gerichte nämlich gefragt, ob die Rechtsprechung des BAG zu § 613 a BGB als eine solche "günstigere" Rechtsvorschrift anzusehen sei[133]. Klargestellt wurde allerdings, daß auch die Rechtsprechung der Mitgliedstaaten grundsätzlich dann unter Art. 7 fällt, wenn sie mitgliedstaatliche Rechts- oder Verwaltungsvorschriften auslegt.

---

[133] Ebenso *Däubler*, NZA 1991, 134; *Heither*, NZA 1991, 136; *Joost*, ZIP 1991, 220; *Löw*, DB 1991, 546; *Oetker*, NZA 1991, 137.

D. Ausblick

1. Der Europäische Gerichtshof nimmt seine Funktion als Garant der europäischen Rechtseinheit sehr ernst. Hinsichtlich des Gemeinschaftsrechts bildet er die "oberste Auslegungsinstanz"[134] in Europa. Auf diese Funktion hat er sich aber bisher keineswegs beschränkt. Im Gewande der Auslegung hat er auch zahlreiche "Verstöße" deutscher Arbeitgeber[135] und des deutschen Gesetzgebers gegen primäres und sekundäres europäisches Gemeinschaftsrecht festgestellt. Damit hat er sich auf das Gebiet der *Rechtsanwendung* begeben, die grundsätzlich allein den nationalen Gerichten obliegt[136].

2. Darüber hinaus hat der Gerichtshof ganz bewußt *richterliche Rechtsschöpfung* betrieben und damit das Gemeinschaftsrecht quantitativ und qualitativ ausgeweitet. Die hier erwähnte "mittelbare Geschlechtsdiskriminierung" ist nur *ein* Beispiel. Dabei wird - soweit das Arbeitsrecht betroffen ist - erkennbar, daß das Ziel der Rechtseinheit für den EuGH keineswegs das allein maßgebliche ist. Obwohl der EG-Vertrag bisher noch keine soziale Dimension kennt, bestätigen die dargelegten Beispiele, daß der Gerichtshof, wie gelegentlich behauptet[137], durchaus *auch rechts- und sozialpolitische Ziele* verfolgt, anders ausgedrückt, daß er mit ihnen das Ziel der Rechtseinheit gemeinschaftsbetonend anreichert.

3. Zwar entsprechen die vom EuGH angewendeten juristischen Auslegungsmethoden überwiegend den in Kontinentaleuropa anerkannten Grundsätzen, doch wird durch den ständigen Rückgriff auf die Gemeinschaftsziele *in die Entwicklung des Gemeinschaftsrechts eine zusätzliche Dynamik*[138] hineingetragen, die möglicherweise über die der "rechtsetzenden" Organe in Brüssel weit hinausgeht[139].

---

[134] Vgl. dazu für den Bereich des Gesellschaftsrechts *Steindorff,* ZHR 156 (1992), S. 1 ff.

[135] So etwa im Fall Dekker (EuGH, Urt. v. 8.11.1990, Rs C 177/88 - Slg. 1990, 3941 = NJW 1991, 628 = EuZW 1991, 89 ff.), wo ausdrücklich festgestellt wurde, daß der Arbeitgeber gegen die Gleichberechtigungsrichtlinie verstoßen hat.

[136] Ähnlich *Götz* (NJW 1992, 1849, 1854), der das Verhalten des EuGH als mittelbare Bestimmung über die Auslegung des nationalen Umsetzungsrechts bezeichnet.

[137] Ebenso *Nicolaysen,* EuR 1984, 380, 381.

[138] Zu diesem "dynamischen" Element der Rechtsprechung des EuGH vgl. etwa *T. Stein,* (oben Fußn. 43) S. 621; *Grabitz/Pernice,* Komm. z. EWG-Vertrag, 1984, Art. 164 Rdnr. 7 ff.

[139] Der Gerichtshof hat sich bereits den Vorwurf des "gou-vernement des juges" zugezogen (*J.P. Collin,* Le Gouvernement de Juges dans le Communautés Européennes, Paris 1966).

4. Das geeignete Mittel zur Erreichung dieser Ziele bietet das *Vorabentscheidungsverfahren* des Art. 177 EGV. Insofern ist der EuGH von entsprechenden Vorlagen der nationalen Gerichte abhängig. Ob und wie oft diese erfolgen, hängt nicht nur von der Aufmerksamkeit der beteiligten Richter, Parteien und Parteienvertreter ab, sondern auch vom Willen der nationaler Richter, sich durch eine entsprechende Vorlage der Entscheidung aus Luxemburg unterzuordnen. Weil es ihre Sache ist, den Beschluß "richtig" zu formulieren, ist eine gewisse Manipulationsfähigkeit gegenüber dem EuGH nicht ganz auszuschließen.

5. Die Aufmerksamkeit der Richter und Parteien ist fühlbar verbessert worden durch spektakuläre Entscheidungen aus Luxemburg. Als spektakulär haben sich stets jene Entscheidungen erwiesen, die nicht vorhersehbar waren, weil sie sich dem geschriebenen Gemeinschaftsrecht nicht ohne weiteres entnehmen ließen, kurz also deshalb, weil sie bereits richterliche Rechtsschöpfung darstellen. Daß hier eine solche - und für das deutsche Recht vielleicht sogar ungewöhnliche - Rechtsfortbildung stattgefunden hat, ist nicht zuletzt auf die eigenständigen Auslegungsmethoden des EuGH zurückzuführen.

6. Betrachtet man schließlich die *Wirkung der EuGH-Rechtsprechung*, wird deutlich, daß sich zwangsläufig auch das nationale Recht "unter den Händen" des Gerichtshofs spürbar wandelt. Im judiziellen Dialog mit den nationalen Richtern wird über die Geltung des nationalen Rechts unmittelbar entschieden. Da die nationalen Legislativen in diesem Verfahren weitgehend "ohnmächtig" sind, wird der Souveränitätsverlust der Mitgliedstaaten besonders deutlich. Das mag auch ohne die Diskussion um die Maastrichter Verträge Europamüdigkeit oder gar -feindlichkeit wecken und der Akzeptanz des Maastrichter Vertragswerks in den Mitgliedstaaten hinderlich sein. Bedenkt man aber, daß die Kompetenz *sämtlicher* Gemeinschaftsorgane, d. h. sowohl der Legislative als auch der Judikative, nur auf Völkervertragsrecht beruht[140] und nicht wie innerstaatliches Recht unmittelbar demokratisch und rechtsstaatlich fundiert ist, so erscheint der Schritt - oder die "Flucht" - nach vorn, d. h. hin auf eine politische und staatliche Einheit unter einer demokratischen Verfassung als vorzugswürdig gegenüber dem jetzigen Zustand, der weder die Züge eines Bundesstaates noch die Charakteristik eines Staatenbundes aufweist.

---

[140] Vgl. dazu BVerfG, Entsch. v. 12.10.1993 - 2 BvR 2134/92 u 2159/92 = JZ 1993, 1100, 1105, 1111.

Die existentielle Staatlichkeit der Völker Europas und die staatliche Integration der Europäischen Union

Ein Beitrag zur Lehre vom Staat
nach dem Urteil des Bundesverfassungsgerichts
zum Vertrag über die Europäische Union von Maastricht[1]

Von Karl Albrecht Schachtschneider[*]

I. Freiheitliche Staatlichkeit und Gesetzlichkeit des gemeinsamen Lebens

1. Die Staatlichkeit dient der Verwirklichung des guten Lebens aller in allgemeiner Freiheit durch allgemeine Gesetzlichkeit[2]. Diese Gesetzlichkeit schafft den Rechtsstaat, wenn die Bürger und vor allem ihre Vertreter in den Organen des Staates das Sittengesetz sowohl bei der Gesetzgebung als auch bei dem Vollzug der Gesetze wahren, d. h. durch allseitige und allzeitige Legalität. Diese Legalität setzt die bürgerliche Moralität bei der Gesetzgebung voraus, wenn sie das Recht verwirklichen soll[3].

---

[*] An dem Beitrag hat *Th. C. W. Beyer* mitgearbeitet.

[1] Das Maastricht-Urteil (2 BvR 2134/92, 2 BvR 2159/92) vom 12. Oktober 1993 (BVerfGE 89, 155 ff.) wird hier auch nach dem Originalurteil zitiert. Die jeweils vermerkte Gliederung des Gerichts erlaubt den Zugriff auf den Abdruck des Urteils in den Fachzeitschriften, insbesondere (vollständig) EuGRZ 1993, 429 ff., (teilweise) JZ 1993, 1100, NJW 1993, 3047 ff., DVBl. 1993, 1254 ff., DÖV 1994, 119 ff. Das Urteil hat die von mir vertretene Verfassungsbeschwerde Manfred Brunners zum Teil verworfen und zum Teil zurückgewiesen, aber die europäische Verfassungspraxis wesentlich korrigiert. Das Urteil haben (u. a.) besprochen: *V. Götz*, Das Maastricht-Urteil des Bundesverfassungsgerichts, JZ 1993, 1081 ff.; *A. Bleckmann/U. Pieper*, Maastricht, die grundgesetzliche Ordnung und die Superrevisionsinstanz! Die Maastricht-Entscheidung des Bundesverfassungsgerichts, RIW 1993, 669 ff.; *K. M. Meessen*, Maastricht nach Karlsruhe, NJW 1994, 549 ff.; *M. Schröder*, Das Bundesverfassungsgericht als Hüter des Staates im Prozeß der europäischen Integra-

2. Das Volk als die verfaßte Bürgerschaft ist Träger der Staatsgewalt und übt diese selbst oder durch seine Vertreter in den Organen der Gesetzgebung, der vollziehenden Gewalt und der Rechtsprechung aus (Art. 20 Abs. 2 GG)[4]. Diese Organe als die Einrichtungen zur Verwirklichung der Staatlichkeit sind der Staat im engeren Sinne. Dieser Staat im engeren Sinne übt die Staatsgewalt auf Grund der "Hoheitsrechte" aus, die das Volk ihm durch die Verfassung und die Gesetze eingeräumt hat. Die Staatsgewalt ist die Staatlichkeit im funktionellen Sinne, der Staat der Ämter. Die verfaßte Bürgerschaft in ihrer Gesamtheit ist der Staat im weiteren Sinne, der existentielle Staat oder auch das Volk[5]. Die Bürgerschaft besteht aus allen Bürgern. Diese Bürgerschaft ist die meist gewachsene, wesentlich aber willentliche, also verfaßte, Schicksalsgemeinschaft, das Volk, welches die (nicht übertragbare) Hoheit hat, das Volk, von dem nach

---

tion - Bemerkungen zum Maastricht-Urteil, DVBl. 1994, 316 ff.; *I. Pernice*, Karlsruhe locuta - Maastricht in Kraft, EuZW 1993, 649; *U. Häde*, Das Bundesverfassungsgericht und der Vertrag von Maastricht, BB 1993, 2457 f.; *E. Steindorff*, Das Maastricht-Urteil zwischen Grundgesetz und europäischer Integration, EWS 1993, 341 ff.; *A. Weber*, Die Wirtschafts- und Währungsunion nach dem Maastricht-Urteil des BVerfG, JZ 1994, 53 ff.; *A. Tomuschat*, Die Europäische Union unter der Aufsicht des Bundesverfassungsgerichts, EuGRZ 1993, 489 ff.; *H. H. Rupp*, Maastricht und Karlsruhe, in: M. Brunner (Hrsg.), Kartenhaus Europa, 1993, S. 101 ff.; *K. A. Schachtschneider*, Das Maastricht-Urteil. Die neue Verfassungslage der Europäischen Gemeinschaft, Recht und Politik I/1994, S. 1 ff.; *M. Zuleeg*, Die Rolle der rechtsprechenden Gewalt in der europäischen Integration, JZ 1994, 1 ff.; *ders.*, Die Europäische Gemeinschaft als Rechtsgemeinschaft, NJW 1994, 545 ff.; *ders.*, Die Rechtsprechung des Europäischen Gerichtshofs zum Arbeits- und Sozialrecht im Streit, Arbeit und Recht 1994, 77 ff.; *H. P. Ipsen*, Zehn Glossen zum Maastricht-Urteil, EuR 1994, 1 ff.; *J. A. Frowein*, Das Maastricht-Urteil und die Grenzen der Verfassungsgerichtsbarkeit, ZaöRV 1994, 1 ff.; *R. Streinz*, Das Maastricht-Urteil des Bundesverfassungsgerichts, EuZW 1994, 329 ff.; *D. König*, Das Urteil des Bundesverfassungsgerichts zum Vertrag von Maastricht - ein Stolperstein auf dem Weg in die europäische Integration?, ZaöRV 1994, S. 17 ff.

[2] Der nachstehenden Skizze der freiheitlichen Staatlichkeit liegt meine republikanische "Freiheits-, Rechts- und Staatslehre" zugrunde, die ich als "Res publica res populi" 1994 veröffentlichen werde. Diese Lehre von der Republik wechselt das Paradigma der Freiheit vom zur Zeit praktizierten und meist gelehrten Begriff materialer allgemeiner Handlungsfreiheit (seit BVerfGE 6, 32 (36 ff.) ständige Rechtsprechung des Bundesverfassungsgerichts), der liberalistisch und folglich vom Herrschaftsprinzip bestimmt ist, zum Begriff formaler allgemeiner Freiheit als politischer Freiheit, der seine Grundlegung in der *rousseauschen* Rechtsphilosophie *Immanuel Kants* gefunden hat. Danach ist die äußere Freiheit die "Unabhängigkeit von eines anderen nötigender Willkür" (Metaphysik der Sitten - Einleitung der Rechtslehre, B), die innere Freiheit die Pflicht zur Sittlichkeit gemäß dem kategorischen Imperativ, dem Sittengesetz (insb. Grundlegung zur Metaphysik der Sitten); dazu auch *K. A. Schachtschneider*, Das Sittengesetz und die guten Sitten, in: B. Becker/H. P. Bull/O. Seewald, Festschrift für Werner Thieme zum 70. Geburtstag, 1993, S. 195 ff.

[3] *K. A. Schachtschneider*, Res publica res populi, 7. Teil, 4.und 5. Kap., 8. Teil, 1., 2. und 3. Kap.

[4] *K. A. Schachtschneider*, Res publica res populi, 8. Teil, 1. und 3. Kap.

[5] *G. Jellinek*, Allgemeine Staatslehre, 3. Aufl. 1914, 7. Neudruck 1960, S. 426, der lehrt, daß ein "Volk im Rechtssinne außerhalb des Staates gar nicht denkbar" sei.

Art. 20 Abs. 2 S. 1 GG alle Staatsgewalt ausgeht[6]. Die Bürger sind der Staat. Die Hoheit des Volkes ist die allgemeine und gemeinsame Freiheit der Bürger, deren verfaßter allgemeiner Wille, die vereinigte Willensautonomie der Bürgerschaft[7], die sich im gesetzlichen Recht verwirklicht und darum mit der Befugnis zu zwingen verbunden ist[8].

3. Das vornehmste Merkmal der existentiellen Staatlichkeit des Volkes ist die Verfassungshoheit, der pouvoir constituant. Das Bundesverfassungsgericht spricht im Maastricht-Urteil von der "Souveränität"[9]. Zur existentiellen Staatlichkeit gehören aber abgesehen von bestimmten Politiken[10] auch die Gesetzgebungs-, die Verwaltungs- und die Rechtsprechungshoheit und vor allem die Hoheit, Gewalt auszuüben[11].

Die Verfassung ist die höchstrangige Verwirklichung der Freiheit der Bürger. Sie ist die Grundlage der um des Rechts willen notfalls gewaltsamen Verwirklichung der Gesetze[12]. Nur verwirklichte Gesetzlichkeit ist wirkliche Freiheit, sofern die Gesetze durch ihre Sittlichkeit Recht schaffen[13]. Die staatliche Gewalt muß im Interesse des Friedens unwiderstehlich sein. Der gemeinsame Frieden verbietet konkurrierende staatliche Gewalten. Das Prinzip der Einzigkeit der Staatsgewalt ist ein Fundament moderner Staatlichkeit[14] und damit auch eines der Europäischen Union als einer Gemeinschaft von zu Staaten verfaßten Völkern.

4. Die Gesetze sind der allgemeine Wille aller Bürger[15]. Die Bürger sind nicht Untertan einer Obrigkeit. Es soll keine Über- und Unterordnungsverhält-

---

[6] *K. A. Schachtschneider*, Res publica res populi, 1. Teil, 3. Kap.

[7] *K. A. Schachtschneider*, Res publica res populi, 7. Teil, 1. und 3. Kap.

[8] *K. A. Schachtschneider*, Res publica res populi, 7. Teil, 3. Kap.; dazu unter II, 2.

[9] C I 2 c, S. 47; II 1 a, S. 50 ff., BVerfGE 89, 155 (186 f., 188 ff.) u. ö.; ebenso *P. Kirchhof*, Europäische Einigung und der Verfassungsstaat der Bundesrepublik Deutschland, in: J. Isensee (Hrsg.), Europa als politische Idee und als rechtliche Form, 1993, S. 63 ff., S. 89, 95 u. ö.; dieser Ausdruck paßt zum monarchischen Prinzip, nicht zum Paradigma der Freiheit; vgl. auch *H. P. Schneider*, Die verfassunggebende Gewalt, HStR, Bd. VII, 1992, § 158, Rdn. 20.

[10] Dazu unter IV, 4, 7, 8.

[11] *K. A. Schachtschneider*, Res publica res populi, 7. Teil, 3. Kap.

[12] *K. A. Schachtschneider*, Res publica res populi, 7. Teil, 3. Kap.

[13] *K. A. Schachtschneider*, Res publica res populi, 7. Teil, 1. und 4., auch 6. Kap.

[14] *H. Krüger*, Allgemeine Staatslehre, 2. Aufl. 1966, § 36 I, S. 847 ff.; dazu unter II, 2.

[15] *K. A. Schachtschneider*, Res publica res populi, 5. Teil, 3. und 4. Kap., 7. Teil, 1. und 4., auch 6. Kap., 8. Teil, 1. und 3. Kap.

nisse geben. Es soll keine Herrschaft geben, sondern wirkliche Freiheit[16]. Die Gesetze gelten, weil die Bürger ihrer Verfassung nach die Maximen aller ihrer Handlungen von den in den Gesetzen formulierten Vorschriften bestimmen lassen wollen und darum sollen. Durch die Allgemeinheit der selbstgegebenen Gesetze sind die Bürger frei (Art. 2 Abs. 1 GG), aber auch durch die Privatheit auf Grund und in den Grenzen der allgemeinen Gesetze[17]. Die Vertreter des Volkes in der allgemeinen Gesetzgebung sollen namens des Volkes erkennen, was für das gute Leben aller in allgemeiner Freiheit auf der Grundlage der Wahrheit richtig ist. Diese Erkenntnisse, nach Tatbestand und Rechtsfolge in subsumtionsfähige Gesetze gefaßt, sollen nach der Verfassung allgemeine Verbindlichkeit für alle Bürger und für die gesamte Bevölkerung haben[18]. Die Achtung dieser Gesetze schließt Unrecht aus.

5. Dem Verfassungsgericht obliegt im ordentlichen Verfahren die letztverbindliche Erkenntnis darüber, ob die Gesetze des Gesetzgebers der in den Leitentscheidungen des Grundgesetzes, insbesondere in denen der Grundrechte, näher bestimmten praktischen Vernünftigkeit genügen. Die praktische Vernünftigkeit ist das allgemeine Prinzip der Bürgerlichkeit der Bürgerschaft oder das der allgemeinen Freiheit. Die praktische Vernunft ist die Sittlichkeit der Republik. Die die formalen und offenen Leitentscheidungen der Verfassung materialisierenden Entscheidungen des Verfassungsgerichts sind funktional gesetzgebende Rechtserkenntnisse[19].

6. Die Bürger verwirklichen die Freiheit, indem sie bei all ihren Handlungen ihre allgemeinen Gesetze achten. Wenn die Handlungen der Bürger die Legalität verfehlen, sind die Gesetze staatlich durchzusetzen. Ein Vollzugsdefizit verletzt nicht nur die Gleichheit, sondern vor allem die Freiheit[20].

Alle Handlungen des Bürgers sind nicht nur staatlich, sondern zugleich privat bestimmt. Alle Bürger sind nämlich zugleich Private, die ihre Privatheit im Rahmen der für alle geltenden Gesetze, soweit es also die staatliche Bestimmung der Handlungsmaximen zuläßt, verwirklichen. Die Privatheit besteht aus den Rechten zur Willkür, die, weil alles Handeln alle betrifft, auf allgemeinen

---

[16] *K. A. Schachtschneider*, Res publica res populi, 2. Teil, 5. Teil, 3. und 4. Kap.

[17] *K. A. Schachtschneider*, Res publica res populi, 5. Teil, 4., 5. und 6. Kap., 7. Teil, 2. und 4. Kap.

[18] *K. A. Schachtschneider*, Res publica res populi, 8. Teil, 1. und 3. Kap.

[19] *K. A. Schachtschneider*, Res publica res populi, 9. Teil, insb. 1., 2., 7. und 8. Kap.

[20] *K. A. Schachtschneider*, Res publica res populi, 7. Teil, 3. Kap.

Gesetzen beruhen müssen. Die Willkür der Privaten ist freiheitlich, weil sie wegen der Gesetzlichkeit dem Willen aller entspricht, also niemandem Unrecht tut[21]. In der Republik gibt es keinen Gegensatz von Staat und Gesellschaft, wie im Liberalismus, der einen herrschaftlich konzipierten Staat voraussetzt[22]. Staatlichkeit und Privatheit eignet nur den Regeln oder den Maximen des Handelns[23]. Der Staat als die Einrichtung der Bürgerschaft für die Verwirklichung der allgemeinen Freiheit handelt ausschließlich nach staatlichen, d. h. allgemeinen, Vorschriften. Er hat keinerlei Privatheit. Daraus folgt das Willkürverbot für den Staat[24]. Der Bürger ist bei jeder Handlung frei, unabhängig davon, ob die Handlung durch staatliche Vorschriften, also vom (allgemeinen) autonomen Willen selbstgesetzgebend, oder durch private Maximen, also alleinbestimmt, geleitet ist[25].

II. Die verfaßte Staatsgewalt des deutschen Volkes

1. Die Verfassung gibt der Staatlichkeit im weiteren und im engeren Sinne eine Grundordnung. Die Verfassung bestimmt, wer Bürger ist. Grundsätzlich müssen um der allgemeinen Freiheit willen alle Menschen, die in einem Gebiet leben, Bürger sein dürfen und Bürger sein wollen. In Deutschland sind nur Deutsche (Art. 116 GG) Bürger. Bürger ist, wer (mit den anderen Bürgern) Gesetzgeber ist, unmittelbar oder durch Vertreter in den Legislativorganen mittelbar. Wegen der (meist notwendigen) Repräsentativität der Gesetzgebung ist das Recht, die Abgeordneten in die Organe der Gesetzgebung zu wählen, die wesentliche Bürgerlichkeit. Wer dieses Wahlrecht hat, ist (zumindest funktional) Bürger. Ein Wahlrecht von Ausländern widerspricht dem Prinzip der Bürgerlichkeit; denn diese ist nichts anderes als die Zugehörigkeit zum Volk, die (grundsätzlich) identisch mit der Staatsangehörigkeit ist[26].

Nur eine neue Verfassung Deutschlands kann das Verfassungsprinzip der deutschen Staatlichkeit (im existentiellen Sinne) einschränken oder gar auf-

---

[21] *K. A. Schachtschneider*, Res publica res populi, 4. Teil, 2. Kap., 5. Teil, 5. Kap.

[22] *K. A. Schachtschneider*, Res publica res populi, 3. Teil, auch 6. Teil.

[23] *K. A. Schachtschneider*, Res publica res populi, 4. Teil, 2. Kap., 5. Teil, 4. und 5. Kap.

[24] *K. A. Schachtschneider*, Res publica res populi, 5. Teil, 6. Kap., 9. Teil, 8. Kap.

[25] *K. A. Schachtschneider*, Res publica res populi, 5. Teil, 3., 4., 5. und 6. Kap.

[26] I.d.S. BVerfGE 83, 37 (50 ff.); 83, 60 (71 ff.); dazu IV, 10.

heben; nicht nur, weil dieses Prinzip in Art. 20 GG verankert und durch Art. 79 Abs. 3 GG, die sogenannte Ewigkeitsklausel, geschützt ist[27], sondern weil nur der existentielle Staat (als verfaßte Bürgerschaft) willensfähig ist, so daß der Staat im engeren Sinne als funktionale Organisation des Staates im weiteren Sinne, der Bürgerschaft also, für die Verwirklichung des gemeinen Wohls (des guten Lebens aller in allgemeiner Freiheit) sich nicht selbst aufheben oder auch nur seine Kompetenzen (Aufgaben und Befugnisse) einschränken kann. Die Übertragung von Hoheitsrechten auf "zwischenstaatliche Einrichtungen" (Art. 24 Abs. 1 GG) oder auf die "Europäische Union" (Art. 23 Abs. 1 GG n.F.) kann somit nicht die Hoheit der Deutschen aufgeben oder auch nur einschränken, weil der Staat im engeren Sinne diese Kompetenz nicht hat und in einem freiheitlichen Gemeinwesen der Bürger, einer Republik also, nicht haben kann, wenn die Republik nicht ihr Wesen, nämlich Verfassung der Bürger als Bürger zu sein, einbüßen soll. Der Staat im engeren Sinne existiert nur durch die bürgerliche Verfassung. Er ist seinem freiheitlichen Begriff nach Verfassungsstaat[28]. Seine Rechtsakte haben nur in den Grenzen der Verfassung

---

[27] I.d.S. auch das Maastricht-Urteil C II 1 a, S. 50 ff., BVerfGE 89, 155 (188 ff.); *Ch. Tomuschat*, GG, Bonner Kommentar, Zweitbearbeitung 1981, Art. 24, Rdn. 20; *G. Ress*, Staatszwecke im Verfassungsstaat, VVDStRL 48 (1990), S. 82; *P. Kirchhof*, Rechtsschutz durch Bundesverfassungsgericht und Europäischen Gerichtshof, in: D. Merten, Föderalismus und Europäische Gemeinschaften unter besonderer Berücksichtigung von Umwelt und Gesundheit, Kultur und Bildung, 1990, S. 109 ff., 112; *ders.*, Die Identität der Verfassung in ihren unabänderlichen Inhalten, HStR, Bd. I, 1987, § 19, Rdn. 51 ff., 71 f.; *ders.*, Brauchen wir ein erneuertes Grundgesetz?, 1992, S. 37 ff.; *ders.*, Europäische Einigung und der Verfassungsstaat, S. 96 ff.; *ders.*, Der deutsche Staat im Prozeß der europäischen Integration, HStR, Bd. VII, 1992, § 183, Rdn. 58 ff., auch Rdn. 41, 42; so auch *R. Bernhardt*, Verfassungsrecht und völkerrechtliche Verträge, HStR, Bd. VII, 1992, § 174, Rdn. 26; *H. Mosler*, Die Übertragung von Hoheitsgewalt, HStR, Bd. VII, 1992, § 175, Rdn. 28 (gegen Völkerrechtssubjektsverlust); *H. P. Ipsen*, Die Bundesrepublik Deutschland in den Europäischen Gemeinschaften, HStR, Bd. VII, 1992, § 181, Rdn. 65; *E. Klein*, Der Verfassungsstaat als Glied einer europäischen Gemeinschaft, VVDStRL 58 (1991), S. 70 f.; *K. A. Schachtschneider*, Die Europäische Union und die Verfassung der Deutschen, in: Aus Politik und Zeitgeschichte, B 28/93, S. 3 ff.; auch *W. v. Simson/J. Schwarze*, Europäische Integration und Grundgesetz, Maastricht und die Folgen für das deutsche Verfassungsrecht, 1992, S. 55, 66 ff.; *R. Breuer*, Die Sackgasse des neuen Europaartikels (Art. 23 GG), NVwZ 1994, 417, 422 f.; *W. Thieme*, Das Grundgesetz und die öffentliche Gewalt internationaler Staatengemeinschaften, VVDStRL 18 (1960), S. 55 ff., der schon die Ewigkeitsklausel nicht als solche, sondern deren Prinzip erst recht auf die Integrationspolitik angewendet wissen wollte; weitere Hinweise in Fn. 193.

[28] *H. Steinberger*, Der Verfassungsstaat als Glied einer europäischen Gemeinschaft, VVDStRL 50 (1991), S. 9 ff., insb. S. 23; *P. Häberle*, Föderalismus, Regionalismus, Kleinstaaten - in Europa, Die Verwaltung, 25 (1992), S. 1 ff., insb. S. 13; auch *P. Kirchhof*, Europäische Einigung und Verfassungsstaat, passim, insb. S. 83, 85 ff., der Staatlichkeit und Verfaßtheit jedoch nicht identifiziert; vgl. auch Staat und Verfassung differenzierend *J. Isensee*, Staat und Verfassung, HStR, Bd. I, 1987, § 13, Rdn. 1 ff., 26 ff., 121 ff.

Verbindlichkeit. Weil die bürgerliche Staatlichkeit nichts anderes ist als die (rechtliche) Gesetzlichkeit, existiert der Staat im engeren Sinne nur als Verfaßtheit und Gesetzlichkeit und vermag darüber hinaus keine Wirkung zu entfalten; denn Rechtsakte entgegen der Verfassung bewirken nichts. Sie sind vielmehr nichtig. Die existentielle Staatlichkeit der Deutschen zu relativieren, haben nicht die Vertreter des Volkes (mittels verfassungsändernder Gesetze) die Kompetenz, sondern nur das Volk[29]. Das Volk aber entscheidet sich in seiner Verfassung.

2. Die Verfassung bestimmt das gemeinsame Leben von Menschen in einem bestimmten Gebiet; denn in einem Gebiet kann um des Friedens willen, also um konkurrierende Gewalten unmöglich zu machen, nur eine Verfassung gelten, weil die Gewaltausübung zur Verwirklichung der Freiheit auf der Verfassung beruht und um der Freiheit willen beruhen muß[30].

Die Freiheit erfordert die Zwangsbefugnis; denn der Zwang ist die "Verhinderung eines Hindernisses der Freiheit"[31]. Er verwirklicht die Gesetzlichkeit. Die Gewalt findet ihre Rechtsgrundlage in der allgemeinen Freiheit der Bürger. Die Menschen, die sich zum gemeinsamen Leben durch eine Verfassung vereinigt haben, schaffen um des Friedens und damit um der Freiheit willen Zwangsmöglichkeiten gegen die, welche die Gesetze der Freiheit mißachten. Das ist die Konsequenz dessen, daß jeder aus seiner angeborenen Freiheit ein Recht auf Recht, ein Recht auf eine "bürgerliche" Verfassung, ein Recht auf einen Staat hat[32].

---

[29] Vgl. BVerfGE 37, 271 (279); in diesem Sinne *Ch. Tomuschat*, GG, Bonner Komm., Rdn. 31, 50 f., 79, 95 zu Art. 24; auch *P. Badura*, Bewahrung und Veränderung demokratischer und rechtsstaatlicher Verfassungsstrukturen in den internationalen Gemeinschaften, VVDStRL 23 (1966), S. 74; *H. H. Rupp*, Muß das Volk über den Vertrag von Maastricht entscheiden?, NJW 1993, 38 ff.; *D. Murswiek*, Maastricht und der Pouvoir Constituant, in: Der Staat 32 (1993), S. 163 ff.; *K. A. Schachtschneider*, Aus Politik und Zeitgeschichte B 28/93, S. 3; a. A. *H. P. Ipsen*, Europäisches Gemeinschaftsrecht, 1972, § 2, S. 36 f., 65 f.

[30] *Ch. Link*, Staatszwecke im Verfassungsstaat - nach 40 Jahren Grundgesetz, VVDStRL 48 (1990), S. 28 ff.; *K. A. Schachtschneider*, Res publica res populi, 7. Teil, 3. Kap.

[31] *Kant*, Metaphysik der Sitten, Einleitung in die Rechtslehre, § D, ed. Weischedel, S. 338 f.; *K. A. Schachtschneider*, Res publica res populi, 7. Teil, 3. Kap.

[32] *Kant*, Metaphysik der Sitten, Rechtslehre, § 8, auch § 44, S. 365 f. bzw. S. 430 f.; *K. A. Schachtschneider*, Res publica res populi, 5. Teil, 3. und 4. Kap.; ähnlich *P. Kirchhof*, HStR, Bd. VII, 1992, § 183, Rdn. 30 ("Ohne Staat kein Recht"), der aber den Staat als "Herrschaftsorganisation" begreift (Rdn. 31), so daß er seine Rechtslehre nicht essentiell auf die Freiheit gründen kann, obwohl er die Würde des Menschen, die Gleichheit in der Freiheit und den Frieden als die Europa definierenden Rechtsideen vorstellt (Rdn. 5, 29); Kirchhof legt also einen liberalistischen Freiheitsbegriff (dazu *K. A. Schachtschneider*, Res publica res populi, 6. Teil) zugrunde, der gerade nicht die Freiheitsidee Europas und auch nicht die des Grundgesetzes ist.

Ein Staat ist nach republikanischen Prinzipien nur der Rechtsstaat, der die allgemeine Freiheit verwirklicht[33]. Recht ist ohne Zwangsbefugnisse nicht denkbar, weil die Moralität der Menschen allein die Gesetzlichkeit nicht sicherstellt. Ohne Zwangsbefugnisse wäre die Freiheit, wie gesagt, nicht verwirklicht. Der Begriff des Staates jedenfalls als Rechtsstaat ist abhängig von dem Begriff der Freiheit; denn die Freiheit ist das transzendentale Apriori des gemeinsamen Lebens von Menschen in Würde[34]. Weil der Zweck des Staates das gute Leben aller in allgemeiner Freiheit ist und dieser Zweck ohne Zwang nicht verwirklicht werden kann, zugleich aber die friedliche Zwangsmöglichkeit die Einzigkeit der Gewalt, also die Befugnis Zwang auszuüben, in einem Gebiet erfordert, ist allein ein Staatsbegriff freiheitlich, der auf die gesicherte Gesetzlichkeit des gemeinsamen Lebens und damit auf die grundsätzlich alleinige Gewaltbefugnis des Staates abstellt. Das Prinzip der Gebietshoheit[35], das Prinzip der Einzigkeit unwiderstehlicher Gewalt[36] in einem Gebiet also, rechtfertigt es, den Staatsbegriff mit dem Gewaltbegriff zu verbinden, wie es auch der Begriff "Staatsgewalt" in Art. 20 Abs. 2 S. 1 GG nahelegt.

3. Der Zwang kann aber nur Recht sein, wenn er freiheitlich begründet ist, d. h. auf allgemeinen Gesetzen beruht. Diese müssen vom Volk oder durch die Organe des Volkes gegeben werden, um allgemein zu sein[37]. Sie müssen somit (im freiheitlichen Sinne) demokratisch sein. Daraus folgt die republikanische Einheit der Gebietshoheit mit deren freiheitlicher Legalität, d. h.: Die Gebietshoheit darf um der Freiheit willen nur ein Staat (i. e. S.) haben, dessen Staatsgewalt vom Volk ausgeht. Staatlichkeit, die nicht vom Volk ausgeht, ist mit Art. 20 Abs. 2 GG unvereinbar. Die Gebietshoheit darf umgekehrt auch nur

---

[33] I.d.S. *G. Jellinek*, Allgemeine Staatslehre, S. 408, der sich zu Recht auf *Aristoteles*, Nikomachische Ethik, 5. Buch, 1134 a, 25 ff., beruft.

[34] *Kant*, Metaphysik der Sitten, Einteilung der Rechtslehre, B, S. 345; *P. Häberle*, Die Verwaltung 25 (1992), S. 2 f., 12 f., 18; *K. A. Schachtschneider*, Res publica res populi, 5. Teil, 1., 3. und 4. Kap.

[35] Zum Begriff der Gebietshoheit, der von dem der territorialen Souveränität zu unterscheiden ist, *A. Verdross*, Völkerrecht, 5. Aufl. 1964, S. 266 ff.; ebenso *W. Graf Vitzthum*, Staatsgebiet, HStR, Bd. I, 1987, § 16, Rdn. 4; *J. Isensee*, HStR, Bd. I, 1987, § 13, Rdn. 34.

[36] *H. Krüger*, Allgemeine Staatslehre, S. 847 ff.; *J. Isensee*, HStR, Bd. I, 1987, § 13, Rdn. 34; *W. Schmitt Glaeser*, Private Gewalt im politischen Meinungskampf. Zugleich ein Beitrag zur Legitimität des Staates, 1990, S. 116 ff.

[37] *K. A. Schachtschneider*, Res publica res populi, 8. Teil, 1. und 3. Kap.

soweit reichen wie das Legalitätsgebiet[38]. Territoriale Grenzen der Staatlichkeit sind darum im Begriff des existentiellen Staates genauso angelegt wie die Staatsangehörigkeit, solange es keinen Weltstaat gibt. Die sogenannte Drei-Elemente-Lehre des Völkerrechts definiert insofern richtig den Staat als die Einheit von Gebiet, Volk und Gewalt[39].

Der gebietliche Geltungsbereich der Gesetze kann durch die Verfassung unterschiedlich, nämlich föderal, bestimmt sein. In einem Gebiet darf aber dem Grundsatz nach nur eine Gewalt verfaßt sein. Der gebietliche Wirkungsbereich der staatlichen, unwiderstehlichen Gewalt muß nicht derselbe sein wie der gebietliche Geltungsbereich der Gesetze, wenn die staatliche Gewalt auch immer auf Gesetzen des als Staat verfaßten Volkes beruhen muß. Die Gebietshoheit ist die einheitliche Verfassung des Zwanges zur Durchsetzung der Gesetze[40]. Sie bestimmt den jeweiligen gebietlichen Wirksamkeitsbereich der Gesetze. Die Europäische Gemeinschaft gibt für den gebietlich unterschiedlichen Geltungs- und Wirksamkeitsbereich, der aus dem Unterschied des Bereichs der gemeinschaftlichen Staatlichkeit und den verschiedenen Gebietshoheiten folgt, ein Beispiel.

4. Das Territorium der Staatlichkeit kann dadurch verändert werden, daß Menschen ihr gemeinsames Leben neu ordnen. Ein Teil des Volkes kann sich von einem anderen separieren. Die Teilung muß allerdings wegen der Gebietshoheit gebietlich sein. Es gibt kein Recht eines gebietlichen Volksteiles, einen anderen zur gemeinsamen Staatlichkeit zu zwingen, wenn nur der eine dem anderen durch die Trennung nicht unerträglich schadet.

---

[38] I.d.S. *P. Kirchhof*, Europäische Einigung und Verfassungsstaat, S. 95; zum Zusammenhang der "Strukturprinzipien des modernen Staates: Einheit und Legitimität" *W. Schmitt Glaeser*, Private Gewalt im politischen Meinungskampf, S. 116 ff., zum Prinzip "Legitimität", S. 123 ff.

[39] *G. Jellinek*, Allgemeine Staatslehre, S. 174 ff., 394 ff.; *A. Verdross/B. Simma*, Universelles Völkerrecht, 1976, S. 201 ff.; *O. Kimminich*, Einführung in das Völkerrecht, 1976, 4. Aufl. 1990, S. 134 f.; *J. Isensee*, HStR, Bd. I, 1987, § 13, Rdn. 30 ff.; kritisch *R. Smend*, Verfassung und Verfassungsrecht, 1928, in: *ders.*, Staatsrechtliche Abhandlungen und andere Aufsätze, 1955, S. 127 f.; kritisch (Smend folgend) auch *H. Krüger*, Allgemeine Staatslehre, S. 145 f.

[40] Die Gebietshoheit wird entgegen dem Freiheitsprinzip meist als Herrschaft in einem bestimmten Raum begriffen, etwa *A. Verdross*, Völkerrecht, S. 266 ff., 268; *W. Graf Vitzthum*, HStR, Bd. I, 1987, § 16, Rdn. 4 ff.; *K. Stern*, Das Staatsrecht der Bundesrepublik Deutschland, Bd. I, 2. Aufl. 1984, S. 235; *M. Kriele*, Einführung in die Staatslehre, 4. Aufl. 1990, S. 96 ff.; *J. Isensee*, HStR, Bd. I, 1987, § 13, Rdn. 34.

Ein Recht einer spezifisch homogenen Menge von Menschen, eines Volkes im Sinne des deutschen Nationenbegriffs[41], auf einen gemeinsamen Staat ist nicht erkennbar, sondern nur ein Recht auf eine "bürgerliche Verfassung" der Menschen, mit denen ein Mensch zusammenlebt, die also durch ihre Leben auf ihn derart einwirken können, daß die gemeinsame Freiheit oder der Frieden nur durch einen Staat im existentiellen Sinne verwirklicht werden kann. In der Freiheits-, Rechts- und Staatslehre ist der Staat mit *Kant* als "die Vereinigung einer Menge von Menschen unter Rechtsgesetzen"[42] und demgemäß das Volk als "eine Menge von Menschen, die, im wechselseitigen Einflusse gegen einander stehend, des rechtlichen Zustandes unter einem sie vereinigenden Willen, einer Verfassung (constitutio) bedürfen, um dessen, was Rechtens ist, teilhaftig zu werden", des "bürgerlichen" Zustandes also[43], zu begreifen.

Die Autonomie des Willens, völkerrechtlich gesprochen: das Selbstbestimmungsrecht[44], wirkt sich gebietlich aus; denn die Staatlichkeit beruht auf der Freiheit. Es gibt keinen von den Menschen unabhängigen Staat, der berechtigt wäre, seine Untertanen zum gemeinsamen Leben zu zwingen. Die Sorge um die ungeteilte Untertänigkeit, wie sie (noch) das monarchische Prinzip[45] verlangt hat, berechtigt also nicht, den Begriff des Staates auf eine unveränderbare juristische Person Staat zu beschränken. Ein solcher Staatsbegriff konzipiert den Staat noch immer absolutistisch. Allein das Zwangselement des Rechts verlangt nach der Einzigkeit des staatlichen Gewaltrechts, also nach der Gebietshoheit. Das Staatsgebiet hängt von der Verfassung ab.

Die praktische Vernunft gebietet den Menschen, ihrem gemeinsamen Leben eine gute, auch eine gebietlich gute Verfassung zu geben. Die Menschen können und sollen der Geltung ihrer Gesetze die gebietlich optimale Wirkung geben, sei es die für Europa, sei es die für Deutschland, sei es die für Bayern

---

[41] Dazu *K. A. Schachtschneider*, Res publica res populi, 11. Teil, 2. Kap.

[42] Metaphysik der Sitten, Rechtslehre, § 45, S. 431.

[43] Metaphysik der Sitten, Rechtslehre, § 43, S. 429.

[44] Etwa Art. 1 Nr. 2 Charta der Vereinten Nationen; *P. Kirchhof*, Europäische Einigung und Verfassungsstaat, S. 90 f.; *ders.*, HStR, Bd. VII, 1992, § 183, Rdn. 40; vgl. *A. Verdross*, Völkerrecht, S. 574 ff.; *A. Verdross/B. Simma*, Universelles Völkerrecht, S. 253 ff.; *O. Kimminich*, Einführung in das Völkerrecht, S. 135 ff.

[45] Zum monarchischen Prinzip *E. R. Huber*, Das Kaiserreich als Epoche verfassungsstaatlicher Entwicklung, HStR, Bd. I, 1987, § 52, Rdn. 26 ff.; *R. Wahl*, Die Entwicklung des deutschen Verfassungsstaates bis 1986, HStR, Bd. I, 1987, § 1, Rdn. 13 ff.; vgl. *R. Zippelius*, Allgemeine Staatslehre, 12. Aufl. 1994, S. 158 ff.; *P. v. Oertzen*, Die soziale Funktion des staatsrechtlichen Positivismus, 1974, insb. S. 72 ff.

oder sei es die für die Welt. Der Geltungsbereich der Gesetze und damit die Allgemeinheit der Regeln kann darum für bestimmte Regelungsbereiche differenziert sein. Die Differenzierung in Städte/Gemeinden, in Kreise, in Länder, in Staaten und in die Staatengemeinschaften zeigt das[46]. Gewährleistet sein muß das friedliche und damit freiheitliche gemeinsame Leben. Wer mit Wirkung auf andere handelt, ist zur gemeinsamen Gesetzgebung verpflichtet. Das gebietet das Sittengesetz/der kategorische Imperativ[47]. Es/er wird durch die Verfassung verwirklicht. Das Subsidiaritätsprinzip (etwa Art. 3 b Abs. 2 EGV, Art. 72 Abs. 2 GG) soll die Entscheidungen über den gebietlichen Geltungsbereich der Gesetze steuern und damit im Sinne des Vorrangs der kleinen Einheit bestimmen, auf welcher gebietlichen Ebene die Gesetze gegeben werden[48].

Die Verfassungen sind friedlich, d. h. freiheitlich/autonom, zu schaffen; aber sie müssen hervorgebracht, also notfalls erzwungen werden[49]. Zu den Verfassungen in diesem Sinne gehören die Verträge unter den Völkern über die gemeinschaftliche Ausübung ihrer Staatsgewalt[50]. Die Alternative zu freiheitlichen Verfassungen ist, wenn die grenzüberschreitenden Verhältnisse unerträglich werden, der Krieg. Die Veränderung der Lebensverhältnisse gebietet den Wandel der Verfassungen. Die Verfassungen selbst aber konservieren die Lebensverhältnisse und haben damit Einfluß auf die Lage. Sie sind ein Teil der Lebenswirklichkeit. Die Verfassungsbegriffe sind um der Stabilität der Ver-

---

[46] Dazu *P. Häberle*, Die Verwaltung 25 (1992), S. 6 ff.

[47] *Kant*, Metaphysik der Sitten, Rechtslehre, § 8, auch § 44, S. 365 f. bzw. S. 420 f.; *K. A. Schachtschneider*, Res publica res populi, 5. Teil, 4. Kap.

[48] Dazu *H. Lecheler*, Das Subsidiaritätsprinzip: Strukturprinzip einer europäischen Union, 1993, S. 98 ff., 121 ff.; *ders.*, Das Subsidiaritätsprinzip im Europäischen Gemeinschaftsrecht, in: B. Becker/H. P. Bull/O. Seewald, Festschrift für Werner Thieme zum 70. Geburtstag, 1993, S. 431 ff., 442 ff.; weiter die Beiträge von *M. Brunner, T. Stein* und *D. Merten* in: D. Merten (Hrsg.) Die Subsidiarität Europas, 1993, S. 9 ff., 23 ff., 77 ff.; *W. Möschel*, Zum Subsidiaritätsprinzip im Vertrag von Maastricht, NJW 1993, 3025 ff.; *H.-J. Lambers*, Subsidiarität in Europa - Allheilmittel oder juristische Leerformel?, EuR 1993, 229 ff.; *W. Kahl*, Möglichkeiten und Grenzen des Subsidiaritätsprinzips nach Art. 3 b EG-Vertrag, AöR 118 (1993), S. 414 ff.; *H. D. Jarass*, EG-Kompetenzen und das Prinzip der Subsidiarität nach Schaffung der Europäischen Union, EuGRZ 1994, 209 ff.; *D. Grimm*, Effektivität und Effektivierung des Subsidiaritätsprinzips, KritV 1/1994, S. 6 ff.; vgl. auch die Hinweise in Fn. 281.

[49] *Kant*, Metaphysik der Sitten, Rechtslehre, § 8, auch § 44, S. 365 f. bzw. S. 430 f.

[50] I.d.S. EuGH - Rs. 224/83 (Les Verts/Parlament), Slg. 1986, 1339, 1365; *W. Hallstein*, Die Europäische Gemeinschaft, 1973, S. 40 ff.; *H. Steinberger*, VVDStRL 50 (1991), S. 18 f.; *M. Zuleeg*, Der rechtliche Zusammenhalt der Europäischen Gemeinschaft, V, S. 23 f. und VII, S. 35; dezidiert a. A. *P. Kirchhof*, Rechtsschutz durch Bundesverfassungsgericht und Europäischen Gerichtshof, S. 118.

fassung willen dynamisch, d. h. sie wandeln ihren Gehalt, um der Lage gerecht werden zu können[51]. Die Verfassung eines Volkes als Staat im existentiellen Sinne aber ist schicksalhaft. Die Änderung des Volkes, sei es gebietlich durch Veränderung des Territoriums, sei es begrifflich durch Veränderung der Kriterien der Staatsangehörigkeit[52], bedarf einer neuen Verfassung; denn derartige Maßnahmen ändern das Volk selbst. Auch die Veränderung des Gebietes der existentiellen Staatlichkeit ist eine Änderung des Volkes, wenn und weil die Politik von einer veränderten Menge von Menschen bestimmt wird. Sie verletzt die Verfassung des Volkes, wenn und weil es nicht mehr (wesentlich) allein entscheiden darf.

Die Verfassung ist um des Rechts als der Wirklichkeit der Freiheit willen zu positivieren. Vor allem darf um des Friedens willen der gebietliche Geltungsbereich der Verfassung und der Gesetze nicht offen sein; denn das führt zur Geltung widersprüchlicher Verfassungen und Gesetze in einem Gebiet, also zur Friedlosigkeit bis hin zum Bürgerkrieg[53]. Das Prinzip der Einzigkeit der Gebietshoheit verlangt nach definierten Wirkungsgrenzen der Verfassung, die aus der Logik des Miteinanders der staatlichen Nachbarn des Einverständnisses derselben bedürfen.

5. Gewachsene Völker, Nationen im deutschen Begriffssinne, erleichtern das gemeinsame Leben unter einer Verfassung, die das gemeinsame Leben umfassend bestimmt. Die Homogenität der Menschen sichert nach aller Erfahrung das gemeinsame Leben in Freiheit und damit den Frieden. Homogene Bürgerschaften sind der Erfahrung nach willens, in einem durch die verfaßte Gebietshoheit definierten Staat zu leben, dessen Staatlichkeit die (rechtliche) Gesetzlichkeit ist[54]. *Irenäus Eibl-Eibesfeld* hält die Unionsbürger (Art. 8 ff.

---

[51] *K. A. Schachtschneider*, Res publica res populi, 9. Teil, 11. Kap.

[52] Dazu IV, 10.

[53] Vgl. *G. Jellinek*, Allgemeine Staatslehre, S. 394 ff., insb. S. 396.

[54] *J. Isensee*, Nachwort. Europa - die politische Erfindung eines Erdteils, in: ders., (Hrsg.), Europa als politische Idee und als rechtliche Form, 1993, S. 122 ff.; *K. A. Schachtschneider*, Res publica res populi, 11. Teil; zur notwendigen "Mindesthomogenität" *P. Kirchhof*, Europäische Einigung und Verfassungsstaat, S. 64, 79, 88; *ders.*, HStR, Bd. VII, 1992, § 183, Rdn. 12, 25, 29, 61; auch *U. Di Fabio*, Der neue Art. 23 des Grundgesetzes, Positivierung vollzogenen Verfassungswandels oder Verfassungsneuschöpfung?, Der Staat 32 (1993), S. 191 ff., 205.

EGV) für hinreichend homogen, um gemeinsam in einer Republik zu leben[55]. Das Bundesverfassungsgericht spricht von einem "bestehenden Maß existentieller Gemeinsamkeit" zwischen den Staatsangehörigen der Mitgliedstaaten[56].

III. Die gemeinschaftliche Ausübung der Staatsgewalt europäischer Völker

1. Ein Volk kann sich entscheiden, seine funktionale Staatlichkeit auf das eigene Hoheitsgebiet zu beschränken, kann aber darüber hinausgehend Staatsgewalt gemeinschaftlich mit anderen Völkern ausüben. Das ist seit 1949 der in der Präambel des Grundgesetzes und in Art. 24 Abs. 1 GG erklärte Wille des Deutschen Volkes[57]. Art. 23 GG n. F. hat (1992) den Integrationswillen Deutschlands verstärkt und erweitert. Die Freiheit der Deutschen wird dadurch nicht eingeschränkt; denn alle Staatsgewalt geht auch insoweit vom Volke aus (Art. 20 Abs. 2 S. 1 GG), als sie mit anderen Völkern gemeinschaftlich ausgeübt wird. Die Freiheit ist, republikanisch konzipiert, uneinschränkbar[58], eine die Hoheitsgrenzen, also die gebietlichen Grenzen des Staates im existentiellen Sinne, überschreitende allgemeine Gesetzlichkeit ist wegen des weltweiten Verbundes des gemeinsamen Lebens unverzichtbar. Gesetzlichkeit ist aber Staatlichkeit, so daß die gemeinschaftliche, die Hoheitsgrenzen eines Volkes oder

---

[55] Zur Problematik einer multiethnischen Immigrationsgesellschaft, Zeitschrift für Ethnologie 115 (1990), S. 261 ff., 264; *ders.*, Ist der Mensch paradiesfähig?, in: Berliner Debatte INITIAL 8/1992, S. 13; *ders.*, Deutschlands Zukunft: Nationalstaat oder multikulturelle Gesellschaft?, in: D. Keller (Hrsg.), Nachdenken über Deutschland, 1991, S. 49; *Th. Oppermann/C. D. Classen*, Europäische Union: Erfüllung des Grundgesetzes, in: Aus Politik und Zeitgeschichte, B 28/93, S. 15, 19, meinen, daß es für eine "Volksherrschaft" der EG "am homogenen europäischen Staatsvolk" mangele; skeptisch auch *H. P. Ipsen*, HStR, Bd. VII, 1992, § 181, Rdn. 98.

[56] Maastricht-Urteil C I 2 b1, S. 44, BVerfGE 89, 155 (184).

[57] So auch das Maastricht-Urteil C I 2 a, S. 41 f., BVerfGE 89, 155 (182 f.); dazu *H. P. Ipsen*, Europäisches Gemeinschaftsrecht, § 2, 55/56, S. 70 f., § 10, 7, S. 262; *A. Bleckmann*, Europarecht, 5. Aufl. 1990, S. 297 ff. mit Hinweisen und Literaturbericht; *P. Kirchhof*, Brauchen wir ein erneuertes Grundgesetz?, S. 36 ff.

[58] *K. A. Schachtschneider*, Res publica res populi, 5. Teil, 3. und 4. Kap., 6. Teil, 5., 6. und 8. Kap.

eben Staates im existentiellen Sinne gebietlich überschreitende, funktionale Staatlichkeit notwendig ist[59].

2. Das Völkerrecht und das Staatsrecht unterscheiden sich nicht wesentlich[60], wenn die Staatlichkeit des gemeinsamen Lebens republikanisch verfaßt wird, weil das Recht unabhängig von seiner Materie und von seinem Wirkungsbereich auf der Freiheit der Bürger, d. h. auf dem Willen des jeweiligen Volkes, beruht[61]. Die Völker selbst sichern die Verbindlichkeit des Rechts unter den Völkern, wenn sie sich zu Republiken, d. h. als freiheitliches Gemeinwesen, verfaßt haben. Das Völkerrecht ist nicht minder der Wille der Völker als das Staatsrecht. Das Wesen der Republik ist die Verwirklichung des guten Lebens aller in allgemeiner Freiheit, wesentlich also der Freiheit durch die Rechtlichkeit unter den Menschen[62]. Wenn allerdings dem Staat eine eigenständige, vom Volk unabhängige Existenz zuerkannt wird (wie noch im deutschen Konstitutionalismus gemäß dem monarchischen Prinzip und weitgehend noch nach der gegenwärtigen Staats- und Staatsrechtslehre), wenn also der Staat als (von der Gesellschaft zu unterscheidendes) Herrschaftsgebilde konzipiert wird[63], sind Staatsrecht und Völkerrecht wesensverschieden, weil die Subjekte

---

[59] *U. Di Fabio*, Der Staat 32 (1993), S. 192, 197, spricht von "staatsähnlichen Organen der Europäischen Gemeinschaften", bzw. von "Prästaatlichkeit der EG"; *P. Häberle*, Verfassungsrechtliche Fragen im Prozeß der europäischen Einigung, EuGRZ 1992, 429 ff., 435, hat von einer "Vorform des Bundesstaates" gesprochen; i.d.S. schon *W. Thieme*, VVDStRL 18 (1960), S. 52 f. ("juristische Personen ..., die einige Züge von Bundesstaaten in sich tragen").

[60] Zu den (fragwürdigen) Dichotomien von Völker- und Staatsrecht, von Monismus und Dualismus *A. Verdross*, Völkerrecht, S. 111 ff., 122 ff.; *O. Kimminich*, Einführung in das Völkerrecht, S. 261 ff., 268 ff.; *Ch. Tomuschat*, Der Verfassungsstaat im Geflecht der internationalen Beziehungen, VVDStRL 36 (1978), S. 51 ff., 53 ("finaler Aktionsverbund von Verfassungs- und Völkerrecht"), S. 62 ("zielidentischer Aktionsverbund"); *R. Schmidt*, zu demselben Thema daselbst, S. 73 f., 106; *P. Häberle*, Zur gegenwärtigen Diskussion um das Problem der Souveränität, AöR 92 (1967), S. 257 ff., 269.

[61] *K. A. Schachtschneider*, Res publica res populi, 5. Teil, 4. und 5. Kap., 7. Teil, 1., 4. und 6. Kap., 8. Teil, 1. und 3. Kap.; ganz so *P. Kirchhof*, Europäische Einigung und Verfassungsstaat, S. 99 ff.

[62] *K. A. Schachtschneider*, Res publica res populi, 5. Teil, 3., 4., 5. und 7. Kap., 7. Teil, 1., 4. und 6. Kap.; i.d.S. auch *P. Kirchhof*, Europäische Einigung und Verfassungsstaat, S. 82, 84, 89, 91; *P. Häberle*, Die Verwaltung 25 (1992), S. 2 ff., 8, 12 f., 18.

[63] BVerfGE 2, 1 (12 f.); 83, 37 (52); 83, 60 (72); *K. Stern*, Das Staatsrecht der Bundesrepublik Deutschland, Bd. I, S. 592 ff., 962 ; *J. Isensee*, Staat und Verfassung, HStR, Bd. I, 1987, § 13, Rdn. 137; *E.-W. Böckenförde*, Die verfassungstheoretische Unterscheidung von Staat und Gesellschaft als Bedingung der individuellen Freiheit, 1973, S. 32 f. u. ö.; *ders.*, Die Bedeutung der Unterscheidung von Staat und Gesellschaft im Sozialstaat der Gegenwart, in: ders. (Hrsg.), Staat und Gesellschaft, 1976, S. 395 ff., 407 ff.; auch *P. Kirchhof*, Europäische Einigung und Ver-

des Staatsrechts und des Völkerrechts andere sind, nämlich die Bürger die des Staatsrechts und die Staaten die des Völkerrechts.

Weil aber Staaten keine Personen[64] sind, nämlich keinen Willen haben, oder anders formuliert, als funktionale Organisationen der Freiheit, nämlich der Persönlichkeit, nicht fähig sind[65], können sie im eigentlichen Sinne nicht Subjekte des Rechts sein. Ihre Rechtssubjektivität ist technisch. Sie ist nichts anderes als eine (gelungene) Rechtstechnik des allgemeinen Willens des Volkes[66].

3. Die Europäische Union besteht wesentlich aus den drei Gemeinschaften der zur Zeit zwölf durch den Pariser Montanvertrag 1951, die Römischen Verträge 1957 und die verschiedenen Beitrittsverträge vor allem zum Gemeinsamen Markt/Binnenmarkt verbundenen, als Staaten im existentiellen Sinne verfaßten Völkern, welche durch das Abkommen über gemeinsame Organe für die europäischen Gemeinschaften von 1957, den Fusionsvertrag von 1965, die Einheitliche Europäische Akte von 1986 und den Vertrag von Maastricht 1992 ihre gegenwärtige Organisation gefunden haben[67]. Außerdem ist in der Europäi-

---

fassungsstaat, S. 83, 87, 89 f., 95, der das aber dogmatisch nicht durchhält, weil er das demokratische Prinzip ernst nimmt; insoweit auch nicht ganz klar *H. Steinberger*, VVDStRL 50 (1991), S. 23, 39 ff., 48 f.; für die vorrepublikanische Zeit *G. Jellinek*, Allgemeine Staatslehre S. 174 ff. (insb. S. 180 f.), 427 ff., der "Herrschergewalt" mit "Staatsgewalt" identifiziert (S. 430), im Gegensatz zur richtigen Erkenntnis, daß der Staat "nach keiner Richtung hin Substanz, sondern ausschließlich Funktion" sei (S. 174); kritisch zur Herrschaftsideologie der deutschen Staats- und Staatsrechtslehre *K. A. Schachtschneider*, Res publica res populi, 2. Teil, auch 1. Teil, 3. Kap.

[64] So auch *G. Jellinek*, Allgemeine Staatslehre, S. 174; *R. Zippelius*, Allgemeine Staatslehre, S. 90 ff.

[65] *K. A. Schachtschneider*, Staatsunternehmen und Privatrecht, 1986, S. 17 ff., 261 ff., 275 ff.; darum lehnt es das Bundesverfassungsgericht in ständiger Rechtsprechung seit BVerfGE 21, 362 (369 f.) ab, den juristischen Personen des öffentlichen Rechts Grundrechtsschutz zu geben, wenn diese öffentliche Aufgaben (wie immer) wahrnehmen, zuletzt (zusammenfassend) BVerfG 2. Kammer des 1. Senats, NVwZ 1994, 662 f.

[66] *R. Zippelius*, Allgemeine Staatslehre, S. 92 f.

[67] Die langzeitige Verwendung des Begriffs "Europäische Gemeinschaft" als zusammenfassende Bezeichnung von Montanunion, Europäischer Wirtschaftsgemeinschaft und Euratom-Gemeinschaft geht zurück auf eine politische Initiative des Europäischen Parlaments (ABl. 1978 Nr. C 63, S. 36). Gleichwohl und trotz der Fusionierung der Organe existieren rechtlich die drei Gemeinschaften unabhängig voneinander fort (Art. 232 EGV; Art. 32 I Fusionsvertrag (FusV)). Erst der Vertrag über die Europäische Union von Maastricht vom 10. Dezember 1991/7. Februar 1992 (Bull. BReg. Nr. 16/S. 113 ff. v. 12. Februar 1992, EUV) gibt dem Terminus "Europäische Gemeinschaft" gemeinschafts(verfassungs)rechtlichen Gehalt (Art. G A. EUV), bezieht ihn indes allein auf die bisherige Europäische Wirtschaftsgemeinschaft (EWG). Demnach bezeichnet "EGV" im folgenden den zu einem "Vertrag zur Gründung der Europäischen Gemeinschaft" revisionierten EWG-Vertrag.

schen Union durch Titel V des Vertrages von Maastricht eine Gemeinsame Außen- und Sicherheitspolitik und durch Titel VI eine Zusammenarbeit in den Bereichen Justiz und Inneres institutionalisiert.

4. Die Europäische Union ist in der Lage Europas[68], in dem gemeinsamen Leben der Europäer, vor allem im Bereich der Wirtschaft, begründet. Diese Begründung umfaßt das gesamte Europa. Die wirtschaftliche Entwicklung der Völker Europas hat sich schicksalhaft verbunden. Wenn die Völker Europas in Freiheit, also als Republiken verfaßt, leben, integrieren sich die Lebensverhältnisse. Die Menschen zu trennen kann in Europa nicht gerechtfertigt werden. Die Beschränkung der Europäischen Union auf einen Teil Europas würde die Lebensinteressen der ausgeschlossenen europäischen Völker und damit letztlich die allgemeine Friedenspflicht verletzen. Nicht wirtschaftliche Vorteile rechtfertigen die Union, sondern die Wirklichkeit des gemeinsamen Lebens, welches nicht durch Interessen behindert werden darf, die vor den weltrechtlichen Leitideen der Freiheit, Gleichheit und Brüderlichkeit[69] keinen Bestand haben. Die Beschränkung der Union auf Europa ist durch die Homogenität der Europäer, insbesondere durch die kulturelle Einheit Europas, begründet. Das säkularisierte Christentum in Europa gibt die Chance gemeinsamer Aufgeklärtheit, von der die Republikanität und damit die Wirklichkeit der Freiheit abhängen[70]. Ein hinreichendes Maß an Homogenität ist die Bedingung freiheitlicher Gemeinwesen[71] und damit auch die Bedingung der gemeinschaftlichen Ausübung der Staatsgewalt, jedenfalls wenn diese die Intensität der Europäischen Union haben soll[72]. Der gesamteuropäische freiheitliche Geist bestimmt zumindest die Erwägungsgründe auch des Vertrages von Maastricht.

---

[68] Zum Begriff der Lage *H. Krüger*, Allgemeine Staatslehre, 2. Aufl. 1966, S. 17 ff.

[69] *K. A. Schachtschneider*, Res publica res populi, 5. Teil, 1. Kap.; so auch für die Gemeinschaften *M. Zuleeg*, Der rechtliche Zusammenhalt der Europäischen Gemeinschaft, VI, 3, S. 33 f.

[70] *K. A. Schachtschneider*, Res publica res populi, 11. Teil, 4. Kap.

[71] Dazu die Hinweise in Fn. 54.

[72] I.d.S. *J. Isensee*, Europa - Die politische Erfindung eines Erdteils, S. 103 ff., 124 f.; zumindest wird eine europäische Verfassungshomogenität für die Europäische Union vorausgesetzt, so die Präambel, 3. Erwägung des Unionsvertrages; *P. Kirchhof*, Europäische Einigung und Verfassungsstaat, S. 63 ff.; *J. Isensee*, a.a.O., S. 124 f.; *E. Klein*, VVDStRL 50 (1991), S. 60; insb. *P. Häberle*, Die Verwaltung 25 (1992), S. 1 ff., im Sinne vor allem der kulturellen Homogenität; *K. Doehring*, Staat und Verfassung im zusammenwachsenden Europa, ZRP 1993, 103; *H. P. Ipsen*, Über Verfassungs-Homogenität in der Europäischen Gemeinschaft, in: Festschrift G. Dürig, 1990, S. 159 ff.

Weil die Lebens-, insbesondere die Wirtschaftsräume, größer geworden sind, muß der Geltungsbereich der Gesetze um der gemeinsamen Gesetzlichkeit willen großräumiger werden. Das kann durch eine gebietliche Erweiterung des Staates im existentiellen Sinne oder durch eine gemeinschaftliche Ausübung der Staatsgewalt geschehen. Die gebietliche Erweiterung der gemeinsamen Gesetzlichkeit oder eben der funktionalen Staatlichkeit soll die Eigenständigkeit der Völker soweit als möglich erhalten. Demgemäß ist die Union durch Art. F Abs. 1 EUV verpflichtet, "die nationale Identität ihrer Mitgliedstaaten" zu achten[73].

Des weiteren hat Art. 3 b Abs. 2 EGV das kompetentielle Subsidiaritätsprinzip im Verhältnis der Europäischen Gemeinschaft zu den Mitgliedstaaten vorgeschrieben, welches das Bundesverfassungsgericht zu einem judiziablen, letztlich vom Bundesverfassungsgericht selbst zu verantwortenden Rechtsprinzip erklärt hat[74]. Die Entscheidung, auch die funktionale Staatlichkeit der Mitgliedstaaten weitestmöglich zu schonen, entspricht Art. 23 Abs. 1 S. 1 GG n.F. Mit dem Subsidiaritätsprinzip sind der weiteren Integration zu gemeinschaftlicher Staatlichkeit im funktionalen Sinne Grenzen gezogen, die noch materialisiert werden müssen. Das Prinzip ist jedoch geradezu dialektisch dem Integrationsprinzip[75] des ersten Erwägungsgrundes des Maastricht-Vertrages[76] und auch des Art. A Abs. 2 EUV[77], aber auch des Art. B Abs. 1 Teilstr. 5[78] entgegengestellt. Die Entwicklungsziele der Europäischen Union sind durchaus

---

[73] Maastricht-Urteil C II 1 a, S. 50 ff., BVerfGE 89, 155 (188 ff.).

[74] Maastricht-Urteil C II 1 a, S. 51, C II 2, S. 57, C II 2 b6, S. 64, C II 2 d2 (1), S. 67, insb. C II 3 c, S. 81 ff., BVerfGE 89, 155 (189, 193, 198, 201, 210 ff.); dazu die Hinweise in Fn. 48.

[75] Zum Integrationsprinzip *Ch. Tomuschat,* Die staatsrechtliche Entscheidung für die internationale Offenheit, HStR, Bd. VII, 1992, § 172, Rdn. 1 ff., insb. Rd. 37 ff. zum "Verfassungsziel der internationalen Kooperation"; *H. Mosler,* HStR, Bd. VII, 1992, § 175, Rdn. 8 ff., 15, die mit *K. Vogel,* Die Verfassungsentscheidung des Grundgesetzes für eine internationale Zusammenarbeit, 1964, S. 42, vom Prinzip "offener Staatlichkeit" oder von "internationaler Offenheit", und *Mosler* auch von "Integrationsgewalt", wie auch *E. Klein,* VVDStRL 50 (1991), S. 69, sprechen; *H. P. Ipsen,* HStR, Bd. VII, 1992, § 181, Rdn. 40 ff.; *P. Kirchhof,* HStR, Bd. VII, 1992, § 183, Rdn. 1 ff., 57; vgl. auch das Maastricht-Urteil C I 2 a, S. 42, BVerfGE 89, 155 (183), das von "Integrationsoffenheit des Grundgesetzes" spricht.

[76] "... entschlossen, den mit der Gründung der Europäischen Gemeinschaften eingeleiteten Prozeß der europäischen Integration auf eine neue Stufe zu heben".

[77] "Dieser Vertrag stellt eine neue Stufe bei der Verwirklichung einer immer engeren Union der Völker Europas dar, in der die Entscheidungen möglichst bürgernah getroffen werden."

[78] "Die Union setzt sich folgende Ziele: ... Die volle Wahrung des gemeinschaftlichen Besitzstandes und seine Weiterentwicklung, ..."

nicht eindeutig, aber die existentielle Staatlichkeit der Völker bleibt das bestimmende Verfassungsprinzip auch des Vertrages von Maastricht, zumal ein Integrationismus, der die existentielle Staatlichkeit jedenfalls Deutschlands zu überwinden versuchen würde, an unüberwindliche Grenzen des Grundgesetzes stieße[79]. Ein Staat im existentiellen Sinne soll die Europäische Union nach dem Vertrag von Maastricht nicht sein, jedenfalls nicht in dessen Interpretation des Bundesverfassungsgerichts[80], weil nicht gewollt sein kann, was nicht sein darf. Die Staatlichkeit der Europäischen Union, d. h. die ihrer Gemeinschaften, ist somit lediglich funktionale Staatlichkeit, also gemeinschaftliche Ausübung der Staatsgewalt der Völker.

5. Die Europäische Union ist kein Staat im existentiellen Sinne verfaßter Bürgerlichkeit, der um des Rechts willen die Gebietshoheit und vor allem die Verfassungshoheit oder auch nur die sogenannten drei Staatsgewalten innehätte. Wegen dieses von der "Souveränität" her definierten Staatsbegriffs[81] hält das Bundesverfassungsgericht, scheint es, daran fest, der Europäischen Union und deren Gemeinschaften den Staatscharakter abzusprechen[82], insoweit zu Recht. Demzufolge begreift das Gericht die Europäische Union als "Union der Völker Europas", als "Verbund demokratischer Staaten", kurz und vor allem als "Staatenverbund"[83]. Wenn und soweit der Staatsbegriff wegen des Prinzips der Gesetzlichkeit mit der Befugnis und der Möglichkeit verbunden ist, die Gesetzlichkeit zu erzwingen, ist die Europäische Union und sind die Europäischen

---

[79] Ganz so *P. Kirchhof*, Brauchen wir ein erneuertes Grundgesetz?, S. 41 f.; *ders.*, Europäische Einigung und Verfassungsstaat, S. 96 ff.; *ders.* HStR, Bd. VII, 1992, § 183, Rdn. 57, 60, 62; *U. Di Fabio*, Der Staat 32 (1993), S. 195 ff.; *H. Mosler*, HStR, Bd. VII, 1992, § 175, Rdn. 28.

[80] Maastricht-Urteil C II, S. 50, BVerfGE 89, 155 (188); nicht anders *P. Kirchhof*, Europäische Einigung und Verfassungsstaat, S. 89 ff.; *ders.*, HStR, Bd. VII, 1992, § 183, Rdn. 45, 48; *H. Steinberger*, VVDStRL 50 (1991), S. 16 ff.

[81] Maastricht-Urteil C II 1 a, S. 50 f., BVerfGE 89, 155 (188 ff.).

[82] Maastricht-Urteil C II, S. 50, BVerfGE 89, 155 (188); so ständig seit BVerfGE 22, 293 (296), ebenso *P. Kirchhof*, Europäische Einigung und Verfassungsstaat, S. 89 ff.; der Sache nach ebenso *ders.* HStR, Bd. VII, 1992, § 183, Rdn. 57 ff., passim; i.d.S. schon *G. Jellinek*, Allgemeine Staatslehre, S. 762 ff.

[83] Maastricht-Urteil C I 2 b1, S. 43 bzw. C I 2 c, S. 47, C II 1 a, S. 52 ff., BVerfGE 89, 155 (184, 186, 188 ff.) u. ö.; *P. Kirchhof*, Brauchen wir ein erneuertes Grundgesetz?, S. 43; *ders.*, Europäische Einigung und Verfassungsstaat, S. 94, 100 f.; *ders.*, HStR, Bd. VII, 1992, Rdn. 69, der den "Staatenverbund" (sein Begriff) als eine "Rechts- und Handlungsgemeinschaft von eigenständigen Staaten" definiert; *ders.*, Rechtsschutz durch Bundesverfassungsgericht und Europäischen Gerichtshof, S. 111, hat noch von "neue öffentliche Gewalt ohne Staatlichkeit" gesprochen und damit den Unterschied von existentieller und funktionaler Staatlichkeit in anderer Formulierung dogmatisiert; kritisch *H. P. Ipsen*, EuR 1994, 7 ff.

Gemeinschaften als solche kein Staat; denn jedenfalls die genannte Befugnis, aber (noch) auch die Möglichkeit, ist den Mitgliedstaaten verblieben.

Die gewaltsame Durchsetzung des Gesetzes kann Bürgern nach aller Erfahrung nur von deren Staat (i. e. S.) zugemutet werden. Die größtmögliche Nähe der Vollzugsbeamten zu den vom Vollzug betroffenen Bürgern gehört auch zum demokratischen Prinzip der Republik. Dogmatisch ist wesentlich, daß das Volk der Idee nach die Gewaltmöglichkeiten aller Bürger vereinigt, um als Staat jedem einzelnen Bürger an Gewalt überlegen zu sein[84]. Der Staat ist eine existentielle Gemeinschaft des Friedens unter den Bürgern[85]. Spezifisch wegen der Befriedungsmöglichkeit des Staates unterwirft sich der Bürger um des gemeinsamen Friedens, der gemeinsamen Freiheit und des gemeinsamen Rechts willen der Zwangsbefugnis seines Staates[86]. Daraus folgt, daß der Vorbehalt der mitgliedstaatlichen Zwangsbefugnis sich aus der existentiellen Staatlichkeit herleitet[87].

Insofern staatliche Gewalt als Befugnis und Möglichkeit zu zwingen begriffen wird[88], begründen die Gemeinschaftsverträge weder eine "von der Staatsgewalt der Mitgliedstaaten deutlich geschiedene, supranationale, öffentliche Gewalt"[89], noch eine "einheitliche und originäre, europäische öffentliche Gewalt"[90], noch eine "außerstaatliche Hoheitsgewalt"[91], noch eine "Gemeinschaftsgewalt"[92], aber auch keine "Hoheitsgewalt" oder "von der Staatsgewalt der Mitgliedstaaten

---

[84] *J. J. Rousseau*, Vom Gesellschaftsvertrag (Ed. Brockard, 1977), 1. Buch, 6. Kap., S. 16 f.

[85] *K. A. Schachtschneider*, Res publica res populi, 1. Teil, 1. Kap.

[86] Dazu i.d.S. *Ch. Link*, VVDStRL 48 (1990), S. 27 ff. ("Subjectio trahit protectionem"); *J. Isensee*, HStR, Bd. I, 1987, § 13, Rdn. 74, 77, 82, 83, 88; *R. Zippelius*, Allgemeine Staatslehre, S. 119 ff., zum "Staat als Schutz- und Friedensordnung".

[87] Vgl. dazu *H. P. Ipsen*, Europäisches Gemeinschaftsrecht, § 2, 51, S. 69; *Th. Oppermann*, Europarecht, 1991, S. 202 ff., 223, 234 f., 298, 300; i.d.S. auch *G. Jellinek*, Allgemeine Staatslehre, S. 762 ff., der die Staatsgewalt als Herrschaft begreift.

[88] *G. Jellinek*, Allgemeine Staatslehre, S. 429 ("Herrschergewalt hingegen ist unwiderstehliche Gewalt. Herrschen heißt, unbedingt befehlen und Erfüllungszwang üben zu können"); auch S. 762 ff.

[89] So aber BVerfGE 22, 293 (295 f.).

[90] So *P. Badura*, VVDStRL 23 (1966), S. 54 ff., 57, 59; i.d.S. auch *H. P. Ipsen*, Europäisches Gemeinschaftsrecht, § 9, 61, S. 232; gegen die Originarität der Rechtsetzungsgewalt *P. Kirchhof*, HStR, Bd. VII, § 183, Rdn. 38.

[91] So *Ch. Tomuschat*, GG, Bonner Komm., Rdn. 8 zu Art. 24.

[92] So *Th. Oppermann*, Europarecht, S. 196, 295, 298; so auch das Maastricht-Urteil C I 2 c, S. 47, BVerfGE 89, 155 (187).

geschiedene öffentliche Gewalt", wie das Bundesverfassungsgericht auch formuliert[93]. Die Verträge verschaffen der Union oder den Gemeinschaften überhaupt keine Gewaltbefugnisse, sondern integrieren deren Organe in die Staatlichkeit der Mitgliedstaaten, welche als zur Gewalt befugte Völker verfaßt sind. Sie organisieren die gemeinschaftliche Ausübung der Staatsgewalt in der Weise, daß die Zwangsbefugnisse den Völkern als den existentiellen Staaten verbleiben. Die Gemeinschaftsorgane sind staatlich und im institutionellen Sinne Staat, nämlich (gemeinschaftlicher) Teil der Mitgliedstaaten im engeren Sinne, Teil von deren staatlicher Organisation. Der Gewaltbegriff in den zitierten Formulierungen kann somit nur die hoheitliche Funktion meinen, welche die Union und ihre Gemeinschaften aufgrund der übertragenen Hoheitsrechte innehaben, Funktionen ohne Gewaltbefugnisse im Sinne von Zwangsrechten. Gemeint ist der funktionale, gewaltenteilige Gewaltbegriff, der auch die Legislative und die Judikative als staatliche Gewalt versteht[94]. Eine Gebietshoheit, welche Zwangsbefugnisse einschließt, haben die Union und ihre Gemeinschaften nicht. Sie wäre notwendiges, wenn auch nicht hinreichendes Kriterium eines Staates im existentiellen Sinne. Ohne Gebietshoheit im engeren Sinne der Zwangsbefugnis ist die Rechtlichkeit des Gemeinwesens nicht sichergestellt, so daß das Gemeinwesen kein Rechtsstaat und damit kein Staat wäre[95]. Auch Zwangsbefugnisse können gemeinschaftlich ausgeübt werden, wie die militärische Zusammenarbeit, insbesondere die der Nato, zeigt, aber das Verteidigungsbündnis schafft keinen Staat im existentiellen Sinne, dessen Dogmatik vielmehr die normale Lage erfassen muß.

6. Die Europäische Union, vor allem die Europäischen Gemeinschaften gehören zur Staatlichkeit des gemeinsamen Lebens im Europa der (noch) zwölf Mitgliedstaaten. Nach dem Grundgesetz waren die Gemeinschaften zunächst "zwischenstaatliche Einrichtungen", denen "Hoheitsrechte ... übertragen" waren (Art. 24 Abs. 1). Jetzt sind die Gemeinschaften Teile der Europäischen Union, der "Hoheitsrechte übertragen" sind (Art. 23 Abs. 1 GG n. F.). Die Institutionen der Union und der Gemeinschaften sind gemeinschaftliche Organe der funktio-

---

93 Maastricht-Urteil, Leitsatz 7 und B 2 b, S. 29, BVerfGE 89, 155 (175).

94 *K. Stern,* Das Staatsrecht der Bundesrepublik Deutschland, Bd. I, S. 792, Bd. II, S. 521 ff.; *R. Zippelius,* Allgemeine Staatslehre, S. 306 ff., 308 ff.; zu Recht hat *G. Jellinek,* Allgemeine Staatslehre, S. 496 ff. von der "Unteilbarkeit der Staatsgewalt" und S. 595 ff. von den "Funktionen des Staates" gesprochen.

95 I.d.S. *G. Jellinek,* Allgemeine Staatslehre, S. 408; *K. A. Schachtschneider,* Res publica res populi, 7. Teil, 3. Kap.

nalen Staatlichkeit der zwölf Völker. Diese Unionsorgane üben gemeinschaftlich jeweils in Vertretung der zwölf Bürgerschaften deren Staatsgewalt aus. Die übertragenen Hoheitsrechte eines Staates sind nicht die Gebietshoheit, sondern ein Teil der Staatsgewalt, die als solche dem Volk als die Willensautonomie der Bürger verbleibt (Art. 20 Abs. 2 S. 1 GG). Die Autonomie des Willens ist die Freiheit der Bürger und als deren Persönlichkeit im eigentlichen Sinne nicht übertragbar[96]. Übertragen werden nur Kompetenzen zur Ausübung der Staatsgewalt im Namen des Volkes, welche die Bürgerschaft/das Volk in ihrer/seiner Verfassung zur gemeinsamen Verwirklichung des guten Lebens aller in allgemeiner Freiheit begründet. Die Kompetenzen sind Ermächtigungen des Volkes zur vertretungsweisen Ausübung seiner bürgerlichen Staatsgewalt, welche das Grundgesetz nach Art. 20 Abs. 2 S. 2 den Organen der Gesetzgebung, der vollziehenden Gewalt und der Rechtsprechung eingeräumt hat[97] und welche Art. 23 Abs. 1 GG n. F. auf die "Europäische Union" und Abs. 24 Abs. 1 GG auf "zwischenstaatliche Einrichtungen" allgemein zu übertragen erlaubt[98]. Auch das Bundesverfassungsgericht dogmatisiert die Übertragung von Hoheitsrechten als die Ermächtigung zur Ausübung von Staatsgewalt oder, wie es formuliert, von "Hoheitsgewalt"[99]. Die übertragbaren Hoheitsrechte sind somit Vertretungsrechte/Kompetenzen[100]. Die Staatsgewalt[101] insgesamt ist

---

[96] *J. J. Rousseau*, Vom Gesellschaftsvertrag, S. 27; *K. A. Schachtschneider*, Res publica res populi, 8. Teil, 3. Kap.

[97] Dazu *K. A. Schachtschneider*, Res publica res populi, 8. Teil, 1. und 3. Kap.

[98] I.d.S. *H. P. Ipsen*, Europäisches Gemeinschaftsrecht, § 2, 10, S. 54; dazu *Ch. Tomuschat*, GG, Bonner Komm., Rdn. 20 ff. zu Art. 24, der von "Befugnissen" i.S. von "Befehlsmacht und Zwangsgewalt" gemäß der "Subordinationslehre" spricht, Rdn. 21 mit Hinw.; so auch *K. Th. Rauser*, Die Übertragung von Hoheitsrechten auf ausländische Staaten, 1991, S. 20 f., 72 f.

[99] Maastricht-Urteil C I 2 b1, c und 3, S. 44 bzw. 47, BVerfGE 89, 155 (184, 186 f.)

[100] I.d.S. auch *P. Kirchhof*, Europäische Einigung und Verfassungsstaat, S. 79; *ders.* konzipiert wie BVerfGE 37, 271 (280); 58, 1 (28); 73, 339 (374) in: HStR, Bd. VII, 1992, § 183, Rdn. 58, den Rechtsakt "nicht eigentlich" als "Übertragung von Hoheitsrechten", sondern "als Öffnung der nationalen Rechtsordnung für das andere Recht"; so auch *Ch. Tomuschat*, HStR, Bd. VII, 1992, § 172, Rdn. 41 f.; diese Dogmatik verkennt die Gemeinschaftlichkeit der Ausübung der Statsgewalt und akzeptiert, wie explizit Tomuschat, einen eigenständigen, supranationalen Hoheitsträger, im Widerspruch zur freiheitlich verstandenen demokratischen Legitimation; wohl bewußt unklar das Maastricht-Urteil Leitsatz 7 und B 2 b, S. 29, C I 2 c, S. 47, BVerfGE 89, 155 (175, 187); s. dazu auch die Zitate bei Fn. 89 ff.

[101] Zur Staatsgewalt im Rahmen der Drei-Elemente-Lehre *G. Jellinek*, Allgemeine Staatsrechtslehre, S. 174 ff.; *R. Zippelius*, Allgemeine Staatslehre, §§ 8 - 12, S. 52 ff.; *J. Isensee*, Staat und Verfassung, § 13, Rdn. 30 ff.; *R. Grawert*, Staatsvolk und Staatsangehörigkeit, HStR, Bd. I, 1987, § 14, Rdn. 3; vgl. auch *A. Verdross*, Völkerrecht, S. 191 ff.

die Willensautonomie der Bürgerschaft, welche nicht übertragen werden kann, wenn das Gemeinwesen freiheitlich sein soll, wenn die Bürger ihre Würde wahren wollen und nicht zu Untertanen degradiert werden sollen.

Derartige Hoheitsrechte dürfen nach Auffassung des Bundesverfassungsgerichts um der "demokratischen Legitimation" willen nur begrenzt und bestimmt auf die Union übertragen werden ("Prinzip der begrenzten Einzelermächtigung")[102], weil sonst die nationale Legislative, insbesondere das nationale Parlament, die Politik des Mitgliedstaates nicht verantworten würde, wie es das Grundrecht jedes Bürgers aus dem Wahlprinzip und dem damit untrennbar verbundenen Prinzip der Volksvertretung sei[103]. Eine Republik läßt keine Politik zu, die nicht wesentlich (vom Volk oder) von den Vertretern des Volkes beschlossen wird, weil nur die selbstgewählten Volksvertreter im Parlament Repräsentanten der Bürgerschaft sind. Eine Republik muß ein parlamentarisches Organ der Gesetzgebung haben[104]. Darum darf die Rechtsetzung nur ausnahmsweise und nur zur Ausführung der national beschlossenen Politiken auf Gemeinschaftsorgane übertragen werden, die zum einen exekutorisch und zum anderen und vor allem wesentlich von anderen Völkern legitimiert sind[105]. Das Prinzip der begrenzten Ermächtigung von Gemeinschaftsorganen folgt aus der existentiellen Staatlichkeit der Völker, die, jedenfalls wenn sie freiheitlich sind, in einer demokratischen Republik leben. Das freiheitlich-demokratische Prinzip der Republik führt zwingend zu dem Grundrecht auf politische Freiheit, welche wesentlich durch eine parlamentarische Gesetzgebung im echten Sinne verwirklicht wird[106].

---

[102] Maastricht-Urteil C, S. 39, C II 2, S. 54 ff., BVerfGE 89, 155 (181, 191 ff.); *P. Kirchhof*, HStR, Bd. VII, 1992, § 183, Rdn. 47 (sachbereichsbezogen, keine "Querschnittskompetenz", gegen Finalität der Kompetenzbegriffe Rdn. 49); *ders.*, Europäische Einigung und Verfassungsstaat, S. 89; *E. Klein*, VVDStRL 50 (1991), S. 61 ff.; *K. A. Schachtschneider*, Aus Politik und Zeitgeschichte, B 28/93, S. 6; *K. A. Schachtschneider/A. Emmerich-Fritsche/Th. C. W. Beyer*, Der Vertrag über die Europäische Union und das Grundgesetz, JZ 1993, 751 f.; *H. H. Rupp*, Maastricht und Karlsruhe, S. 108.

[103] Maastricht-Urteil C, S. 39, C II 2, S. 54 ff., BVerfGE 89, 155 (191 ff.).

[104] *K. A. Schachtschneider*, Res publica res populi, 8. Teil, 1. und 3. Kap.; *ders./A. Emmerich-Fritsche/Th. C. W. Beyer*, JZ 1993, 755; i. d. S. auch *P. Kirchhof*, Europäische Einigung und Verfassungsstaat, S. 98; *ders.*, HStR, Bd. VII, 1992, § 183, Rdn. 61.

[105] *K. A. Schachtschneider*, Aus Politik und Zeitgeschichte B 28/93, S. 6 f.; *ders./A. Emmerich-Fritsche/Th. C. W. Beyer*, JZ 1993, 751 f., 755.

[106] *K. A. Schachtschneider*, Res publica res populi, 1. Teil, 3. Kap.

7. Die gemeinschaftliche Staatlichkeit ist die Staatsgewalt der Mitgliedstaaten, die gemeinschaftlich ausgeübt wird. *Hans Peter Ipsen* hat die Gemeinschaft als "Zweckverband funktioneller Integration" charakterisiert[107]. Das Bundesverfassungsgericht spricht davon, daß die Mitgliedstaaten "die Europäische Union gegründet" hätten, "um einen Teil ihrer Aufgaben gemeinsam wahrzunehmen und insoweit ihre Souveränität gemeinsam auszuüben"[108]. Die Rechtsakte der gemeinschaftlichen Organe sind darum Rechtsakte jedes Mitgliedstaates. Die vornehmlich in den Gemeinschaftsverträgen formulierte Verfassung der Gemeinschaft ist Teil der Verfassung jedes einzelnen Mitgliedstaates. Das Gemeinschaftsrecht, sowohl das primäre als auch das sekundäre, ist Teil der innerstaatlichen Rechtsordnung, jedenfalls nach deutschem Verfassungsrecht, nicht etwa eine eigenständige andere Rechtsordnung[109]. Das Gemeinschafts-

---

[107] Europäisches Gemeinschaftsrecht, § 8, 24 - 31, S. 196 ff.; *ders.*, Zur Gestalt der Europäischen Gemeinschaft, in: Gedächtnisschrift Constantinesco 1982, S. 283 ff.; *ders.*, Europäische Verfassung, EuR 1987, 195 ff.; vgl. auch *ders.*, HStR, Bd. VII, 1992, § 181, Rdn. 8; dem folgend *K. Stern*, Das Staatsrecht der Bundesrepublik Deutschland, Bd. I, S. 540 f.; *K. Hesse*, Grundzüge des Verfassungsrechts der Bundesrepublik Deutschland, 16. Aufl. 1988, S. 43; *P. Häberle*, Die Verwaltung 25 (1992), S. 6 f.; *E. Klein*, VVDStRL 50 (1991) S. 60 f.; vgl. jetzt *H. P. Ipsen*, EuR 1994, 7 ff. (kritisch zum Begriff "Staatenverbund"), 21.

[108] Maastricht-Urteil C II 1 a, S. 50, BVerfGE 89, 155 (188 f.); zur "Rechtsgemeinschaft" *P. Kirchhof*, HStR, Bd. VII, 1992, § 183, Rdn. 69, dessen Begriff der Rechtsgemeinschaft nicht recht klar wird, weil er in Rdn. 58 auch von der Öffnung der nationalen Rechtsordnung "für das andere Recht" spricht.

[109] A. A. BVerfGE 22, 293 (296); 37, 339 (367); *G. Nicolaysen*, Europarecht I, 1991, S. 30; *A. Bleckmann*, Europarecht, S. 413; nicht eindeutig das Maastricht-Urteil B 2 b, S. 29, BVerfGE 89, 155 (175), ("... Akte einer besonderen, von der Staatsgewalt der Mitgliedstaaten geschiedenen öffentlichen Gewalt einer supranationalen Organisation ..."); *P. Kirchhof*, HStR, Bd. VII, 1992, § 183, Rdn. 69, spricht von "anderem Recht"; *ders.*, Gegenwartsfragen an das Grundgesetz, JZ 1989, 454; *ders.*, Rechtsschutz durch Bundesverfassungsgericht und Europäischen Gerichtshof, S. 111, hatte sich noch die Position des Bundesverfassungsgerichts zu eigen gemacht; *H. P. Ipsen*, HStR, Bd. VII, 1992, § 181, Rdn. 58, spricht von "unterschiedlichen Rechtsmassen der nationalen Rechtsordnungen und der Gemeinschaftsordnung verschiedenen Geltungsgrundes"; *G. Ress*, Staatszwecke im Verfassungsstaat - nach 40 Jahren Grundgesetz, VVDStRL 48 (1990), S. 81, spricht vom "Nebeneinander zweier Rechtsordnungen"; i.d.S. auch *J. A. Frowein*, ZaöRV 1994, 4 f.; *Th. Oppermann/C. D. Classen*, Europäische Union - Erfüllung des Grundgesetzes, in: Aus Politik und Zeitgeschichte, B 28/93, S. 11 ff., sprechen von "nichtdeutscher Hoheitsgewalt"; die "Gesamtakttheorie", welche die Eigenständigkeit der Gemeinschaftsrechtsordnung lehrt (vornehmlich *H. P. Ipsen*, Europäisches Gemeinschaftsrecht, S. 60 ff., 290, 295 f., 736 ff.), kritisiert insoweit richtig *R. Streinz*, Bundesverfassungsgerichtlicher Grundrechtsschutz und Europäisches Gemeinschaftsrecht, 1989, S. 94 ff., 102 ff.; der im Text vertretenen Dogmatik der Gemeinschaftsgewalt als Ausübung deutscher Staatlichkeit öffnet sich vorsichtig *H. P. Ipsen*, EuR 1994, 12.

recht hat nicht etwa eine "autonome Rechtsquelle"[110], sondern ist deutsches Recht, weil dessen Verbindlichkeit auf dem Willen des deutschen Volkes beruht. Recht besteht aus Gesetzen, die das, was für das gute Leben aller in allgemeiner Freiheit auf der Grundlage der Wahrheit als richtig erkannt ist, namens des Volkes beschließen; denn das Volk will dieses Richtige als Recht (I, 4). Die Kompetenz zur Erkenntnis des Richtigen ist in bestimmten Grenzen den gemeinschaftlichen Organen der Völker übertragen, weil das Richtige für die Gemeinschaft nur gemeinschaftlich erkannt werden kann. Der Rechtsetzungswille bleibt aber der der zu Staaten im existentiellen Sinne verfaßten Völker, von denen allein die Staatsgewalt ausgeht (Art. 20 Abs. 2 S. 1 GG)[111].

Das Bundesverfassungsgericht dogmatisiert demgegenüber als mitgliedstaatlichen Geltungsgrund des Gemeinschaftsrechts einen nationalen "Rechtsanwendungsbefehl"[112], macht aber die Rechtsgeltung auch vom Willen des jeweiligen Volkes abhängig:

> "Die Bundesrepublik Deutschland ist somit auch nach dem Inkrafttreten des Unions-Vertrags Mitglied in einem Staatenverbund, dessen Gemeinschaftsgewalt sich von den

---

[110] So aber BVerfGE 22, 293 (296); EuGH - Rs. 6/64 (Costa/ENEL), Slg. 1964, S. 1251 (1269 ff.); i.d.S. auch *Th. Oppermann*, Europarecht, S. 196; *H. Mosler*, HStR, Bd. VII, 1992, § 175, Rdn. 17 ff.; *Ch. Tomuschat*, HStR, Bd. VII, 1992, § 172, Rdn. 43 ff., räumt in Rdn. 45 ein, daß eine "Autonomie der Europäischen Gemeinschaft als selbständiger Hoheitsträger nicht anerkannt wird."; *P. Kirchhof*, Europäische Einigung und Verfassungsstaat, S. 88, sieht die "Grenze vom Staatenbund zum Bundesstaat überschritten, wenn die bisherigen Mitgliedstaaten unumkehrbar in die Europäische Gemeinschaft eingeordnet und dieser das Recht zur "originären Rechtsetzung und Rechtsgestaltung" zugewachsen wäre"; *ders.*, HStR, Bd. VII, 1992, § 183, Rdn. 38; *ders.*, Verfassungsrechtlicher Schutz und internationaler Schutz der Menschenrechte: Konkurrenz oder Ergänzung?, EuGRZ 1994, 27, spricht aber von "der unmittelbaren Geltung und Anwendung eines Rechts aus anderer Quelle innerhalb des Hoheitsbereichs"; *R. Streinz*, Bundesverfassungsgerichtlicher Grundrechtsschutz und Europäisches Gemeinschaftsrecht, 1989, S. 102 ff., 107 ff., 125 ff., 143, 147 u. ö., kritisiert die Lehre der "Autonomisten" des Gemeinschaftsrechts aus völkerrechtlichen (nicht aus freiheitlichen) Annahmen; das Maastricht-Urteil enthält den Begriff der "autonomen Rechtsquelle" nicht mehr.

[111] *K. A. Schachtschneider*, Die Staatlichkeit der Europäischen Gemeinschaft, in: M. Vollkommer (Hrsg.), Auf dem Weg in ein vereintes Europa, Atzelsberger Gespräche 1992, Erlanger Forschungen Reihe A, 1994, S. 81 ff., auch veröffentlicht in: M. Brunner (Hrsg.), Kartenhaus Europa? Abkehr vom Zentralismus - Neuanfang durch Vielfalt, 1993, S. 117 ff.

[112] So etwa *P. Kirchhof*, HStR, Bd. VII, 1992, § 183, Rdn. 45; *ders.*, Europäische Einigung und Verfassungsstaat, S. 99; *ders.*, Rechtsschutz durch Bundesverfassungsgericht und Europäischen Gerichtshof, S. 111 f.; *E. Klein*, VVDStRL 50 (1991), S. 67 ff., 79; *R. Bernhardt*, HStR, Bd. VII, 1992, § 174, Rdn. 28; *R. Streinz*, Bundesverfassungsgerichtlicher Grundrechtsschutz und Europäisches Gemeinschaftsrecht, S. 107 ff., der die Vollzugslehre vertritt.

Mitgliedstaaten ableitet und im deutschen Hoheitsbereich nur kraft des deutschen Rechtsanwendungsbefehls verbindlich wirken kann. Deutschland ist einer der 'Herren der Verträge', die ihre Gebundenheit an den 'auf unbegrenzte Zeit' geschlossenen Unions-Vertrag (Art. Q EUV) mit dem Willen zur langfristigen Mitgliedschaft begründet haben, diese Zugehörigkeit aber letztlich durch einen gegenläufigen Akt auch wieder aufheben könnten. Geltung und Anwendung von Europarecht in Deutschland hängen von dem Rechtsanwendungsbefehl des Zustimmungsgesetzes ab. Deutschland wahrt damit die Qualität eines souveränen Staates aus eigenem Recht und den Status der souveränen Gleichheit mit anderen Staaten i. S. des Art. 2 Nr. 1 der Satzung der Vereinten Nationen vom 26. Juni 1945."[113]

Die Zustimmungsgesetze geben keinen "Rechtsanwendungsbefehl"[114], wie fast alle meinen, weil es das Bundesverfassungsgericht so dogmatisiert hat[115], sondern sind nach Art. 59 Abs. 2 S. 1 GG Voraussetzung der Ratifikation der Gemeinschaftsverträge, welche den Staat im Sinne des Art. 20 Abs. 2 S. 2 GG organisieren und wegen Art. 23 und Art. 24 GG derart international/gemeinschaftlich organisieren dürfen. Das Zustimmungsgesetz ist zugleich das Gesetz, welches die Hoheitsrechte überträgt. Das Zustimmungsgesetz zum Vertrag und das Übertragungsgesetz werden uno actu beschlossen[116]; warum nicht, wenn auch getrennte Rechtsakte vorzuziehen wären. Ein Rechtsanwendungsbefehl (ein befremdliches Wort in einer Republik) setzt jedoch ein der Rechtsordnung fremdes ("anderes", *P. Kirchhof*)[117] und damit den fremden, freundlich formuliert: eigenständigen, Gesetzgeber voraus. Derart fremde Gesetzgeber sind die Gemeinschaften nicht; denn ihre Organe sind in die Organisation der Mitglied-

---

[113] C II 1 a, S. 52 f., BVerfGE 89, 155 (190). Der Maastricht-Vertrag hatte die Integration entgegen dem Prinzip ständiger Freiwilligkeit der Mitgliedschaft in den Gemeinschaften unumkehrbar festgelegt (vgl. *K. A. Schachtschneider/A. Emmerich-Fritsche/Th. C. W. Beyer*, JZ 1993, 758 f.) und ist vom Bundesverfassungsgericht auch insoweit verfassungskonform korrigiert worden; *P. Kirchhof*, Europäische Einigung und Verfassungsstaat, S. 88 (Zitat in Fn. 110); *ders.*, EuGRZ 1994, 27, 35 f.; *ders.*, HStR, Bd. VII, 1992, § 183, Rdn. 46, wo er allerdings die Vertragsauflösung durch "actus contrarius" den Mitgliedstaaten als "Herren der Verträge" vorbehält, im Widerspruch zur Dogmatik vom nationalen Rechtsanwendungsbefehl als Geltungsgrund der Rechtsordnung der Gemeinschaft (Rdn. 45); der Sache nach wie im Maastricht-Urteil allerdings *ders.*, Rechtsschutz durch Bundesverfassungsgericht und Europäischen Gerichtshof, S. 109 f.

[114] So aber BVerfGE 45, 142 (169); 52, 187 (199); 73, 339 (367 f., 375); und jetzt, wie zitiert, BVerfGE 89, 155 (190).

[115] Vgl. die Hinweise in Fn. 112.

[116] Dazu *Ch. Tomuschat*, GG, Bonner Komm., Art. 24, Rdn. 28; *A. Randelzhofer*, in: Th. Maunz/G. Dürig, GG, Art. 24, Rdn. 63.

[117] Vgl. die Hinweise in Fn. 109.

staaten integriert. Die Konsequenzen der Dogmatik sind für die europäische Rechtsgemeinschaft, insbesondere für die Rechtseinheit, immens.

Das Gemeinschaftsrecht ist demgemäß nicht nur deutsches, sondern nicht minder französisches, italienisches, britisches usw. Recht. Es ist eben Gemeinschaftsrecht. Im Gegensatz zum Beschluß des 1. Senats des Bundesverfassungsgerichts von 1967 (BVerfGE 22, 293 (295, 297))[118] sind Rechtsakte der Gemeinschaft "Akte der deutschen öffentlichen Gewalt". Dieser Dogmatik nähert sich das Maastricht-Urteil, welches "auch Akte einer besonderen, von der Staatsgewalt der Mitgliedstaaten geschiedenen öffentlichen Gewalt einer supranationalen Organisation" in den Grundrechtsschutz des Bundesverfassungsgerichts, der nicht nur "gegenüber deutschen Staatsorganen" gewährt werde, einzubeziehen ankündigt[119]. Logik findet diese Kompetenz des Bundesverfassungsgerichts nur darin, daß die Rechtsakte der Gemeinschaft (auch) deutsche Rechtsakte sind; denn sonst wäre das Bundesverfassungsgericht institutionell ein "supranationales" Gericht. (Funktional ist jedes deutsche Gericht ein "europäisches Gericht", also ein Gericht, welches Europarecht anzuwenden hat[120].) Die "öffentliche Gewalt" des Art. 93 Abs. 1 Ziff. 4 a GG ist die vom Grundgesetz verfaßte öffentliche Gewalt, also die Staatsgewalt des Art. 20 Abs. 2 S. 1 GG[121]. Zu dieser gehört somit auch die Gemeinschaftsgewalt. Der Europäische Gerichtshof ist demgemäß "gesetzlicher Richter" im Sinne des Art. 100 Abs. 1 S. 2 GG[122]. Jedenfalls erklärt die (richtige) Dogmatik des Maastricht-Urteils für den Grundrechtsschutz die Gemeinschaftsgewalt zu einer öffentlichen Gewalt im Sinne des Art. 93 Abs. 1 Ziff. 4 a GG und damit zu einem Teil der deutschen Staatsgewalt. Das ist substantiell die Abkehr von der Dogmatik, die Rechtsordnung der Gemeinschaft sei eine eigene, gar eine "autonome" Rechtsordnung. Recht kann in Deutschland nach dem Grundgesetz

---

[118] Ebenso BVerfGE 58, 1 (27); auch BVerfGE 31, 145 (173 f.)

[119] Leitsatz 7 und B 2 b, S. 29 f., BVerfGE 89, 155 (175), in expliziter Abweichung von BVerfGE 58, 1 (27); dieser Dogmatik öffnet sich *H. P. Ipsen*, EuR 1994, 12.

[120] *M. Zuleeg*, JZ 1994, 2.

[121] *W. Löwer*, Zuständigkeiten und Verfahren des Bundesverfassungsgerichts, HStR, Bd. II, 1987, § 56, Rdn. 148 f., auch Rdn. 58.

[122] Diesen Schluß zieht auch *H. P. Ipsen*, EuR 1994, 12, als Konsequenz des Maastricht-Urteils; i.d.S. auch *J. A. Frowein*, ZaöRV 1994, 4 f.; vgl. zur herkömmlichen Einstufung des Gerichtshofs als gesetzlicher Richter BVerfGE 73, 339 (366 ff.); 75, 223 (233 f.); *P. Kirchhof*, Rechtsschutz durch Bundesverfassungsgericht und Europäischen Gerichtshof, S. 118 ff.

nur vom deutschen Volke ausgehen (Art. 20 Abs. 2 S. 1 GG)[123]. Das Selbstbestimmungsrecht des deutschen Volkes, die Willensautonomie der Bürger Deutschlands, von vielen und auch vom Bundesverfassungsgericht (monarchistisch) die "Souveränität" Deutschlands genannt[124], ist nach dem Grundgesetz unaufhebbar und unübertragbar (argumentum ex Art. 79 Abs. 3 GG)[125].

Der Logik gehorchend, hat darum das Bundesverfassungsgericht ausweislich des obigen Zitats das Recht jedes Mitgliedstaates, die Mitgliedschaft in der Union zu beenden und damit das Prinzip der dauernden Freiwilligkeit, Staatsgewalt im Verbund mit anderen Staaten auszuüben, anerkannt[126]. Die Logik

---

[123] Nur Deutsche bilden das Volk i. S. des Art. 20 Abs. 2 S. 1 GG, BVerfGE 83, 37 (50 ff.); 83, 60 (71 ff.); i.d.S. auch das Maastricht-Urteil C II 1 a, S. 52, BVerfGE 89, 155 (188 ff.).

[124] Maastricht-Urteil C II 1 a, S. 50 ff., BVerfGE 89, 155 (188 ff.) u. ö.; so auch *P. Kirchhof*, Europäische Einigung und Verfassungsstaat, S. 85, 95; *H. Steinberger*, VVDStRL 50 (1991), S. 17 ff.; zur inneren und äußeren Souveränität als Begriff etwa *A. Randelzhofer*, Staatsgewalt und Souveränität, HStR, Bd. I, 1987, § 15, Rdn. 1 ff., 23 ff., 35 ff.; *J. Isensee*, Staat und Verfassung, HStR, Bd. I, 1987, § 13, Rdn. 87 ff; *K. Doehring*, Staat und Verfassung in einem zusammenwachsenden Europa, ZRP 1993, 98 ff.; *U. Di Fabio*, Der Staat 32 (1993), S. 191 ff., insb. 201 ff.; *H. Mosler*, HStR, Bd. VII, 1992, § 175, Rdn. 2, 30 ff. u. ö.; kritisch *H. P. Ipsen*, HStR, Bd. VII, 1992, § 181, Rdn. 19.; schon *J. J. Rousseau*, Vom Gesellschaftsvertrag, 2. Buch, 1. Kap., S. 27, hat die Souveränität "als die Ausübung des Gemeinwillens" definiert.

[125] I.d.S. auch *P. Kirchhof*, HStR, Bd. VII, 1992, § 183, Rdn. 58, der in Art. 24 GG die "neue Öffnung der nationalen Rechtsordnung ... für das andere Recht", das Europarecht, sieht, "nicht eigentlich" die Ermächtigung zur Übertragung von Hoheitsrechten; i.d.S. wird die (originäre) Völkerrechtssubjektivität Deutschlands als durch Art. 79 Abs. 3 GG gesichert angesehen, etwa *H. Mosler*, HStR, Bd. VII, 1992, § 175, Rdn. 28; *E. Klein*, VVDStRL 50 (1991), S. 70; *Ch. Tomuschat*, Bonner Komm., Rdn. 20 zu Art. 24 GG.

[126] Maastricht-Urteil C II 1 a, S. 52, BVerfGE 89, 155 (190); so schon *K. A. Schachtschneider*, VVDStRL 50 (1991), S. 178 (Aussprache); *ders./A. Emmerich-Fritsche/Th. C. W. Beyer*, JZ 1993, 758 f.; auch schon *H. Krüger*, Allgemeine Staatslehre, 2. Aufl., 1966, S. 767; *R. Streinz*, Bundesverfassungsgerichtlicher Grundrechtsschutz und europäisches Gemeinschaftsrecht, S. 111 mit Fn. 156, der ein "Desintegrationsgesetz" für zulässig hält, entgegen *H. P. Ipsen*, Europäisches Gemeinschaftsrecht, S. 58, 232; *Ch. Tomuschat*, EuGRZ 1993, 494 f., scheint durch diese Erkenntnis des Bundesverfassungsgerichts derart konsterniert, daß er sie nicht mehr zu lesen vermag und auf eine gemeinschaftliche Aufhebung des Unionsvertrages reduzieren möchte, er übersieht dabei auch C I 3, S. 47 f., BVerfGE 89, 155 (187 f.), im Maastricht-Urteil; *ders.* anders, GG, Bonner Komm., Rdn. 36, auch Rdn. 99 zu Art. 24; ebenso Leseschwierigkeiten zeigt *D. König*, ZaöRV 1994, 33 f.; richtig liest *J. A. Frowein*, ZaöRV 1994, 10 f., der freilich den "einseitigen Aufhebungsakt" grundsätzlich für völkerrechtswidrig hält; scharfe Kritik von *M. Zuleeg*, JZ 1994, 7 (These des Zweiten Senats führt ... "zum offenen Vertragsbruch"); *P. Kirchhof*, HStR, Bd. VII, 1992, § 183, Rdn. 46, hat noch der bloßen "Vertragsauflösung durch 'actus contrarius'", also durch Vertrag, das Wort geredet; ebenso (unsicher) *E. Klein*, VVDStRL 50 (1991), S. 58 f. ("jedenfalls gemeinsam"), der aber S. 67, Fn. 46 einräumt, daß kein Mitgliedstaat entgegen seinem Willen zu halten sei, den Ausschluß eines "faulenden Gliedes" will *Klein*, a.a.O., S. 77, aber zulassen; ebenso die faktische Möglichkeit auszuscheiden sieht ähnlich *A. Randelzhofer*, HStR, Bd. I, 1987, § 15,

ist die der Freiheit der Bürger, die ihre Staatsgewalt verfassen dürfen wie sie wollen, solange sie einen Staat im existentiellen Sinne bilden. Die völkerrechtlichen Verbindlichkeiten sind dabei zu respektieren. Die engen Kündigungsrechte der Wiener Vertragsrechtskonvention[127] kommen jedoch nicht zur Anwendung, weil ein unauflöslicher Staatenverbund nicht begründet ist, der als solcher mit der Freiheit unvereinbar wäre. Die Unbefristetheit des Unionsvertrages nach Art. Q EUV ist keine Unauflöslichkeit des Vertrages und nicht die unumkehrbare Pflicht zur Mitgliedschaft in dem Staatenverbund[128]. Sie erübrigt lediglich eine Vertragserneuerung nach dem Ablauf einer Vertragszeit, die dem Integrationsprinzip widerspräche. Die Erkenntnis, daß die Mitgliedschaft in einem Staatenverbund unter dem ständigen Vorbehalt des Willens des mit anderen Völkern verbundenen Volkes besteht, ist die wichtigste Erkenntnis des neuen europäischen Verfassungsrechts, welches der Maastricht-Prozeß in Deutschland geschaffen hat[129]. Auch darum hat das Bundesverfassungsgericht das Folgende ausgesprochen und wegen der existentiellen Staatlichkeit Deutschlands, wie schon gesagt, aussprechen müssen:

> "Vermitteln die Staatsvölker - wie gegenwärtig - über die nationalen Parlamente demokratische Legitimation, sind mithin der Ausdehnung der Aufgaben und Befugnisse der Europäischen Gemeinschaften vom demokratischen Prinzip her Grenzen gesetzt. Jedes der Staatsvölker ist Ausgangspunkt für eine auf es selbst bezogene Staatsgewalt."[130]

Rdn. 34; ähnlich auch *A. Mosler*, HStR, Bd. VII, 1992, § 175, Rdn. 23 (Austritt "normalerweise nicht zu erwarten"), Rdn. 27 ("faktisch irreversibel"), bloße Empirismen, die Rechtserkenntnisse nicht ersetzen können; *H. P. Ipsen*, EuR 1994, 15 ff., lehnt das "Sezessionsrecht" weiterhin ab, es bleibe (mit Götz) nur die "faktische Komponente der Souveränität"; *V. Götz*, JZ 1993, 1085.

[127] Für deren Relevanz etwa *H. Mosler*, HStR, Bd. VII, 1992, § 175, Rdn. 48 ff. (aber "faktische Austrittsmöglichkeit", Rdn. 51); *M. Zuleeg*, JZ 1994, 7; *A. Randelzhofer*, HStR, Bd. I, 1987, § 15, Rdn. 34; auch *J. A. Frowein*, ZaöRV 1994, 10 f.; dazu die Kritik von *K. A. Schachtschneider/A. Emmerich-Fritsche/Th. C. W. Beyer*, JZ 1993, 58 f.

[128] So auch das Maastricht-Urteil C II 1 a, S. 52, BVerfGE 89, 155 (190); *P. Kirchhof*, Europäische Einigung und Verfassungsstaat, S. 88 (Zitat in Fn. 110); dazu insbesondere zur entgegengesetzten Politik des Vertrages von Maastricht selbst *K. A. Schachtschneider/A. Emmerich-Fritsche/Th. C. W. Beyer*, JZ 1993, 758 f.; das verkennt *M. Zuleeg*, JZ 1994, 7; jede Auflösung der Gemeinschaft, Austritt oder Ausschluß, hält für rechtswidrig *G. Nicolaysen*, Europarecht I, 1991, S. 72 f.; ebenso *H. P. Ipsen*, EuR 1994, 15, wegen des Integrationsprinzips des Art. 23 GG n. F.

[129] Bereits *G. Jellinek*, Allgemeine Staatslehre, S. 767, hat das Recht zur Sezession als Kriterium des "Staatenbundes" herausgestellt.

[130] C I 2 b2, S. 46, BVerfGE 89, 155 (186).

Rechtens kann es in Deutschland keine originäre europäische öffentliche Gewalt geben, aber auch keine europäischen Rechtsakte, die ihre Legalität nicht aus der Verfassung Deutschlands herleiten[131], sondern über dieser Verfassung stehen. Logisch ist die Gemeinschaftsverfassung der Verträge in die Verfassung der Völker, in Deutschland also in das Grundgesetz, integriert[132]. Eine von der Verfassung der Völker unabhängige, also insofern eigenständige europäische Staatsgewalt, ein Staat Europa im existentiellen Sinne also, setzt eine europäische Verfassung voraus, welche nicht nur eine europäische Gesetzgebungs-, Verwaltungs- und Rechtsprechungshoheit, sowie eine europäische Gebietshoheit, sondern auch eine europäische Verfassungshoheit schafft und damit die deutschen Hoheiten, insbesondere die deutsche Verfassungshoheit, aufhebt[133]. Damit wäre das Grundgesetz nicht mehr das höchste Gesetz Deutschlands, nicht mehr die Verfassung Deutschlands im eigentlichen Sinne. Deutschland wäre kein Staat (im existentiellen Sinne) mehr. *Kant* hat geklärt:

> "Das Recht der obersten Gesetzgebung im gemeinen Wesen ist kein veräußerliches, sondern das allerpersönlichste Recht. Wer es hat, kann nur durch den Gesamtwillen des Volks über das Volk, aber nicht über den Gesamtwillen selbst, der der Urgrund aller öffentlichen Verträge ist, disponieren."[134]

8. Auch das Gemeinschaftsrecht ist in den Mitgliedstaaten verbindlich. Die Verbindlichkeit beruht auf dem Willen der als Staaten verfaßten Völker, auf deren Verfassung also[135]. Die Völker sind die Hüter der Gemeinschaft, jedes

---

[131] *E. Klein*, VVDStRL 50 (1991) S. 59, 70 f.; *P. Kirchhof*, Europäische Einigung und Verfassungsstaat, S. 100 f.; i.d.S. auch *ders.*, HStR, Bd. VII, 1992, § 183, Rdn. 46; auch *J. Isensee*, Europa - Die politische Erfindung eines Erdteils, S. 133.

[132] *K. A. Schachtschneider/A. Emmerich-Fritsche/Th. C. W. Beyer*, JZ 1993, 757 f.; i.d.S. auch *P. Kirchhof*, Europäische Einigung und Verfassungsstaat, S. 94 f., 99, 100 f.; so verstehe ich auch *W. Löwer*, HStR, Bd. II, 1987, § 56, Rdn. 58.

[133] *U. Di Fabio*, Der Staat 32 (1993), S. 205; i.d.S. *P. Kirchhof*, Europäische Einigung und Verfassungsstaat, S. 97 ff.; *ders.*, HStR, Bd. VII, 1992, § 183, Rdn. 62.

[134] Metaphysik der Sitten, Rechtslehre, § 52, ed. Weischedel, S. 465; nicht anders *J. J. Rousseau*, Vom Gesellschaftsvertrag, 2. Buch, 1. Kap., S. 27.

[135] *E. Klein*, VVDStRL 50 (1991), S. 59, 70 f.; *P. Kirchhof*, Europäische Einheit und Verfassungsstaat, S. 95 ff., 100 f.; *ders.*, EuGRZ 1994, 27, 35 f. ("Europa - offener Staat"); *ders.*, HStR VII, 1992, § 183, Rdn. 46; *H. J. Blanke*, Der Unionsvertrag von Maastricht - Ein Schritt auf dem Weg zum europäischen Bundesstaat? DöV 1993, 412 ff., 414 ff.; *K. Doehring*, ZRP 1993, 98 ff.; a. A. *I. Pernice*, Maastricht, Staat und Demokratie, Die Verwaltung 26 (1993), S. 485 f., der die Staaten "nicht einzeln, sondern nur 'zur gesamten Hand' für 'Herren der Gemeinschaftsverträge'" hält.

für sich. Sie sind auch insoweit "Herren der Verträge"[136]. Jedes Volk ist innerstaatlich verpflichtet, das Gemeinschaftsrecht als Teil der eigenen Rechtsordnung zu verwirklichen (Art. 5 EGV). Der Vorrang des Gemeinschaftsrechts[137] hat aber Grenzen, die sich aus der existentiellen Staatlichkeit der Völker ergeben. Das Maastricht-Urteil des Bundesverfassungsgerichts ergibt fünf Begrenzungen der Geltung von Gemeinschaftsrecht in Deutschland: Rechtsakte der Gemeinschaft können erstens wegen der Verletzung des Wesensgehalts der Grundrechte und damit wegen Mißachtung des "unabdingbaren Grundrechtsstandards", den das Bundesverfassungsgericht in einem "Kooperationsverhältnis" mit dem Europäischen Gerichtshof im Grundrechtsschutz zu verantworten meint[138], verletzen. Der Europäische Gerichtshof soll "den Grundrechtsschutz in jedem Einzelfall für das gesamte Gebiet der Europäischen Gemeinschaften garantieren", so daß das Bundesverfassungsgericht "sich deshalb auf eine generelle Gewährleistung des unabdingbaren Grundrechtsstandards

---

[136] Vgl. das Maastricht-Urteil C II 1 a, S. 52, auch C II 2 b6, S. 64, BVerfGE 89, 155 (190 bzw. 199); vgl. auch BVerfGE 75, 223 (242); dazu auch *H. Steinberger*, VVDStRL 50 (1991), S. 16 f. in Fn. 21; *E. Klein*, VVDStRL 50 (1991), S. 59; *P. Kirchhof*, HStR VII, 1992, § 183, Rdn. 46, 66; *ders.*, Rechtsschutz durch Bundesverfassungsgericht und Europäischen Gerichtshof, S. 109 f.; *J. Isensee*, Europa - die politische Erfindung eines Erdteils, S. 134; daß die Mitgliedstaaten noch "Herren der Verträge seien", hat vor allem in Frage gestellt *U. Everling*, Sind die Mitgliedstaaten der Europäischen Gemeinschaft noch Herren der Verträge?, 1983, in: *ders.*, Das Europäische Gemeinschaftsrecht im Spannungsfeld von Politik und Wirtschaft, 1985, S. 86 ff.; dazu *A. Randelzhofer*, HStR, Bd. I, 1987, § 15, Rdn. 33 f.

[137] Der weitgehende Vorrang des Gemeinschaftsrechts vor dem mitgliedstaatlichen Recht ist so gut wie unangefochten; vgl. EuGH - Rs. 26/62 (Van Gend & Loos), Slg. 1963, 1 ff.; EuGH - Rs. 6/64 (Costa/ENEL), Slg. 1964, 1251 ff.; EuGH - Rs. 11/70 (Internationale Handelsgesellschaft), Slg. 1970, 1125 ff.; BVerfGE 37, 271 (279 ff.); 58, 1 (28); 73, 339 (366 ff.) - Solange I und II; vgl. auch das Maastricht-Urteil C I 2 a, S. 41 f., II 1 a, b6, S. 52 f., 65, BVerfGE 89, 155 (182 ff., 190 f., 197 ff.); *P. Kirchhof*, EuGRZ 1994, 16 ff., 27; *ders.*, HStR, Bd. VII, 1992, § 183, Rdn, 66; *E. Klein*, VVDStRL 50 (1991), S. 64; *H. P. Ipsen*, HStR, Bd. VII, 1992, § 181, Rdn. 58 ff.; umfassend zur Vorrangproblematik *R. Streinz*, Bundesverfassungsrechtlicher Grundrechtsschutz und Europäisches Gemeinschaftsrecht, 1989, S. 92 ff.; vgl. auch *Th. Oppermann*, Europarecht, S. 194 ff.; *A. Bleckmann*, Europarecht, S. 282 ff.

[138] *P. Kirchhof*, JZ 1989, 453; *ders.*, Rechtsschutz durch Bundesverfassungsgericht und Europäischen Gerichtshof, S. 109 ff., 115 ff., insb. 118; *ders.*, EuR Beiheft 1 (1991), S. 22 ff.; *E. Klein*, VVDStRL 50 (1991), S. 80 ff.; *H. P. Ipsen*, HStR, Bd. VII, 1992, § 181, Rdn. 66 ff.; *R. Streinz*, Bundesverfassungsgerichtlicher Grundrechtsschutz und Europäisches Gemeinschaftsrecht, S. 304 f. (kritisch); *K. Stern/M. Sachs*, Das Staatsrecht der Bundesrepublik Deutschland, Bd. III/1, 1988, S. 293 ff.; *R. Zuck*, Das Gerede vom gerichtlichen Kooperationsverhältnis, NJW 1994, 978 f., mit richtiger Kritik; kritisch auch *H. P. Ipsen*, EuR 1994, 3 f., 9 f.

(...) beschränken" könne[139]. Noch 1986 hat das Bundesverfassungsgericht in seiner Solange II-Entscheidung Vorlagen im konkreten Normenkontrollverfahren nach Art. 100 Abs. 1 GG für unzulässig erklärt, weil und solange der Wesensgehalt der Grundrechte durch die Rechtsprechung des Gerichtshofs der Gemeinschaften generell und im wesentlichen gleich verbürgt werde[140]. Bereits in seiner Entscheidung zur Tabakrichtlinie hatte das Gericht diese Verlagerung der deutschen Staatsgewalt auf den Europäischen Gerichtshof relativiert[141]. Zweitens sollen die Rechtsakte die Strukturprinzipien der deutschen Verfassung nicht beeinträchtigen dürfen[142], zumal jetzt Art. 23 Abs. 1 S. 1 und 2 GG n. F. die Übertragung von Hoheitsrechten nur für die Entwicklung einer Europäischen Union erlaubt, "die demokratischen, rechtsstaatlichen, sozialen und föderativen Grundsätzen" und im übigen "dem Grundsatz der Subsidiarität verpflichtet ist und einen diesem Grundgesetz im wesentlichen vergleichbaren Grundrechtsschutz gewährleistet"[143]. Es gibt vielfältige Möglichkeiten, die genannten Strukturprinzipien, etwa das weitgefächerte Rechtsstaatsprinzip[144], zu verletzen[145]. Drittens würden die Rechtsakte das Prinzip

[139] B 2 b, S. 29 f., BVerfGE 89, 155 (174 f.); *P. Kirchhof*, Europäische Einigung und Verfassungsstaat, S. 96; *ders.*, EuGRZ, 1994, S. 36; *ders.*, HStR, Bd. VII, 1992, § 183, Rdn. 59; *M. Schröder*, DVBl. 1994, 322 ff.; scharfe Kritik von *M. Zuleeg*, JZ 1994, 4.

[140] BVerfGE 73, 339 (347 ff., 383 ff., 387); *H. P. Ipsen*, HStR, Bd. VII, 1992, § 181, Rdn. 68 ff.; *E. Klein*, VVDStRL 50 (1991), S. 80; *P. Kirchhof*, HStR, Bd. VII, 1992, § 183, Rdn. 66, sieht auch in dieser Solange II-Dogmatik ein "Kooperationsangebot"; so schon *ders.*, Rechtsschutz durch Bundesverfassungsgericht und Europäischen Gerichtshof, S. 118; ebenso *R. Streinz*, Der Vollzug des Europäischen Gemeinschaftsrechts durch deutsche Staatsorgane, HStR, Bd. VII, 1992, § 182, Rdn. 73.

[141] BVerfG EuR 1989, 270 (273), dazu *E. Klein*, VVDStRL 50 (1991), S. 82, der darin keine Neuorientierung sieht; *M. Schröder*, DVBl. 1994, 321 f.

[142] BVerfGE 37, 271 (279); 73, 339 (376).

[143] Maastricht-Urteil C I 3, S. 49, BVerfGE 89, 155 (187 f.), nicht explizit; *P. Kirchhof*, Europäische Einigung und Verfassungsstaat, S. 96 f., 97 f.; *ders.*, EuGRZ, 1994, 27; *ders.*, HStR, Bd. VII, 1992, § 183, Rdn. 58 f., 61 ff.; i.d.S. schon *ders.*, Rechtsschutz durch Bundesverfassungsgericht und Europäischen Gerichtshof, S. 112 f.; *M. Herdegen*, Die Belastbarkeit des Verfassungsgefüges auf dem Weg zur Europäischen Union, EuGRZ 1992, 589 ff., 592 ff.; auch *E. Klein*, VVDStRL 50 (1991), S. 71, 81 f.; *M. Mosler*, HStR, Bd. VII, 1992, § 175, Rdn. 65 ff. (zurückhaltend für das Bundesstaatsprinzip); *H. P. Ipsen*, HStR, Bd. VII, 1992, § 181, Rdn. 9, 67; *F. Ossenbühl*, Maastricht und das Grundgesetz - eine verfassungsrechtliche Wende?, DVBl. 1993, 629 ff., 631 ff.; *R. Bernhardt*, HStR, Bd. VII, 1992, § 174, Rdn. 26, akzeptiert als Grenze der Übertragung von Hoheitsrechten nach Art. 79 Abs. 3 GG erst die "vollständige Aufgabe deutscher Staatlichkeit".

[144] Vgl. *K. A. Schachtschneider*, Das Rechtsstaatsprinzip der Republik, 4. Aufl. 1992.

der begrenzten und bestimmbaren Ermächtigung der Union und der Gemeinschaften mißachten, also ultra vires ergehen können[146], so daß "die deutschen Staatsorgane aus verfassungsrechtlichen Gründen gehindert wären, diese Rechtsakte in Deutschland anzuwenden"[147]. Die Union und ihre Gemeinschaften würden die ihnen eingeräumten Hoheitsrechte überschreiten, also ihre Kompetenzen verletzten, wenn sie viertens das Subsidiaritätsprinzip nach Art. B Abs. 2 EUV und Abs. 3 b Abs. 2 EGV mißachten. Das Subsidiaritätsprinzip hat das Bundesverfassungsgericht für die Union und für die Europäische Gemeinschaft als "verbindlichen Rechtsgrundsatz" erkannt und ihm als Kompetenzausübungsschranke Verbindlichkeit beigemessen[148]. Fünftens schließlich hat das Bundesverfassungsgericht das gemeinschaftsrechtliche Mehrheitsprinzip[149] "gemäß dem aus der Gemeinschaftstreue folgenden Gebot wechselseitiger Rücksichtnahme" in die Grenzen der Verfassungsprinzipien und der "elementaren Interessen der Mitgliedstaaten" gewiesen[150]. Auch dieses Rechtsprinzip, das den Luxemburger Kompromiß von 1966 verallgemeinert und verbindlich macht, ist von den Gerichten zu beachten. Die "elementaren Interessen"

---

[145] Die Ratifikation des Vertrages über die Europäische Union anerkennt, daß die Europäische Union mit den Strukturprinzipien des Grundgesetzes übereinstimmt. Die Rechtsakte der Union können lediglich dem primären Unionsrecht (einem nunmehrigen materiellen Teil des Grundgesetzes) widersprechen. Das folgt daraus, daß das Grundgesetz in seiner neuen Fassung mittels Art. 23 Abs. 1 für die Begründung der Europäischen Union usw., durch die das Grundgesetz seinem Inhalt nach geändert oder ergänzt wird usw., eine Verfassungsänderung nach Art. 79 Abs. 2 GG voraussetzt und dadurch das primäre Unionsrecht in die deutsche Verfassung integriert. Einer textlichen Ergänzung des Grundgesetzes bedarf das nicht; denn auf Art. 79 Abs. 1 GG verweist Art. 23 Abs. 1 S. 3 nicht. Gerade dieser Umstand bestärkt die Erkenntnis, daß das primäre Gemeinschaftsrecht integraler Bestandteil des Grundgesetzes werden soll; dazu *K. A. Schachtschneider/A. Emmerich-Fritsche/Th. C. W. Beyer*, JZ 1993, 757 f.; ebenso *J. Wolf*, Die Revision des Grundgesetzes durch Maastricht. Ein Anwendungsfall des Art. 146 GG, JZ 1993, 594 ff., 599 f.; dahin tendiert auch *J. A. Frowein*, ZaöRV 1994, 11 f. mit Fn. 42.

[146] *A. Bleckmann*, Europarecht, S. 69 ff.; *E. Klein*, VVDStRL 50 (1991), S. 61, 66; *P. Kirchhof*, HStR, Bd. VII, 1992, § 183, Rdn. 47, 64; *K. A. Schachtschneider/A. Emmerich-Fritsche/Th. C. W. Beyer*, JZ 1993, 751; *H. H. Rupp*, Maastricht und Karlsruhe, S. 108 f.

[147] C I 3, S. 48 f., C II 1 a, S. 51, C II 2, S. 54 ff., BVerfGE 89, 155 (187 f., 188 ff., 191 ff.) u. ö.; unnötige Dramatik dieser Formel kritisieren u. a. *V. Götz*, JZ 1993, 1084; *H. P. Ipsen*, EuR 1994, 10.

[148] Maastricht-Urteil C II 1 a, S. 51, C II 2 a, S. 57, C II 3 c, S. 81 ff., BVerfGE 89, 155 (189, 193, 210 ff.) u. ö.; *M. Schröder*, DVBl. 1994, 322; vgl. schon *E. Klein*, VVDStRL 50 (1991), S. 72 f.; auch *H. H. Rupp*, Maastricht und Karlsruhe, 109 f.; *D. Merten*, Subsidiarität als Verfassungsprinzip, S. 94 ff.; auch *F. Stein*, Subsidiarität als Rechtsprinzip?, insb. S. 36 ff.

[149] Dazu *H. P. Ipsen*, HStR, Bd. VII, 1992, § 181, Rdn. 17 f.

[150] C I 2 a, S. 43, BVerfGE 89, 155 (184); dazu (unentschieden) *H. P. Ipsen*, EuR 1994, 13.

Deutschlands haben die zuständigen deutschen Organe zu definieren, vor allem also die Legislative. Wenn diese jedoch versagt oder irrt, haben die Gerichte dieses Prinzip wie alle anderen Rechtsprinzipien zu verantworten, weil Deutschland seine elementaren Interessen nicht der mehrheitlichen Disposition der Union oder deren Gemeinschaften überantworten durfte und darum rechtens derart zu handhabende Hoheitsrechte nicht übertragen hat.

Die skizzierten Grenzen gemeinschaftlicher Rechtsetzungsbefugnisse sind wegen ihrer Offenheit überaus weitgehend[151]. Die letzte Verantwortung nationaler Gerichte für die genannten Rechtsprinzipien belastet die Rechtseinheit der Gemeinschaften, die ihr grundlegendes Prinzip ist[152] und mißachtet die Aufgabe und Befugnis des Europäischen Gerichtshofs, das Recht namens der Gemeinschaft zu wahren[153]. Der Gerichtshof ist für die Verwirklichung der Rechtseinheit der Gemeinschaft eingerichtet, wie vor allem Art. 177 EGV zeigt, und muß als solcher respektiert werden. Die letzte Rechtsverantwortung nationaler Gerichte, wie sie das Bundesverfassungsgericht konzipiert[154], führt zu unterschiedlichem Europarecht in den verschiedenen Völkern und hebt damit die Gemeinschaft, die wesentlich Rechtsgemeinschaft ist, auf[155]. Wenn die

---

[151] *M. Zuleeg*, Die Rechtsprechung des europäischen Gerichtshofes zum Arbeits- und Sozialrecht im Streit, Arbeit und Recht 1994, 78.

[152] *M. Zuleeg*, JZ 1994, 3 ff., 6 f., *Ch. Tomuschat*, EuGRZ 1993, 494.

[153] *M. Zuleeg*, JZ 1994, 3 f., 6 f., i.d.S. auch *H. P. Ipsen*, HStR, Bd. VII, 1992, § 181, Rdn. 61; *ders.*, EuR 1994, 9 ff.; grundsätzlich auch *E. Klein*, VVDStRL 50 (1991), S. 66, 72, 80 f., der aber die richtig erkannte "Jurisdiktionshoheit des EuGH" wegen des "Rechtsanwendungsbefehls des nationalen Gesetzgebers" für den "verfassungsrechtlich nicht übertragbaren" im Gegensatz zum nicht durch Vertrag "übertragenen" Bereich relativiert, eine angesichts der offenen Begriffe der Ermächtigungen nicht praktikable Unterscheidung, welche die Rechtseinheit nicht hinreichend verteidigt.

[154] So auch *P. Kirchhof*, Europäische Einigung und Verfassungsstaat, S. 95, 97 f.; *ders.*, EuGRZ 1994, 35; *ders.*, HStR Bd. VII, 1992, § 183, Rdnr. 61, 65; anders noch *ders.*, Rechtsschutz durch Bundesverfassungsgericht und Europäischen Gerichtshof, S. 110; i.d.S. des Bundesverfassungsgerichts auch *U. Di Fabio*, Der Staat 32 (1993), S. 214 f.; *R. Streinz*, HStR Bd. VII, 1992, § 182, Rdn. 73, der die "Schranken der Integrationsermächtigung" nach dem Vorabentscheidungsverfahren des EuGH im fachgerichtlichen Verfahren noch einmal auf Vorlage des BVerfG im konkreten Normenkontroll- und Verfassungsbeschwerdeverfahren vom EuGH prüfen lassen will, bevor das BVerfG den Rechtsakt der Gemeinschaft verwirft - ein wenig zu umständlich; skeptisch insofern auch *H. P. Ipsen*, EuR 1994, 11.

[155] Ganz so *M. Zuleeg*, Der rechtliche Zusammenhalt der Europäischen Gemeinschaft, III, S. 17 ff.; *ders.*, JZ 1994, 3, 6 f.; i.d.S. auch vor dem Maastricht-Urteil *H. P. Ipsen*, HStR, Bd. VII, 1992, § 181, Rdn. 61; ähnlich *ders.*, EuR 1994, 11, der einem "Interpretationsmonopol", insbesondere auch "aller deutschen Exekutiven und Prozeßgerichte" zurückhaltend gegenübersteht; kritisch auch *J. A. Frowein*, ZaöRV 1994, 9, 15; *D. König*, ZaöRV 1994, 43 ff.

Rechtserkenntnisse des Europäischen Gerichtshofs unerträglich werden, können die Völker ihre Mitgliedschaft aufkündigen. Dem Europäischen Gerichtshof wird vorgehalten, sich lange Zeit zum "Motor der Integration" aufgeschwungen zu haben[156] und damit das Vertrauen, daß er textorientiert das Gemeinschaftsrecht und dessen Grenzen zur Geltung bringen werde, übermäßig strapaziere[157]. Das Bundesverfassungsgericht hat im Maastricht-Urteil eine Antwort gegeben, welche die Gemeinschaft insgesamt in Frage stellt[158]. Aus dem Begriff der "Souveränität" sind übermäßige Konsequenzen gezogen worden, denn zur gemeinschaftlichen Ausübung der Staatsgewalt gehört auch die Rechtsverantwortung der gemeinschaftlichen Organe. Die gemeinschaftliche Staatlichkeit gebietet, auch der Rechtlichkeit der gemeinschaftlichen Staatlichkeit zu vertrauen und damit die Entscheidungen der Grenzfragen dem gemeinschaftlichen Gerichtshof zu überlassen[159]. Rechtseinheit bedarf der einheitlichen Rechtsprechung. Das vermag nur ein für die gesamte Einheit verbindlich entscheidendes Gericht zu leisten.

Wenn der Europäische Gerichtshof allerdings die unaufgebbaren Verfassungsprinzipien, welche die nationale Identität im Sinne des Art. F Abs. 1 EUV wesentlich definieren, verkennt, bleibt den Völkern das Recht und im Rahmen des Integrationsprinzips nach Maßgabe der Verfassung die Pflicht, aus der Gemeinschaft auszuscheiden. Dieses Recht gehört, wie gesagt, zur existentiellen Staatlichkeit, deren Verwirklichung Sache der Hüter der nationalen Verfassung, also Sache etwa des deutschen Volkes, ist. Die höchstrangigen Verfassungsprinzipien sind auch in der Union der europäischen Völker national und werden von den Völkern allein verantwortet.

---

[156] *H. Steinberger*, VVDStRL 50 (1991), S. 12; auch *Ch. Tomuschat*, EuGRZ 1993, 495; vgl. auch *Th. Oppermann*, Europarecht, S. 131, 134, der diese Aktivitäten des EuGH seiner integrationistischen Ideologie gemäß begrüßt; hierzu weitere Hinweise in Fn. 255.

[157] *M. Zuleeg*, JZ 1994, 4, spricht vom "Mißtrauen" des Zweiten Senats gegen den EuGH.

[158] *Ch. Tomuschat*, EuGRZ 1993, 494 ("Urteilen des EuGH den Respekt zu versagen heißt, die Union in Frage zu stellen".); *M. Zuleeg*, JZ 1994, 3 f., 6 f. ("Der Zerfall der Gemeinschaft wäre dann unausweichlich.")

[159] *M. Zuleeg*, JZ 1994, 3 ff., 6 f; i.d.S. auch in Kritik am Maastricht-Urteil *K. M. Meessen*, NJW 1994, 552 ff.; vorsichtig auch *M. Schröder*, DVBl. 1994, 322 ff.; *A. Bleckmann/U. Pieper*, RIW 1993, 976 f.; *V. Götz*, JZ 1993, 1083 f., 1085 f.; *Ch. Tomuschat*, EuGRZ, 1993, 494 f.; grundsätzlich auch *E. Klein*, VVDStRL 50 (1991), S. 66 ff.; im Ergebnis auch das Minderheitenvotum des Solange I-Beschlusses, BVerfGE 37, 279 (295 ff., 298); dazu *R. Streinz*, Bundesverfassungsgerichtlicher Grundrechtsschutz und Europäisches Gemeinschaftsrecht, S. 131 f.

9. Die Mitgliedstaaten haben sich durch die Gemeinschaftsverträge völkerrechtlich verpflichtet, das Gemeinschaftsrecht zu verwirklichen (etwa Art. 5 und Art. 171 EGV). Die Gemeinschaftsrechtlichkeit der Mitgliedstaaten kann von der Union oder den Gemeinschaften selbst nicht erzwungen werden. Vielmehr haben die Mitgliedstaaten selbst die Maßnahmen zu ergreifen, die sich aus einem Urteil des Gerichtshofs ergeben, wenn der Gerichtshof festgestellt hat, daß ein Mitgliedstaat gegen eine Verpflichtung aus dem Vertrag verstoßen habe (Art. 171 Abs. 1 EGV)[160]. Immerhin ermöglicht Art. 171 Abs. 4 EGV, daß der Gerichtshof gegen einen Mitgliedstaat, der einem Urteil des Gerichtshofs nicht nachgekommen ist, die Zahlung eines Pauschalbetrages oder Zwangsgeldes verhängt. Eine Befugnis, einen Mitgliedstaat zur Einhaltung des Rechts zu zwingen, also zu diesem Zweck Gewalt anzuwenden, haben die Organe der Union und der Gemeinschaften auch dadurch nicht. Auch die Aufsichtsbefugnis der Kommission nach Art. 169 EGV und die Klagemöglichkeit der Mitgliedstaaten gegeneinander nach Art. 170 EGV führen nicht zu Zwangsbefugnissen gegen Mitgliedstaaten, die das Gemeinschaftsrecht verletzt haben, sondern nur zu Rechtserkenntnissen des Gerichtshofs. Die Union vertraut darauf, daß die Mitgliedstaaten als Rechtsstaaten das festgestellte Recht achten. "Vollzug und Entwicklung des Vertrages (sc. über die Europäische Union) müssen vom Willen der Vertragspartner getragen sein"[161], also von den Völkern. Dies ist nicht nur das ethische Grundprinzip der Rechtsgemeinschaft, sondern der Wille der Völker. Wie alle Rechtsakte der Union und der Gemeinschaften sind auch die Entscheidungen der Gerichte in den vielfältigen Verfahren der Mitgliedstaaten innerstaatlich erzwingbar[162]; denn sie sind als Akte gemeinschaftlicher Ausübung der Staatsgewalt Rechtsakte des jeweils betroffenen Mitgliedstaates selbst. Die Gebietshoheit ist eben den Völkern als Staaten im existentiellen Sinne verblieben und vorbehalten.

Die Verpflichtung der Mitgliedstaaten gegeneinander und gegenüber der Union und den Gemeinschaften, das Gemeinschaftsrecht zu achten, werden als

---

[160] Dazu *A. Bleckmann*, Europarecht, S. 225, 226, der Repressalien für erlaubt hält, wenn der vom EuGH festgestellten Vertragsverletzung nicht abgeholfen wird, nicht aber eigene Pflichtverletzungen des verletzten Mitgliedstaates; so auch *Th. Oppermann*, Europarecht, S. 191 (Retorsion, Repressalie).

[161] Maastricht-Urteil, C II 2 d2 (1), S. 67, BVerfGE 89, 155 (200).

[162] *Th. Oppermann*, Europarecht, S. 234 f.; *H. P. Ipsen*, Europäisches Gemeinschaftsrecht, § 2, 51, S. 69.

Verbindlichkeiten des Völkerrechts dogmatisiert[163]. Die Unterscheidung zwischen dem Staatsrecht und dem Völkerrecht wird problematisch, wenn dem Recht das Paradigma der Freiheit zugrunde gelegt wird[164]. Auch die Verbindlichkeiten anderen Völkern gegenüber beruhen auf der Freiheit der Bürger, auf deren allgemeinen Willen und unterscheiden sich insofern nicht grundsätzlich von anderen Verbindlichkeiten, die aus dem allgemeinen Willen der zu einem Staat verfaßten Bürger erwächst, also auf Freiheit gegründet ist. Weil die Verbindlichkeit der Verpflichtungen nichts anderes ist als die Möglichkeit Zwang auszuüben[165], diese Zwangsbefugnis aber nur der Staat im existentiellen Sinne hat, haben die Verträge unter den Völkern nur diese mitgliedstaatliche Verbindlichkeit, nicht aber eine eigenständige Verbindlichkeit aus dem Vertrag selbst. Bekanntlich ist die Verbindlichkeit völkerrechtlicher Verträge und damit der Rechtscharakter derselben seit eh und je strittig[166]. Auf diese Grundfrage des Völkerrechts kann hier nicht eingegangen werden. Immerhin sei angemerkt, daß die Verbindlichkeit nur auf dem Willen der Völker gründen kann[167], wenn mit dem Begriff des Rechts definitorisch die Zwangsbefugnis verbunden wird[168]. Weil die Völkergemeinschaft kein Staat mit Gebietshoheit ist, kommt, jedenfalls nach diesem Ansatz, eine eigenständliche Verbindlichkeit der Verträge aus dem Völkerrecht selbst, wie es vor allem der jüngere Monismus lehrt[169], nicht in Betracht. Ein umgekehrter Monismus (dem älteren[170] näher) vermag die Unterscheidung von Völkerrecht und Staatsrecht zu überwinden. Beide finden darin zur paradigmatischen Einheit des öffentlichen Rechts, welches die Freiheit verwirklicht.

---

[163] *A. Bleckmann*, Europarecht, S. 225, 226; *Th. Oppermann*, Europarecht, S. 234 f.; EuGH - Verb. Rs. 24 und 97/80 R (Schaffleisch II), Slg. 1980, 1319 ff.; EuGH - Rs. 225/86, Slg. 1988, 2271 ff.; i.d.S. auch das Maastricht-Urteil C II 2 d2 (1), S. 67, BVerfGE 89, 155 (200).

[164] Dazu *K. A. Schachtschneider*, Res publica res populi, u. a. 5. und 7. Teil; dazu oben III, 2.

[165] Dazu *K. A. Schachtschneider*, Res publica res populi, 7. Teil, 3. Kap.

[166] Dazu *A. Verdross/B. Simma*, Universelles Völkerrecht, 1976, S. 53 ff.; *O. Kimminich*, Einführung in das Völkerrecht, S. 223 ff.

[167] So auch *P. Kirchhof*, Europäische Einigung und Verfassungsstaat, S. 99, 100 f.; *ders.*, EuGRZ 1994, S. 27, 35 f.; i.d.S. auch das Maastricht-Urteil C II 2 d2 (1), S. 67, BVerfGE 89, 155 (200).

[168] So *Kant*, Metaphysik der Sitten, Rechtslehre, § D, S. 338 f.

[169] *A. Verdross/B. Simma*, Universelles Völkerrecht, S. 66 f.; *O. Kimminich*, Einführung in das Völkerrecht, S. 261 ff.

[170] *A. Verdross/B. Simma*, Universelles Völkerrecht, S. 66; *O. Kimminich*, Einführung in das Völkerrecht, S. 261.

IV. Die Integration zur existentiellen Staatlichkeit der Union als Verfassungsproblem

1. Die Integration der nationalen Staatsgewalten zu gemeinschaftlicher Staatlichkeit hat institutionelle und prozedurale Grenzen, die sich aus der Freiheit der Bürger und dem aus dieser folgenden und durch sie definierten demokratischen Prinzip[171] ergeben[172]. Alle Ausübung der Staatsgewalt muß freiheitlich durch Gesetze der Bürgerschaft begründet sein, wenn sie dem Rechtsprinzip genügen soll[173], klärt die Ultra-vires-Lehre[174]. Die Politik muß von Vertretern des Volkes verantwortet werden, denen das Volk das Mandat, die Vertretungsmacht also, durch periodische Wahlen überträgt[175]. Die zum Staat

---

[171] *K. A. Schachtschneider*, Res publica res populi, 1. Teil, 3. Kap.

[172] Zum gemeinschaftsrechtlichen Demokratiedefizit *W. Thieme*, VVDStRL 18 (1960), S. 61 f.; *G. Ress*, Über die Notwendigkeit der parlamentarischen Legitimierung der Rechtsetzung der Europäischen Gemeinschaften, Gedächtnisschrift für W. K. Geck, 1989, S. 625 ff.; *E. Klein*, VVDStRL 50 (1991), S. 75 ff.; *H. Steinberger*, VVDStRL 50 (1991), S. 39 ff.; auch *P. Häberle*, Die Verwaltung 25 (1992), S.17 f.; *ders.*, EuGRZ 1992, S. 432 ("Das Demokratiedefizit bleibt aber das Skandalon der EG (auch nach Maastricht)"); *H. H. Rupp*, ZRP 1993, 213; *K. A. Schachtschneider*, Aus Politik und Zeitgeschichte, B 28/93, S. 4 ff.; *ders./A. Emmerich-Fritsche/Th. C. W. Beyer*, JZ 1993, 754 ff.; richtig *J. Isensee*, Europa - die politische Erfindung eines Erdteils, S. 132 f; nicht unkritisch *P. M. Huber*, Die Rolle des Demokratieprinzips im europäischen Integrationsprozeß, Staatswissenschaften und Staatspraxis 1992, S. 349 ff.; *F. Ossenbühl*, DVBl. 1993, S. 633 ff.; vorsichtig in der Kritik *I. Pernice*, Die Verwaltung 26 (1993), S. 449 ff., insb. S. 465 ff., 475 ff.; *Th. Oppermann/C. D. Classen*, Aus Politik und Zeitgeschichte, B 28/93, S. 15 f., halten demgegenüber den Unionsvertrag für "einen wichtigen Schritt zur weiteren Demokratisierung der Gemeinschaft".

[173] *K. A. Schachtschneider*, Res publica res populi, 7. Teil, 1. und 4. Kap.

[174] Vgl. *K. A. Schachtschneider*, Staatsunternehmen und Privatrecht, 1986, S. 22 f., 41 f., 256, 262; *ders.*, Res publica res populi, 3. Teil, 2. und 3. Kap., 6. Teil, 2. und 5. Kapitel; *H. Krüger*, Allgemeine Staatslehre, S. 335 ff.; *H. H. Rupp*, Die Unterscheidung von Staat und Gesellschaft, HStR, Bd. I, 1987, § 28 Rdn. 32; *J. Burmeister*, Verträge und Absprachen zwischen Verwaltung und Privaten, VVDStRL 52 (1992), S. 210 ff., LS 8, S. 244; *E. Klein*, VVDStRL 50 (1991), S. 66 für das Gemeinschaftsrecht; dazu Hinweise in Fn. 102; vgl. auch BVerfG NJW 1982, 2173, 2175.

[175] I.d.S. das Maastricht-Urteil C I 3, S. 47 f., BVerfGE 89, 155 (187); *P. Kirchhof*, Europäische Einigung und Verfassungsstaat, S. 99; zur vertretungsdogmatischen Konzeption der Volksvertretung *K. A. Schachtschneider*, Res publica res populi, 8. Teil, 3. Kap., gegen die Repräsentationsideologie; dazu etwa *K. Stern*, Das Staatsrecht der Bundesrepublik Deutschland, Bd. I, S. 959 ff.; *ders.*, Das Staatsrecht der Bundesrepublik Deutschland, Bd. II, 1980, S. 37 ff.; *E.-W. Böckenförde*, Demokratische Willensbildung und Repräsentation, HStR, Bd. II, 1987, § 30, Rdn. 1 ff., 17 ff.; grundlegend *C. Schmitt*, Verfassungslehre, 1928, 5. Aufl. 1970, S. 204 ff.; *G. Leibholz*, Das Wesen der Repräsentation und der Gestaltwandel der Demokratie im 20. Jahrhundert, 1929, 3. Aufl. 1966; *ders.*, Zum Begriff und Wesen der Demokratie, in: Strukturprobleme der modernen Demokratie, 3. Aufl. 1967/1974, S. 142 ff.; *H. Hofmann*, Repräsentation, Studien zur Verfassungs- und Begriffsgeschichte von der Antike bis ins 19. Jahrhundert, 2. Aufl. 1990.

verfaßte Bürgerschaft muß einen bestimmenden Einfluß auf den Gesetzgeber und damit die Gesetzgebung haben. Die in den Mitgliedstaaten geltenden Gesetze müssen auf dem Willen der in der Gemeinschaft verbundenen Völker, also in Deutschland auf dem Willen des deutschen Volkes, beruhen.

Politik soll Rechtserkenntnis sein; die Methode der Erkenntnis des Rechts ist der allseitige Diskurs um das Richtige für das gute Leben aller in allgemeiner Freiheit auf der Grundlage der Wahrheit, der nur kompetent geführt werden kann[176]. Um der allgemeinen Freiheit willen ist die verbindliche Erkenntnis des Rechts der unverzichtbar parlamentarischen Legislative vorbehalten[177]. Dieser Vorbehalt beschränkt sich aber auf das Wesentliche der Politik. Das Bundesverfassungsgericht hat seine Wesentlichkeitsdogmatik[178] für das europäische Verfassungsrecht fruchtbar gemacht. Wie bestimmte Regierungsorgane nach Art. 80 Abs. 1 GG ermächtigt werden dürfen, Rechtsverordnungen zur Ausführung der Gesetze der Legislative zu erlassen, so dürfen die Gemeinschaften, genauer deren Organe, ermächtigt werden, das primäre Gemeinschaftsrecht der Verträge, welches von allen nationalen Legislativen verabschiedet, also national legitimiert ist, auszuführen. Der Schwierigkeit gemäß, gemeinschaftliches Recht zu finden, darf der Spielraum für die exekutive Gemeinschaftsrechtsetzung großzügiger bemessen sein als nationale Ermächtigungen der Exekutive in Deutschland[179], aber das gewaltenteilige Prinzip der Funktionenordnung von Legislative und (gemeinschaftlicher) Exekutive setzt sich durch, weil die nationalen Parlamente und nur diese demokratisch legitimiert sind, die Völker zu vertreten, also verbindlich Recht zu erkennen. Das sogenannte Europäische Parlament hat auch nach Auffassung des Bundesverfas-

---

[176] *K. A. Schachtschneider*, Res publica res populi, 6. Teil, 7. Kap., 7. Teil, 5. Kap., 9. Teil, 3. Kap.

[177] *K. A. Schachtschneider*, Res publica res populi, 8. Teil, 1., 3. und 5. Kap.

[178] BVerfGE 49, 89 (126 ff.); 84, 212 (226); *K. A. Schachtschneider/A. Emmerich-Fritsche/Th. C. W. Beyer*, JZ 1993, 755.

[179] So das Maastricht-Urteil C I 2 c, S. 47, C I 3, S. 48 f., BVerfGE 89, 155 (186 f., 187 f.); dazu *H. P. Ipsen*, EuR 1994, 12 f., der stärker der exekutiven Rechtsetzung der Gemeinschaft das Wort redet; *ders.*, Zur Exekutiv-Rechtsetzung in der Europäischen Gemeinschaft, in: Festschrift P. Lerche, 1993, S. 425 ff.; kritisch auch *K. A. Schachtschneider/A. Emmerich-Fritsche/Th. C. W. Beyer*, JZ 1993, 756.

sungsgerichts "in der gegenwärtigen Phase der Entwicklung" nur "eine stützende Funktion"[180]. Für entscheidend hält das Gericht,

> "daß die Mitgliedschaft der Bundesrepublik Deutschland und die daraus sich ergebenden Rechte und Pflichten - insbesondere auch das rechtsverbindliche unmittelbare Tätigwerden der Europäischen Gemeinschaften im innerstaatlichen Rechtsraum - für den Gesetzgeber voraussehbar im Vertrag umschrieben und durch ihn im Zustimmungsgesetz hinreichend bestimmbar normiert worden sind"[181].

Das Prinzip der begrenzten Ermächtigung macht somit die Übertragung der Hoheitsrechte auf die Union, das Integrationsprogramm also[182], sowohl demokratie- als auch funktionenrechtlich verträglich. Weil das demokratische Prinzip national ist, solange die zum Staat verfaßten Völker Nationen sind[183], wahrt das Prinzip der begrenzten Ermächtigung auch die sogenannte nationale Souveränität, besser die existentielle Staatlichkeit der Völker.

Erst ein zu einem Staat im existentiellen Sinne verfaßtes Europa kann eigenständige Politik für alle diesem Europa angehörigen Bürger verbindlich gestalten, ohne auf den allgemeinen Willen der nationalen Bürgerschaften Rücksicht nehmen zu müssen. Ein solcher europäischer Staat würde den bisherigen europäischen Völkern deren eigentliche Staatlichkeit nehmen. Im Verfassungssinne wären die nationalen Bürgerschaften keine Völker mehr. Sie blieben, wie auch immer verfaßte Nationen, solange sie unterscheidende Eigenheiten, die "nationale Identität" (Art. F Abs. 1 EGV) nämlich, bewahren sollten. Dabei wäre der nationale Föderalismus der Union solange wirksam, als die Wanderungsbewegungen der Unionsbürger nicht den nationalen Charakter der Bürgerschaften beenden sollte. Die Rechtsfolgen des nationalen Charakters der Bürgerschaften wäre Sache der Unionsverfassung, aber auch der Unionsgesetze.

---

[180] Maastricht-Urteil C I 2 b2, S. 46, BVerfGE 89, 155 (185 f.); *H. P. Ipsen*, HStR, Bd. VII, 1992, § 181, Rdn. 91, hält das Europäische Parlament für ungeeignet zur echten demokratischen Repräsentation und sieht eine solche angesichts der zukünftigen halben Milliarde Europäer als utopisch an, zu Recht; ähnlich *D. Grimm*, Der Spiegel 43/1992, S. 57 ff.; i.d.S. auch *P. Häberle*, Die Verwaltung 25 (1992), S. 5 ff., 17 f.; *K. A. Schachtschneider/A. Emmerich-Fritsche/Th. C. W. Beyer*, JZ 1993, 760; i.d.S. auch *J. Isensee*, Europa - die politische Erfindung eines Erdteils, S. 133.

[181] Maastricht-Urteil C I 3, S. 48, BVerfGE 89, 155 (187); *P. Kirchhof*, Europäische Einigung und Verfassungsstaat, S. 99; so schon BVerfGE 58, 1 (37); 68, 1 (98 f.).

[182] Vgl. zum Postulat der Bestimmtheit des Integrationsprogramms *H. Mosler*, HStR, Bd. VII, 1992, § 175, Rdn. 60 f.; *E. Klein*, VVDStRL 50 (1991), S. 67 f., 80 f.; *P. Kirchhof*, HStR, Bd. VII, 1992, § 183, Rdn. 64.

[183] I.d.S. *P. Kirchhof*, HStR, Bd. VII, 1992, § 183, Rdn. 61, 69; *ders.*, Europäische Einigung und Verfassungsstaat, S. 79 ff.; *J. Isensee*, Europa - die politische Erfindung eines Erdteils, S. 132 f.

2. Wenn die allgemeine Freiheit durch einen existentiellen europäischen Staat verwirklicht werden sollte, müßte dieser einen echten Parlamentarismus einrichten[184]; denn die Vertretung des ganzen Volkes bei der Erkenntnis des Richtigen für das gute Leben aller in allgemeiner Freiheit auf der Grundlage der Wahrheit, die Erkenntnis der Recht schaffenden Gesetze also, durch Abgeordnete, die um der repräsentativen Sittlichkeit willen ausschließlich ihrem Gewissen verantwortlich sind, ist ein unverzichtbares Postulat einer bürgerlichen Verfassung der allgemeinen Freiheit[185].

> "Alle wahre Republik aber ist und kann nichts anderes sein, als ein repräsentatives System des Volks, um im Namen desselben, durch alle Staatsbürger vereinigt, vermittelst ihrer Abgeordneten (Deputierten) ihre Rechte zu besorgen." - *Kant*[186]

Ein echter Parlamentarismus der Union stößt zur Zeit auf unüberwindbare Verfassungsgrenzen[187]. Notwendiges (wenn auch nicht hinreichendes) Kriterium eines echten Parlamentarismus ist die Gesetzgebungsbefugnis des Parlaments[188]. Das Europäische Parlament durfte bislang nur mit durch die Einheitliche Europäische Akte gestütztem, aber doch begrenztem Einfluß an der Gesetzgebung der Gemeinschaft mitwirken (Art. 149 Abs. 2 EWGV)[189]. Die Neuregelung des Rechtsetzungsverfahrens in Art. 189 b, 189 c EGV stärken die Kompetenzen des Parlaments, insbesondere durch das negative Veto des Art. 189 b Abs. 5 EGV in verschiedenen Politikbereichen. Aber das Gesetzesinitiativrecht und die allgemeine Gesetzgebungskompetenz (mit einfacher

---

[184] Der Schritt zur (echten) Staatlichkeit der Union wird oft von der Entwicklung des Europäischen Parlamentes zu einem wirklichen Gesetzgebungsorgan abhängig gemacht, etwa *H. Steinberger*, VVDStRL 50 (1991), S. 39 ff., 43 ff.

[185] *K. A. Schachtschneider*, Res publica res populi, 8. Teil, 1., 3. und 5. Kap.

[186] Metaphysik der Sitten, § 52, S. 464.

[187] Bedenken äußern auch *P. Kirchhof*, HStR, Bd. VII, 1992, § 183, Rdn. 53; *ders.*, Rechtsschutz durch Bundesverfassungsgericht und Europäischen Gerichtshof, S. 114; *H. H. Rupp*, Maastricht - eine neue Verfassung, ZRP 1993, 213; *F. Ossenbühl*, Maastricht und das Grundgesetz - eine verfassungsrechtliche Wende, DVBl. 1993, 633 f.; *U. Di Fabio*, Der Staat 32 (1993), S. 205 f.; *P.-M. Huber*, Maastricht - ein Staatsstreich?, 1993, S. 33; *M. Schröder*, DVBl. 1994, 318 f., 325; *K. A. Schachtschneider*, Aus Politik und Zeitgeschichte, B 28/93, S. 7 f.; *D. Murswiek*, Der Staat 32 (1993), S. 161 ff.; *R. Zippelius*, Deutsches Staatsrecht, 29. Aufl. 1994, S. 426 f., 428, der einen Unitarisierungsschub befürchtet; *M. Zuleeg*, Der rechtliche Zusammenhalt der europäischen Gemeinschaft, VI, S. 26 f., will das europäische Parlament im Interesse des politischen Zusammenhalts der europäischen Rechtsgemeinschaft möglichst stärken.

[188] Dazu *K. A. Schachtschneider*, Res publica res populi, 7. Teil, 1., 4. und 5. Kap., 8. Teil, 1. und 5. Kap.

[189] Dazu *Th. Oppermann*, Europarecht, S. 98 ff.; *A. Bleckmann*, Europarecht, S. 52 ff.

Mehrheit) bleibt dem Parlament verwehrt. Es bleibt somit der Funktion nach eine "Versammlung" der Vertretung der Völker, wie das Art. 137 EWGV ursprünglich formuliert hatte[190].

Die Institutionalisierung eines echten Parlaments der Europäischen Union wäre die Verfassung derselben zu einem existentiellen Staat[191]. Eine solche Verfassung würde die Völker staatsrechtlich als solche aufheben[192] und wäre darum mit Art. 23 Abs. 1 GG n. F. und Art. 20 Abs. 2 S. 1 GG unvereinbar. Die existentielle Staatlichkeit des deutschen Volkes ist nicht nur durch die Unabänderlichkeitsregelung des Art. 79 Abs. 3 GG geschützt[193], sondern Art. 23 Abs. 1 GG selbst läßt es nicht zu, die "Bundesrepublik Deutschland" im existentiellen Sinne zu entstaatlichen[194]. Die Deutschen haben sich zu einem Staat im existentiellen Sinne verfaßt und können nur durch eine Entscheidung des Staates im weiteren Sinne, also der Bürgerschaft in ihrer Gesamtheit, nicht durch einen Beschluß ihrer Legislative die grundlegende Entscheidung für das gemeinsame Leben in einem existentiellen Staat aufheben.

Wer die Entscheidung in Deutschland für die Aufhebung Deutschlands als Staat (im existentiellen Sinne) und die Teilnahme der Deutschen an einer Europäischen Union als existentieller Staat treffen darf, ob nämlich die Deutschen in ihrer Gesamtheit oder die Bürger der Länder der Bundesrepublik Deutschland, kann und muß hier nicht geklärt werden. Es spricht mehr dafür, daß der deutsche Bundesstaat eine echte Verfassungshoheit der Länder und

---

[190] *J. Isensee*, Europa - die politische Erfindung eines Erdteils, S. 133, spricht von einer "Staatenversammlung".

[191] I.d.S. auch *P. Kirchhof*, Europäische Einigung und Verfassungsstaat, S. 98.

[192] Dazu die Hinweise in Fn. 187.

[193] So *P. Kirchhof*, Europäische Einigung und Verfassungsstaat, S. 95 ff.; *ders.*, Brauchen wir ein erneuertes Grundgesetz?, S. 35 ff.; *J. Isensee*, Europa - die politische Erfindung eines Erdteils, S. 133; *U. Di Fabio*, Der Staat 32 (1993), S. 191 ff., insb. S. 195 ff.; *U. Penski*, Bestand nationaler Staatlichkeit als Bestandteil der Änderungsgrenzen in Art. 79 Abs. III GG, ZRP 1994, 194, 195; weitere Hinweise in Fn. 27.

[194] Dazu *U. Di Fabio*, Der Staat 32 (1993), S. 195 ff., weil sonst Art. 23 GG n. F. eine "verfassungswidrige Verfassungsänderung" wäre (S. 216); so auch *K. A. Schachtschneider*, Keine europäische Union ohne eine neue Verfassung Deutschlands, Süddeutsche Zeitung, Nr. 272 vom 25.11.1992, S. 15; vgl. auch *ders.*, Aus Politik und Zeitgeschichte, B 28/93, S. 7 f.; *R. Breuer*, NVwZ 1994, 423 f., 424 f.; gegen die Ermächtigung des verfassungsändernden Gesetzgebers, Deutschland zu entstaatlichen, *P. Kirchhof*, HStR, Bd. VII, 1992, § 183, Rdn. 61, 62; *ders.*, Europäische Einigung und Verfassungsstaat, S. 98 f., auch S. 63.

deren existentielle Staatlichkeit nicht respektiert[195]. Sonst würde die Aufhebung der existentiellen Staatlichkeit Deutschlands sowohl der Zustimmung der Deutschen in ihrer Gesamtheit als auch der Bürgerschaften der Länder bedürfen[196].

Die existentielle Staatlichkeit eines Volkes verwirklicht sich in dem selbstbestimmten Recht. Gesetze eines echten Unionsparlaments würden ihre Verbindlichkeit nicht aus der Freiheit der Völker, sondern aus einer eigenständigen Gemeinschaftsgewalt der Unionsbürger in ihrer Gesamtheit, aus der Freiheit des Unionsvolkes also, herleiten. Ohne die unionsweite Verfassung eines egalitären Wahlrechts aller Unionsbürger ist eine Gemeinschaftsgesetzgebung eines Unionsparlaments, die nicht kompetentiell auf die Ausführung der Politik der Völker begrenzt ist, ohne demokratische Legitimation. Demokratische Legitimation kann nur aus egalitären Wahlen erwachsen, sei das demokratische Prinzip auf der Gleichheit[197] oder sei es als Prinzip der Republik auf der allgemeinen Freiheit aufgebaut[198]. Wahlen, die trotz einheitlicher Wahlprinzipien die grundsätzliche Gleichheit der Wähler, d. h. vor allem die Gleichheit des Einflusses jedes Wählers auf das Parlament, nicht wahren, sind nicht egalitär[199] und verletzen dadurch die allgemeine Freiheit. Solange die Zahl der Vertreter

---

[195] Die Überschrift des II. Abschnitts "Der Bund und die Länder" spricht für die "Souveränität" der Länder; Art. 20 GG, insbesondere das Republikprinzip und Abs. 2 dieser Vorschrift, aber auch Art. 28 Abs. 1 S. 1 GG, das Homogenitätsgebot nämlich, sprechen dagegen; dazu *O. Kimminich*, Der Bundesstaat, HStR, Bd. I, 1987, § 26, Rdn. 11 ff., der Rdn. 21 das "Bund - Länder - Verhältnis ... auf Kompetenzfragen reduziert" sieht und den Ländern die äußere und innere Souveränität abspricht (auch Rdn. 40); ob diese Lehre sich bewähren wird, ist zweifelhaft, jedenfalls rechtfertigt die Verteidigung der Einheit Deutschlands nicht militärische Gewalt; *J. Isensee*, HStR, Bd. I, 1987, § 13, Rdn. 166 f., tut "die Frage nach der Souveränität der Gliedstaaten ... als rein akademischen Streit, ohne praktische Relevanz" ab; vgl. auch *K.Stern*, Staatsrecht der Bundesrepublik Deutschland Bd. I, S. 650 ff.

[196] *U. Penski*, ZRP 1994, 196, läßt ein "Entscheidungsforum" genügen, welches "sowohl gesamtstaatlich wie auch von den Gliedstaaten her zusammenzusetzen" sei; im Ergebnis so auch *U. Di Fabio*, Der Staat 32 (1993), S. 201; *P. Kirchhof*, HStR, Bd. VII, 1992, § 183, Rdn. 62, sieht einen europäischen Staat (schon) "im Gründungsakt durch ein europäisches Staatsvolk legitimiert"; ebenso *ders.*, Europäische Einigung und Verfassungsstaat, S. 99.

[197] So *C. Schmitt*, Verfassungslehre 1928, S. 224 f.; *G. Leibholz*, Das Wesen der Repräsentation und der Gestaltwandel der Demokratie im 20. Jahrhundert, 3. Aufl. 1960, S. 218 ff.; vgl. auch *W. Maihofer*, Prinzipien freiheitlicher Demokratie, HVerfR, 1983, S. 186.

[198] *K. A. Schachtschneider*, Res publica res populi, 1. Teil, 3. Kap. und 8. Teil, 2. Kap.

[199] Zur strikten Egalität demokratischer Wahlen BVerfGE 1, 208 (247, 249); 4, 31 (39 f.); 4, 375 (383 ff.); 11, 266 (272); 11, 351 (360 f.), und ständig; dazu *K. A. Schachtschneider* m. w. Hinw., Das Nominationsmonopol der Parteien in Berlin, JR 1975, 89 f.; *K. Stern*, Staatsrecht der Bundesrepublik Deutschland, Bd. I, S. 304 ff.

der Völker im Europäischen Parlament nicht von der Zahl der Bürger abhängt, solange also das Europäische Parlament von föderalen Prinzipien dominiert ist, so daß ein Vertreter Luxemburgs etwa 65 000 und ein Vertreter Deutschlands etwa 800 000 Bürger vertritt, ist das Parlament nicht nur nicht egalitär gewählt, sondern im freiheitlichen Sinne keine Vertretung des ganzen Volkes, also kein echtes Parlament; denn die Bürger müssen wegen der Gleichheit in der Freiheit gleichheitlich vertreten sein[200]. Das erfordert die genannte Egalität des durch die Wahlen vermittelten Einflusses jeden Bürgers auf das Parlament. Die Wahlen müssen zweitens so verfaßt sein, daß die Parlamentarier nicht mehr Vertreter der Völker, sondern abgeordnete Vertreter des ganzen Unionsvolkes, also aller Unionsbürger, sind. Die nationalen Elemente müßten aus einem echten Unionsparlament verdrängt sein[201].

Das Bundesverfassungsgericht meint, die "stützende Funktion" des Europäischen Parlaments" ließe sich verstärken, "wenn es nach einem in allen Mitgliedstaaten übereinstimmenden Wahlrecht gemäß Art. 138 Abs. 3 EGV gewählt würde und sein Einfluß auf die Politik und die Rechtsetzung der Europäischen Gemeinschaften wüchse"[202]. Art. 138 Abs. 3 EGV intendiert "allgemeine unmittelbare Wahlen nach einem einheitlichen Verfahren in allen Mitgliedstaaten"[203]. Derartige Wahlen sind die soeben skizzierten egalitären Wahlen; denn sonst wären sie nicht "allgemein", vor allem könnten sie sonst nicht freiheitlich, d. h. im freiheitlichen Sinne demokratisch die Gesetzgebung des Parlaments legitimieren.

Das Wahlrecht ist die eigentliche Verfassung, wenn das gewählte Parlament echter Gesetzgeber ist. Eine Verfassung schafft ein Volk und einen Staat (im existentiellen Sinne)[204]. Eine egalitäre Wahlverfassung wäre also die Verfas-

---

200 *K. A. Schachtschneider*, Res publica res populi, 1. Teil, 1. Kap.; *P. Kirchhof*, Der allgemeine Gleichheitssatz, HStR, Bd. V, 1992, § 124, Rdn. 184 ff.; *ders.*, HStR, Bd. VII, 1992, § 183, Rdn. 5, 29; *ders.*, Europäische Einigung und Verfassungsstaat, S. 66, 82, 84, 89, 91.

201 I.d.S. auch *U. Di Fabio*, Der Staat 32 (1993), S. 102.

202 Maastricht-Urteil C I 2 b2, S. 46, BVerfGE 89, 155 (186).

203 *U. Di Fabio*, Der Staat 32 (1993), S. 202; dazu auch *P.-M. Huber*, Staatswissenschaften und Staatspraxis 1993, S. 362 ff.; zurückhaltend *I. Pernice*, Die Verwaltung 26 (1993), S. 481 f.; dazu auch *Th. Läufer* in: E. Grabitz, EWG-Vertrag, Rdn. 7, 8 zu Art. 138.

204 I.d.S. *Kant*, Metaphysik der Sitten, Rechtslehre § 45, S. 431 ("Ein Staat (civitas) ist die Vereinigung einer Menge von Menschen unter Rechtsgesetzen."); *K. A. Schachtschneider*, Res publica res populi, 1. Teil, 3. Kap.; i.d.S. auch *Ch. Tomuschat*, VVDStRL 36 (1978), S. 43; *M. Kriele*, Einführung in die Staatslehre, S. 309 ff. (Staat als "rechtlich verfaßte Organisation"); a.A. *J. Isensee*, HStR, Bd. I, 1987, § 13, Rdn. 1 ff., 8 ff., 26 f., 148 ff.; vgl. auch *P. Kirchhof*, Europäische Einigung und Verfassungsstaat, S. 69, 83 f.

sung der Europäischen Union als Staat im existentiellen Sinne und würde die existentielle Staatlichkeit der Völker entweder, wenn nämlich die Kompetenzen der Union beschränkt sind, einschränken oder, wenn die Kompetenzen umfassend oder auch nur weit sind oder gar eine Kompetenz-Kompetenz der Union besteht, aufheben[205].

Nicht nur die Deutschen müßten in Bund und Ländern einer solchen Verfassung der Union zustimmen, sondern auch alle anderen Mitgliedstaaten gemäß ihren Verfassungen. Alle Völker der Union müßten entscheiden, daß sie ihre existentielle Staatlichkeit einschränken oder beenden, um mit allen anderen verbundenen Bürgerschaften einen Staat im existentiellen Sinne (mit den jeweiligen Kompetenzen) zu begründen[206]. Alle Bürger der Union müßten eine Schicksalsgemeinschaft[207], nicht nur eine weitgehende Markt- und Wettbewerbsunion und eine Währungsunion sowie (in Grenzen) eine Wirtschafts- und Sozialunion (neben anderen gemeinsamen Politiken) wollen, sondern die Vereinigten Staaten von Europa, den großen Staat (in) Europa[208], der die Nationalstaaten der alten Völker aufhebt. Das Bundesverfassungsgericht erweckt durch seine sibyllinischen Formulierungen vom "Zusammenwachsen der europäischen Nationen"[209] integrationistische Hoffnungen, ohne die staatsrechtlichen Voraussetzungen und auch Konsequenzen zu erörtern, die aber gefordert sind, wenn die Leitentscheidung aufklärerischer Gemeinwesen, denen alle

---

[205] *P. Kirchhof*, HStR, Bd. VII, 1992, § 183, Rdn. 38 ("Recht zur originären Rechtsetzung und Rechtsgestaltung"); ebenso *ders.*, Europäische Einigung und Verfassungsstaat, S. 88; i.d.S. auch *E. Klein*, VVDStRL 50 (1991), S. 59, 70 f.; *H. Mosler*, HStR, Bd. VII, 1992, § 185, Rdn. 26, 28; auch *H. P. Ipsen*, HStR, Bd. VII, 1992, § 181, Rdn. 42; *K. Doehring*, ZRP 1993, 102 f.; *R. Breuer*, NVwZ 1994, 424 f.; *Th. Oppermann/C. D. Classen*, Aus Politik und Zeitgeschichte B 28/93, S. 13.

[206] *P. Kirchhof*, Europäische Einigung und Verfassungsstaat, S. 99, verwehrt zwar den deutschen "Staatsorganen ... ohne Ermächtigung der Staatsverfassung" die Mitwirkung an der "Entstaatlichung der Bundesrepublik Deutschland", sagt aber, "ein europäischer Staat könne nur im Gründungsakt durch ein europäisches Staatsvolk legitimiert werden" (das bleibt unklar); ebenso *ders.*, HStR, Bd. VII, 1992, § 183, Rdn. 61 f.; so auch *J. Isensee*, Europa - die politische Erfindung eines Erdteils, S. 135.

[207] Die "Schicksals- und Gefahrgemeinschaft" bezeichnet *J. Isensee*, HStR, Bd. I, 1987, § 13, Rdn. 112, als "primum principium"; vgl. auch *ders.*, Europa - die politische Erfindung eines Erdteils, S. 109.

[208] Gegen den Großstaat Europa *P. Kirchhof*, Europäische Einigung und Verfassungsstaat, S. 89, 93; *ders.*, HStR, Bd. VII, 1992, § 183, Rdn. 67; skeptisch sogar *Th. Oppermann/C. D. Classen*, Aus Politik und Zeitgeschichte B 28/93, S. 15, 19, trotz ihrer integrationistischen Apologie der Europapolitik des Maastricht-Vertrages.

[209] Maastricht-Urteil C I 2 b2, S. 45 f., BVerfGE 89, 155 (185 f.).

europäischen Staaten nach dem Selbstverständnis der Europäischen Union selbst verpflichtet sind, nämlich die allgemeine Freiheit (Präambel des Unionsvertrages, 3. Erwägungsgrund, Präambel der EEA)[210], beachtet werden soll. Die weitere Integration der Union setzt den echten Parlamentarismus der Union, dieser aber das egalitäre Unionswahlrecht und dieses eine einen existentiellen Unionsstaat und zugleich ein Unionsvolk schaffende Unionsverfassung voraus[211].

3. Im echten Parlamentarismus ist die Mehrheitsregel unverzichtbar[212]. Sie ist das gleichheitlichste Entscheidungsprinzip[213]. Die Mehrheitsregel im Europäischen Parlament hat zur Folge, daß die Vertreter einzelner Völker überstimmt werden können, so daß die Völker, hätte das Parlament Gesetze zu beschließen, Gesetze zu achten hätten, denen sie nicht durch ihre Vertreter zugestimmt hätten. Erst wenn ein Unionsparlament von allen Unionsbürgern gemeinschaftlich gewählt wäre, wäre die Mehrheitsregel und damit eine verbindliche Gesetzgebung dieses Parlaments freiheitlich und damit demokratisch. Durch eine solche allgemeine Wahl würden aber nicht Vertreter der Völker in das Parlament entsandt, wie es Art. 137 EGV vorsieht, sondern, wie schon gesagt, Vertreter eines Unionsvolkes. Allgemeine Unionswahlen und eine dadurch legitimierte Gesetzgebungsbefugnis des Europäischen Parlaments würden der Staatlichkeit der Völker, soweit die Unionskompetenzen reichen, die freiheitliche Substanz nehmen, selbst wenn letztere die Gebietshoheit behalten würden; denn die Staatlichkeit als gesetzliche Rechtlichkeit ist nur freiheitlich, wenn das Recht und damit die Gesetze auf dem jeweiligen Willen der zum Staat verfaßten Völker beruhen[214].

Ein echtes Unionsparlament ließe sich nicht auf begrenzte Ermächtigungen beschränken, wie die exekutivische Rechtsetzung. Die parlamentarischen Kompetenzen könnten zwar auf bestimmte Materien beschränkt sein, müßten aber

---

[210] *P. Kirchhof*, Europäische Einigung und Verfassungsstaat, S. 66; *ders.*, HStR, Bd. VII, 1992, § 183, Rdn. 5, 29; *K. A. Schachtschneider/A. Emmerich-Fritsche/Th. C. W. Beyer*, JZ 1993, 759.

[211] Für eine "verfassunggebende Gewalt des europäischen Volkes" am besten durch ein "neues Europa-Parlament" und die "Aufgaben einer verfassunggebenden Versammlung" plädiert *H.-P. Schneider*, Die verfassunggebende Gewalt, HStR, Bd. VII, 1992, § 158, Rdn. 49.

[212] *H. Steinberger*, VVDStRL 50 (1991), S. 45 ff. (kritisch).

[213] *C. Schmitt*, Verfassungslehre, S. 278 ff., 281 f.; *E.-W. Böckenförde*, Demokratie als Verfassungsprinzip, HStR, Bd. I, 1987, § 22, Rdn. 41 ff., 52 ff.; *K. A. Schachtschneider*, Res publica res populi, 2. Teil, 6. Kap.

[214] *K. A. Schachtschneider*, Res publica res populi, 7. Teil, 1. und 4. Kap., 8.Teil, 1. und 3. Kap.

doch wegen der eigenständigen demokratischen Legitimation des Parlaments auch zu politischen Leitentscheidungen ermächtigen. Ein echtes Parlament ist in einer Republik das die Politik durch seine Gesetze leitende Organ und läßt sich wegen der unmittelbaren Legitimation durch die Wahlen nicht auf die Ausführung der Politiken anderer, der nationalen Parlamente, reduzieren.

Soweit aber die wesentliche Politik und damit das Recht und die Gesetze nicht von dem Willen des Volkes abhängen, ist dessen Organisation trotz aller (funktionalen) Staatlichkeit nur noch eine Verwaltungs- und Rechtsprechungseinheit und nicht mehr Staat im existentiellen Sinne, wie das weitgehend das Schicksal der Länder im "unitarischen Bundesstaat" Deutschlands ist[215]. Die legitimatorische Einheit der Gesetzlichkeit und der Gesetzgebung wäre aufgehoben, weil die Gesetze, deren Verwirklichung die Verwaltung gegebenenfalls zu erzwingen hat, nicht von dem Staat erlassen sind, der die Gebietshoheit innehat. Die Nationen verlören ihre existentielle Staatlichkeit, soweit die legislatorischen Unionskompetenzen reichen. Die Völker wären nur noch begrenzt frei, weil sie als solche in dem dem Unionsparlament vorbehaltenen Bereich keine Gesetze mehr geben dürften. Definiens des (staatsrechtlichen) Volksbegriffs ist aber die umfassende Staatsgewalt der zum Volk verfaßten Menschen. Die Staatsgewalt i. S. der potestas[216] ist (insofern) vornehmlich die Gesetzgebungsbefugnis. Ein Gemeinwesen ohne Gesetzgebungsbefugnis ist nicht frei. Es ist begrifflich keine Bürgerschaft, weil der Bürger durch die Autonomie des Willens definiert ist, so daß eine Allgemeinheit von Bürgern Gesetzgeber sein muß, um die Bürger zu Bürgern zu machen. Die Menschen der (im existentiellen Sinne) entstaatlichten Gemeinschaft können Bürger einer anderen (größeren oder kleineren) Bürgerschaft und als solche und in dieser frei sein. In diesem Zusammenhang geht es nicht um die Freiheit des Menschen, sondern um die existentielle Staatlichkeit eines Gemeinwesens. Eine Bürgerschaft mit materiell begrenzter Gesetzgebungsbefugnis ist als solche nur begrenzt frei. Wegen der Interdependenz der Gesetzgebung nehmen substantielle Gesetzgebungsbefugnisse der Union den nationalen Gemeinwesen substantiell die Freiheit und damit substantiell die existentielle Staatlichkeit[217]. Integriert in die Unionsbürgerschaft wären die

---

[215] Dazu *O. Kimminich*, HStR, Bd. I, 1987, § 26, Rdn. 51 ff., 56 ff.; *K. Stern*, Das Staatsrecht der Bundesrepublik Deutschland, Bd. I, S. 747 ff.

[216] *J. Isensee*, HStR, Bd. I, 1987, § 13, Rdn. 75.

[217] Ganz so *P. Kirchhof*, HStR, Bd. VII, 1992, § 183, Rdn. 61 (... "umgekehrt zielt jede Forderung nach Parlamentarisierung der EWG auch auf ein Stück Entstaatlichung der Mitgliedstaaten"); ebenso *ders.*, Europäische Einigung und Verfassungsstaat, S. 98 f.

Menschen durchaus frei[218]. Der Nation aber würde die Substanz der Staatlichkeit und damit der staatsrechtliche Status des Volkes verloren gehen.

4. Darum hat das Bundesverfassungsgericht erkannt, "daß dem Deutschen Bundestag Aufgaben und Befugnisse von substantiellem Gewicht verbleiben müssen"[219], daß "durch den Umfang der eingeräumten Aufgaben und Befugnisse und die im Vertrag geregelte Form der Willensbildung in der Europäischen Union und den Organen der Europäischen Gemeinschaften die Entscheidungs- und Kontrollzuständigkeiten des Deutschen Bundestages *noch nicht* in einer Weise entleert" würden, "die das Demokratieprinzip, soweit es Art. 79 Abs. 3 GG für unantastbar erklärt, verletzt"[220] und daß "die im Unionsvertrag vorgesehene Einräumung von Aufgaben und Befugnissen europäischer Organe den Deutschen Bundestag *noch* hinreichende Aufgaben und Befugnisse von substantiellem politischem Gewicht" belasse[221].

Das Gericht hat die Kompetenzen und Befugnisse der Gemeinschaften und der Union freilich nur knapp skizziert[222] und die Kompetenzfülle der Gemeinschaften nicht wirklich ausgelotet[223]. Im übrigen begründet das Gericht sein "noch nicht" mit dem "Prinzip der begrenzten Einzelermächtigung", mit dem Subsidiaritätsprinzip und dem Verhältnismäßigkeitsprinzip[224], und räumt ein, daß (aus guten Gründen) der Bundestag auf die Europäische Zentralbank so gut wie gar keine Einflußmöglichkeiten habe[225]. Die genannten Prinzipien reduzieren die Politikmöglichkeiten der Union, erübrigen aber nicht den Versuch, die Kompetenzfülle derselben an dem Maßstab substantieller Staatlichkeit der

---

218 Wenn man davon absieht, daß ein gesetzgeberischer Diskurs der Unionsbürger wegen der großen Zahl der Bürger kaum denkbar ist, so daß eine "lebendige Demokratie" als eine Bedingung demokratischer Legitimation auch nach dem Maastricht-Urteil (C I 2 b2, S. 46, BVerfGE 89, 155 (186)) nicht erwartet werden kann; so auch *D. Grimm*, Der Spiegel 43/1992, S. 57 ff.; *H. P. Ipsen*, EuR 1994, 6 f.

219 Maastricht-Urteil C I 2 b2, S. 47, BVerfGE 89, 155 (186).

220 Maastricht-Urteil C, S. 39 f., BVerfGE 89, 155 (181), Hervorhebung von mir.

221 Maastricht-Urteil C II 3, S. 76, BVerfGE 89, 155 (207), Hervorhebung von mir; so schon *P. Kirchhof*, Brauchen wir ein erneuertes Grundgesetz, S. 41 f.; keine Bedenken hegen *Th. Oppermann/C. D. Classen*, Aus Politik und Zeitgeschichte B 28/93, S. 12, 18 f.

222 Maastricht-Urteil C II 1 a, S. 52, BVerfGE 89, 155 (190).

223 Dazu *K. A. Schachtschneider/A. Emmerich-Fritsche/Th. C. W. Beyer*, JZ 1993, 751 ff.; genau *Th. C. W. Beyer*, Die Ermächtigungen der Europäischen Union und ihrer Gemeinschaften, demnächst in Der Staat.

224 Maastricht-Urteil C II 3, S. 76 ff., BVerfGE 89, 155 (207 ff.).

225 Maastricht-Urteil C II 3 a, S. 77 f., BVerfGE 89, 155 (207 f.).

Mitgliedstaaten ernsthaft zu messen. Das ist schwer, aber irgendeine Grenze besteht. Weil die Gemeinschaft in der Union über alle wirtschaftspolitischen, aber auch über wesentliche sozialpolitische Schlüsselkompetenzen verfügt, ist die Staatlichkeit der Völker im legislativen Bereich übermäßig ausgehöhlt[226]. Erwähnt seien nur die Kompetenzen der Gemeinschaft in der Agrarpolitik und die politischen Gestaltungsmöglichkeiten aus den Grundfreiheiten, welche vor allem der Europäische Gerichtshof im Übermaß genutzt hat. *Thomas C. W. Beyer* hat die Kompetenzen der Union und vor allem die der (Wirtschafts-) Gemeinschaft dargestellt[227]. Der Überblick zeigt, daß trotz aller Begrenzung der Ermächtigungen der eigentliche Gesetzgeber für die Völker die Gemeinschaft ist. Die große Fülle von Rechtsakten der Gemeinschaft wird das dem zeigen, der sich mit diesen auskennt.

Immerhin hat das Bundesverfassungsgericht eine Kompetenz-Kompetenz der Union und damit deren (begrenzte) Verfassungshoheit zurückgewiesen[228]. Dem demokratie- und funktionenrechtlich untragbaren Ermächtigungsgesetz des Art. F Abs. 3 EUV hat es die Verbindlichkeit abgesprochen und diese (wesentliche) Vertragsbestimmung zu einer bloßen Bekundung einer "politischen-programmatischen Absicht" herabgestuft[229], durchaus in Übereinstimmung mit

---

[226] *H. Mosler*, HStR, Bd. VII, 1992, § 175, Rdn. 2, vermag das nicht zu kritisieren, sondern hält "den Substanzverlust der deutschen Souveränität sogar für erwünscht" und Rdn. 79 "den gleitenden Souveränitätsverlust ... für juristisch nicht faßbar"; vgl. auch *E. Klein*. VVDStRL 50 (1991), S. 69 ff.

[227] Die Ermächtigungen der Europäischen Union und ihrer Gemeinschaften, demnächst in Der Staat.

[228] Die Kompetenz-Kompetenz wird meist als Kriterium der Verfassungshoheit oder der "Souveränität" angesehen, etwa *U. Di Fabio*, Der Staat 32 (1993), S. 185 ff., insb. 205 f.; auch *H. Klein*, VVDStRL 50 (1991), S. 70 f.; auch *K. Doehring*, ZRP 1993, 102 f.; *Th. Oppermann/C. D. Classen*, Aus Politik und Zeitgeschichte B 28/93, S. 13; *H. Lecheler*, Das Subsidiaritätsprinzip, S. 103; vgl. auch *H. Steinberger*, VVDStRL 50 (1991), S. 16 f., 22 f.

[229] Maastricht-Urteil C II 2, S. 54 ff., BVerfGE 89, 155 (191 ff.); so auch *U. Everling*, Überlegungen zur Struktur der Europäischen Union und zum neuen Europa-Artikel des Grundgesetzes, DVBl. 1993, 936 ff., 941 f.; i.d.S. auch *I. Pernice*, Die Verwaltung, 26 (1993), S. 455; dazu kritisch *K. A. Schachtschneider/A. Emmerich-Fritsche/Th. C. W. Beyer*, JZ 1993, 753 f.; *G. Ress*, Die Europäische Union und die neue juristische Qualität der Beziehungen zu den Europäischen Gemeinschaften, JuS 1992, 987; *F. Ossenbühl*, DVBl. 1993, 632; *J. Wolf*, JZ 1993, 596; *R. Scholz*, Grundgesetz und europäische Einigung. Zu den reformpolitischen Empfehlungen der Gemeinsamen Verfassungskommission, NJW 1992, 2593 ff., 2594, hatte von einem "prinzipiellen Qualitätssprung" der EG-Zuständigkeiten gesprochen; ebenso *ders.*, Europäische Union und Verfassungsreform, NVwZ 1993, 1690, 1691; ebenso spricht *ders.*, Europäische Union und deutscher Bundesstaat, NVwZ 1993, 817 ff., 818 f., davon, daß die EU "zumindest faktisch in die Struktur einer Generalermächtigung" hineinwachse, so daß vom "Grundsatz der beschränkten Einzelermächtigung" nur noch sehr bedingt ausgegangen werden" könne.

den an dem Maastricht-Prozeß beteiligten Organen Deutschlands, weil mit dieser Kompetenz-Kompetenz der Vertrag von Maastricht offenkundig verfassungswidrig gewesen wäre. Nach Art. F Abs. 3 EUV "stattet sich die Union mit den Mitteln aus, die zum Erreichen ihrer Ziele und zur Durchführung ihrer Politiken erforderlich sind". Diese Vertragsregelung ist jetzt immer noch ein Imperativ zur weiteren Integration[230], die freilich durch neue Verträge erfolgen muß. Das Gericht hat auch den zu einer Generalermächtigung für die Verwirklichung der weitgesteckten Ziele der Wirtschaftsgemeinschaft entwickelten Art. 235 EWGV in die Grenzen gewiesen, welche die existentielle Staatlichkeit Deutschlands zuläßt und zugleich die Auslegungsprinzipien zurückgewiesen, welche dazu dienten, die Ermächtigungen größtmöglich auszuschöpfen, nämlich die implied powers-Lehre und die Lehre vom effet utile[231]. Es hat auch insofern auf die grundsätzliche Unterscheidung "zwischen der Wahrnehmung einer begrenzt eingeräumten Hoheitsbefugnis und der Vertragsänderung" hingewiesen.

Die Entwicklung wird zeigen, ob trotz des Vertrages von Maastricht, soweit er sich zu behaupten vermochte, eine nationale Wirtschaftspolitik noch möglich ist. Sonst können die Völker ihr Schicksal nicht mehr selbst bestimmen und sind in ihrer existentiellen Staatlichkeit beeinträchtigt. Die Markt- und Wettbewerbsunion als solche erfordert keine Wirtschaftsbürokratie, welche die Chancengleichheit der Regionen erzwingen will. Ein Wettbewerb der Wirtschaftsordnungen widerspricht dem Prinzip des Gemeinsamen Marktes oder des Binnenmarktes nicht[232].

---

[230] So *Ch. Tomuschat*, EuGRZ 1993, 492; *H. P. Ipsen*, EuR 1994, 3 f., verteidigt Art. F Abs. 3 EUV mit reduziertem Gehalt als Rechtsprinzip.

[231] Maastricht-Urteil C II 3 b, S. 80 f., BVerfGE 89, 155 (209 f.); kritisch schon *F. L. Graf Stauffenberg/Ch. Langenfeld*, Maastricht - ein Fortschritt für Europa?, ZRP 1992, 252 ff., 255; *J. Wolf*, JZ 1993, 596; *G. Ress*, VVDStRL 48 (1990), S. 80 f.; vgl. auch *Ch. Tomuschat*, EuGRZ 1993, 492; scharfe Kritik von *M. Zuleeg*, JZ 1994, 4, der sich im Maastricht-Urteil falsch zitiert sieht; kritisch zum Urteil auch *H. P. Ipsen*, EuR 1994, 3, 10.

[232] Vgl. *H. Giersch*, Der EG-Binnenmarkt als Chance und Risiko, 1988, S. 10 ff.; *ders.*, Europa '92: Nicht auf dem Verordnungswege, Frankfurter Allgemeine Zeitung Nr. 235 v. 8.10.1988, S. 15; *H. Dicke*, Harmonisierung durch Wettbewerb oder Absprache?, in: Die Verwirklichung des EG-Binnenmarktes, Beihefte der Konjunkturpolitik, Heft 36, 1990, S. 33 ff.; *J. B. Donges*, Wieviel Deregulierung brauchen wir für den EG-Binnenmarkt?, daselbst, S. 169, 176 ff.; entschieden der Wissenschaftliche Beirat beim BMWi, Stellungnahme zum Weißbuch der EG-Kommission über den Binnenmarkt, 1986, S. 4 ff., 15 ff.; so auch dessen Vorsitzender *M. Neumann*, Wege zur Vollendung des EG-Binnenmarktes, Wirtschaftsdienst 1986, 219 f.; für ein Wettbewerbsmodell gleich unabhängiger Zentralbanken in Europa *F.-U. Willeke*, Die Europäische Währungsunion als ord-

5. Die freiheitliche Staatlichkeit der Völker ist gewahrt, wenn im Rat die Vertreter der Völker, also die Minister, namens ihrer Völker ein Veto gegen Gesetzesvorschläge einlegen können, sofern sie an die Beschlüsse der Legislative ihres Volkes zu den Rechtsetzungsvorhaben der Union gebunden sind[233]. Der Staatlichkeit der Völker entspricht im Grundsatz nur das Einstimmigkeitsprinzip bei der gemeinschaftlichen Rechtsetzung[234]. Die Mehrheitsregel des Art. 148 EGV, welche das Bundesverfassungsgericht mit der vom Grundgesetz gewollten Integrationsfähigkeit Deutschlands rechtfertigt[235], ist hinnehmbar, wenn von der Union oder ihren Gemeinschaften nur Ausführungsregelungen zu einstimmig oder vertraglich beschlossenen Leitentscheidungen beschlossen werden sollen, weil die Völker durch ihre Entscheidung für die Mehrheitsregel ihr Einverständnis mit den jeweiligen Beschlüssen erklärt haben, die der Rat oder auch die Kommission mit Mehrheit fassen werden. Die Materien der mit Mehrheit beschließbaren Politiken dürfen darum nicht offen sein. Ihre Grenzen müssen vielmehr derart bestimmt sein, daß sie von den nationalen Parlamenten verantwortet werden können, klärt das Bundesverfassungsgericht[236]. Auch das bewirkt das Prinzip der begrenzten Ermächtigung.

Im Luxemburger Kompromiß[237] hat Frankreich für seine wesentlichen Interessen ein Vetorecht durchgesetzt und damit das Selbstbestimmungsrecht der Völker verteidigt. Das Bundesverfassungsgericht hat diesen Kompromiß jetzt zum judiziablen Rechtsprinzip der Union erhoben:

> "Allerdings findet das Mehrheitsprinzip gemäß dem aus der Gemeinschaftstreue erfolgenden Gebot wechselseitiger Rücksichtnahme eine Grenze in den Verfassungsprinzipien und elementaren Interessen der Mitgliedstaaten."[238]

---

nungspolitische und stabilitätspolitische Fehlkonzeption, in: E. Kantzenbach/O. G. Mayer (Hrsg.), Europäische Gemeinschaft - Bestandsaufnahme und Perspektiven, 1993, S. 47 ff.

[233] Dazu *K. A. Schachtschneider,* Aus Politik und Zeitgeschichte, B 28/93, S. 6 f.; *ders./A. Emmerich-Fritsche/Th. C. W. Beyer,* JZ 1993, 759 f.

[234] Dazu *O. Kimminich,* Einführung in das Völkerrecht, S. 314 f.

[235] Maastricht-Urteil C I 2 a, S. 42., BVerfGE 89, 155 (183 f.).

[236] Maastricht-Urteil C II 2, S. 54 ff., BVerfGE 89, 155 (191 ff.); vgl. auch BVerfGE 58, 1 (37); 68, 1 (98 f.); so schon *K. A. Schachtschneider,* Aus Politik und Zeitgeschichte B 28/93, S. 7 f.; *ders./A. Emmerich-Fritsche/Th. C. W. Beyer,* JZ 1993, 751 ff.

[237] Vom 29.1.1966; *Th. Oppermann,* Europarecht, S. 15 f.; *A. Bleckmann,* Europarecht, S. 30 f.

[238] Maastricht-Urteil C I 2 a, S. 43; BVerfGE 89, 155 (184).

Welche Interessen "elementar" sind, kann nur der jeweilige Mitgliedstaat selbst bestimmen[239], nicht etwa der Europäische Gerichtshof, der die nationalen Interessen als Grenzen der Grundfreiheiten meint definieren zu sollen[240] und damit seine Integrationsaufgabe überschreitet. Für den Mitgliedstaat definiert die "elementaren Interessen" zunächst die Regierung. Diese ist im Rahmen der jeweiligen Funktionenordnung an die Entscheidungen anderer Staatsorgane gebunden. In den Grenzen der Judiziabilität können die "elementaren Interessen" gerichtlich geklärt werden, letztlich auf Grund von Bürgerbeschwerden (Verfassungsbeschwerden) auf der Grundlage des Grundrechts der allgemeinen Freiheit aus Art. 2 Abs. 1 GG[241]. Die national definierten elementaren Interessen eines Volkes hat der Gerichtshof seinen Entscheidungen über die Verfahrensgerechtigkeit der Gemeinschaftsrechtsakte zugrundezulegen.

Die Völker wahren ihren Einfluß auf die gemeinschaftliche Rechtsetzung am besten dadurch, daß sie durch Beschluß ihrer nationalen Legislative ihren Vertretern im Rat vorschreiben, wie diese abzustimmen haben[242]. Das Bundesverfassungsgericht hat die deutschen Vertreter im Rat der "Organtreue" verpflichtet[243], und damit die durch Art. 23 Abs. 3 bis 6 GG n. F. geschwächte

---

239 So auch *H. P. Ipsen*, EuR 1994, 4 f. ("Selbstqualifikation des betroffenen Mitgliedstaates").

240 Insb. EuGH - Rs. 120/78 (Cassis de Dijon), Slg. 1979, 649 ff.; EuGH - Rs. 178/84, (Bier-Urteil), Slg. 1987, 1227 ff; *Th. Oppermann*, Europarecht, S. 450 ff.

241 Das Maastricht-Urteil B 1 a, S. 24 ff., BVerfGE 89, 155 (171 ff.), hat aus Art. 38 Abs. 1 GG ein Grundrecht jeden Bürgers auf substantiellen (echten) Parlamentarismus hergeleitet, ein großer Schritt hin zum Verfassungsschutz der politischen Freiheit, den die Bundesregierung, der Bundesrat und der Bundestag vehement und skandalös im Prozeß zurückgewiesen (Schriftsätze vom 15.1.1993, S. 48 ff., vom 20.3.1993, S. 4 ff., vom 5.4.1993, S. 15 ff.) haben; vgl. die Verfassungsbeschwerde im Maastricht-Prozeß vom 18.12.1992, S. 3 ff. und den Schriftsatz vom 29.3.1993, S. 2 ff.; dazu *K. A. Schachtschneider*, Aus Politik und Zeitgeschichte, B 28/93, S. 4 ff.; *ders.*, Recht und Politik 1994, 1 f.; *ders.*, Res publica res populi, 1. Teil, 3. Kap.; 5. Teil, 4. Kap., 9. Teil, 7. Kap.; immer noch ablehnend (für viele) *H. P. Ipsen*, EuR 1994, 1 f.; auch *Ch. Tomuschat*, EuGRZ 1993, 489.

242 I.d.S. vorsichtig *A. Bleckmann*, Europarecht, S. 27 f.; sowie *ders.*, Politische Aspekte der europäischen Integration unter den Vorzeichen des Binnenmarktes 1992, ZRP 1990, 265, 266; *E. Klein*, VVDStRL 50 (1991), S. 76 ("Orientierung", nicht rechtlich verbindlich); dagegen *Ch. Tomuschat*, VVDStRL 36 (1978), S. 36; zurückhaltend *B. Beutler/R. Bieber/J. Piepkorn/J. Streil*, Die Europäische Union, Rechtsordnung und Politik, 4. Aufl. 1993, S. 131; allgemein wird jedoch ein Weisungsrecht der nationalen Regierungen gegenüber dem jeweiligen Ratsvertreter bejaht, vgl. *A. Bleckmann*, a.a.O.; *Th. Oppermann*, Europarecht, S. 105.

243 Maastricht-Urteil C II 1 b, S. 53, C II d2 (4), S. 71, BVerfGE 89, 155 (191, 203); zur Organtreue *K. Stern*, Das Staatsrecht der Bundesrepublik Deutschland, Bd. I, S. 134 f.

Stellung der Legislative in Angelegenheiten der Europäischen Union[244] ein wenig gestärkt. Danach sind der Bundestag und der Bundesrat "umfassend und zum frühestmöglichen Zeitpunkt zu unterrichten" und sind "ihre Stellungnahmen zu berücksichtigen", gegebenenfalls "maßgeblich zu berücksichtigen". Das Prinzip der "Organtreue" erlaubt es, in Grenzfällen die Berücksichtigung der Stellungnahmen gerichtlich zu erstreiten, läßt aber wie jede Treuepflicht, solange diese nicht durch die Rechtsprechung materialisiert ist, die Rechtslage offen.

Die Rechtsetzungsbefugnisse der Kommission können schon deswegen nur auf Ausführungsregelungen im engsten Umfang beschränkt sein, weil das primäre Gemeinschaftsrecht die Kommissionsmitglieder von den Weisungen ihrer Völker freistellt[245].

6. Ähnliche Probleme wie der europäische Parlamentarismus und das Mehrheitsprinzip des Rates werfen der Gerichtshof der Europäischen Gemeinschaft und die vereinbarte Europäische Zentralbank (Art. 4 a, 105 ff. EGV)[246] auf.

Der Europäische Gerichtshof ist nur im Maße seiner Bindung an das Gemeinschaftsrecht durch die Verfassungsentscheidung für eine gemeinschaftliche Staatlichkeit in der Präambel des Grundgesetzes und in den Art. 23 und 24 GG, also durch das europäische Integrationsprinzip[247], freiheitlich und im freiheitlichen Sinne demokratisch legitimiert, nicht aber soweit er die Gemeinschaft über

---

[244] Dazu *U. Di Fabio*, Der Staat 32 (1993), S. 207 ff., der dieser Entparlamentarisierung zu Recht Verfassungsbedenken entgegenstellt; *R. Breuer*, NVwZ 1994, 426 ff.: auch *K. A. Schachtschneider/A. Emmerich-Fritsche/Th. C. W. Beyer*, JZ 1993, 755; kritisch auch *F. Ossenbühl*, DVBl. 1993, 635 ff.; *Th. Oppermann/C. D. Classen*, Aus Politik und Zeitgeschichte, B 28/93, S. 13 ff., sehen dagegen in dem Maastricht-Vertrag und in Art. 23 GG n. F. einen "wichtigen Schritt im Demokratisierungsprozeß der EG" (S. 15); i.d.S. schon *C. D. Classen*, Maastricht und die Verfassung: Kritische Bemerkungen zum neuen "Europa-Artikel" 23 GG, ZRP 1993, 57 ff., 59 f.; *U. Everling*, DVBl. 1993, 943 ff.; dazu insb. *R. Scholz*, Grundgesetz und europäische Einigung. Zu den reformpolitischen Empfehlungen der Gemeinsamen Verfassungskommission, NJW 1992, 2593 ff.; *ders.*, Europäische Union und Verfassungsreform, NJW 1993, 1690 ff.; *ders.*, Europäische Union und deutscher Bundesstaat, NVwZ 1993, 819 ff.

[245] Früher Art. 10 Abs. 2 FusV, jetzt Art. 157 Abs. 2 EGV; vgl. *Th. Oppermann*, Europarecht, S. 118.

[246] Dazu *D. Studt*, Rechtsfragen einer Europäischen Zentralbank, Diss. Erlangen-Nürnberg, 1992; *K. A. Schachtschneider*, Aus Politik und Zeitgeschichte, B 28/93, S. 9 f.; *ders./A. Emmerich-Fritsche/Th. C. W. Beyer*, JZ 1993, 755 f.

[247] *E. Klein*, VVDStRL 50 (1991), S. 58 ff.; *Th. Oppermann/C. D. Classen*, Aus Politik und Zeitgeschichte, B 28/93, S. 11 ff.; *H. P. Ipsen*, HStR, Bd. VII, 1992, § 181, Rdn. 44 ff.; *P. Kirchhof*, HStR, Bd. VII, 1992, § 183, Rdn. 4 ff.; kritisch *J. Isensee*, Europa - die politisch Erfindung eines Erdteils, S. 128 ff.; weitere Hinweise in Fn. 182.

die Verträge und die Rechtsakte hinaus zu integrieren versucht. Der Gerichtshof muß um der freiheitlichen Staatlichkeit der Völker willen bestmöglich an Rechtstexte gebunden sein. Jedenfalls ist er den Leitentscheidungen des primären Gemeinschaftsrechts unterworfen, so weit gefaßt diese auch sein mögen. Die Politik des Gerichtshofs darf allenfalls Ausführungscharakter haben, nicht aber selbst die Qualität politischer Leitentscheidungen entfalten. Die Unterscheidung des Bundesverfassungsgerichts zwischen der "Rechtsfortbildung auf der Grundlage der bestehenden Verträge" und dem "Vertragsänderungsverfahren"[248], sowie der "Wahrnehmung einer begrenzt eingeräumten Hoheitsbefugnis und der Vertragsänderung"[249] und der Hinweis darauf, daß "Auslegungen", die im "Ergebnis" einer "Vertragserweiterung gleichkommen", in "Deutschland keine Bindungswirkung entfalten" würden, weist auch den Europäischen Gerichtshof in seine Schranken[250].

Die Institution des Europäischen Gerichtshofs erweist wie keine andere die Staatlichkeit der Gemeinschaften. Seine Rechtsprechung verändert, weitestgehend unvermeidbar, weil die Einheit des Rechts von der Einheit des Lebens gefordert ist, die Rechtsordnung der Mitgliedstaaten weitreichend und tiefgehend. Weil Rechtsprechung auf Grund material offener Leitentscheidungen, wie sie sich in den Verträgen und in den gemeinschaftsrechtlichen Grundsätzen, allen voran den Grundrechten, finden, funktional gesetzgeberisch ist[251], übt der Europäische Gerichtshof Staatsgewalt aus, auf welche die nationalen Parlamente keinen Einfluß nehmen können. Art. F Abs. 2 des EUV verpflichtet die Union jetzt auch textlich auf die Grundrechte der Europäischen Konvention zum Schutz der Menschenrechte und Grundfreiheiten, "wie sie sich aus den gemeinsamen Verfassungsüberlieferungen der Mitgliedstaaten als allgemeine Grundsätze der Gemeinschaft ergeben"[252]. Der Gerichtshof wird damit end-

---

248 Maastricht-Urteil C II 2 c, S. 65, BVerfGE 89, 155 (199).

249 Maastricht-Urteil C II 3 b, S. 81, BVerfGE 89, 155 (210).

250 Vgl. schon *P. Kirchhof*, Europäische Einigung und Verfassungsstaat, S. 93; diese Rechtssätze kritisiert *M. Zuleeg*, Arbeit und Recht 1994, 78; kritisch auch *H. P. Ipsen*, EuR 1994, 10 f.

251 *K. A. Schachtschneider*, Res publica res populi, 9. Teil, 2. und 3. Kap.

252 Diese Formulierung folgt der Rechtsprechung des EuGH, insb. Rs. 29/69 (Stauder), Slg. 1969, 419, 425; Rs. 11/70 (Internationale Handelsgesellschaft), Slg. 1970, 1125, 1135 ff.; Rs. 4/73 (Nold), Slg. 1974, 491, 507 f.; Rs. 44/79 (Hauer), Slg. 1979, 3727, 3750; Rs. 265/87 (Schräder), Slg. 1989, 2237, 2267 f.; Rs. 5/88 (Wachauf), Slg. 1989, 2609, 2639 ff.; vgl. *W. Rengeling*, Grundrechtsschutz in der Europäischen Gemeinschaft, 1992; *Th. Oppermann*, Europarecht, S. 160 ff.; so schon *W. Thieme*, VVDStRL 18 (1960), S. 53 f.

gültig zu einem echten Verfassungsgericht[253] mit der politischen Verantwortung für das Recht, welche der Grundrechtsschutz unvermeidbar mit sich bringt[254]. Die Erweiterung der Kompetenzen der Gemeinschaften und die Vermehrung der offenen materialen Prinzipien im Unionsvertrag stärkt den Einfluß des Gerichtshofs auf das Recht in der Gemeinschaft und damit auf das Recht der Völker. Ein Gericht mit derartigen Wirkungsmöglichkeiten, wie sie der Europäische Gerichtshof hat, beläßt den Völkern nur dann die existentielle Staatlichkeit, wenn es sich größtmöglicher politischer Zurückhaltung befleißigt. Dem Europäischen Gerichtshof wird jedoch vorgehalten, daß er sich als "Motor der Integration" geriere[255]. Ein Gemeinschaftsgericht ist um der Rechtseinheit der Rechtsgemeinschaft[256] willen unverzichtbar[257], hätte aber Veranlassung gegeben, die Frage, ob die existentielle Staatlichkeit der Völker und damit deren Freiheit nach dem Vertrag von Maastricht noch ihre Substanz bewahren, ernstzunehmen.

---

[253] So *H. Steinberger*, VVDStRL 50 (1991), S. 37; *M. Zuleeg*, NJW 1994, 546 f.; *ders.*, Arbeit und Recht 1994, 77; *ders.*, Der rechtliche Zusammenhalt der Europäischen Gemeinschaft, passim, insb. III, S. 19 f., V, S. 24 f.; auch *H. P. Ipsen*, HStR, Bd. VII, 1992, § 181, Rdn. 32.

[254] *K. A. Schachtschneider*, Res publica res populi, 9. Teil, 1., 2., 3., 8. und 11. Kap.; wegen Art. L EUV ist die juridische Relevanz des Art. F Abs. 2 EUV textlich zweifelhaft, nicht aber in der Sache, weil der Grundrechtsschutz zu den allgemeinen Rechtsgrundsätzen des Gemeinschaftsrechts gehört, ständige Rechtsprechung seit EuGH - Rs. 29/69 (Stauder), Slg. 1969, 419, 425; Rs. 11/70 (Internationale Handelsgesellschaft), Slg. 1970, 1125, 1135 ff.; *R. Streinz*, Bundesverfassungsgerichtlicher Grundrechtsschutz und Europäisches Gemeinschaftsrecht, S. 43 f., insb. S. 53 ff.; *M. Zuleeg*, JZ 1994, 5; *ders.*, Der rechtliche Zusammenhalt der Europäischen Gemeinschaft, III, S. 19 f.; darauf basiert die Solange II-Entscheidung, BVerfGE 73, 339 (374 ff.); i.d.S. auch das Maastricht-Urteil B 2 b, S. 28 ff., BVerfGE 89, 155 (174 f.).

[255] *H. Steinberger*, VVDStRL 50 (1991), S. 12, 38; *E. Klein*, VVDStRL 50 (1991), S. 62, 64, 72; *U. Di Fabio*, Der Staat 32 (1993), S. 214; *F. Ossenbühl*, DVBl. 1993, 635; *J. Wolf*, JZ 1993, 597; *M. Zuleeg*, JZ 1994, 4, weist diesen Vorwurf zurück; ebenso *ders.*, Recht und Arbeit 1994, 77 ff.; *ders.*, Der rechtliche Zusammenhalt der Europäschen Gemeinschaft, III, S. 19 f., VII, S. 34 ff.; abgewogen *H. P. Ipsen*, HStR, Bd. VII, 1992, § 181, Rdn. 32.

[256] Zur Europäischen Gemeinschaft als "Rechtsgemeinschaft" *W. Hallstein*, Die Europäische Gemeinschaft, 5. Aufl. 1979, S. 52 ff.; *H. Steinberger*, VVDStRL 50 (1991), S. 29 f.; *M. Zuleeg*, Der rechtliche Zusammenhalt der Europäischen Gemeinschaft, passim, insb. III, S. 17 ff., V, S. 23 ff.; EuGH - Rs. 294/85 (Les Verts/Parlament), Slg. 1986, 1339, 1365. Der EuGH bezeichnet "die Gründungsverträge als ... Verfassungsurkunde einer Rechtsgemeinschaft", Gutachten zum Europäischen Wirtschaftsraum 1/1991, Slg. 1991, I-6079, 6102.

[257] *M. Zuleeg*, Die Europäische Gemeinschaft als Rechtsgemeinschaft, NJW 1994, 547 f.; *ders.*, Der rechtliche Zusammenhalt der Europäischen Gemeinschaft, vor allem III, S. 17 ff., V, S. 24 f.; i.d.S. auch *H. Steinberger*, VVDStRL 50 (1991), S. 29 ff.; *P. Kirchhof*, Rechtsschutz durch Bundesverfassungsgericht und Europäischen Gerichtshof, S. 113.

7. Im Rahmen der Währungsunion soll in der dritten Stufe der einheitlichen Unionswährung eine Europäische Zentralbank eingerichtet werden, welche vorrangig die Preisstabilität zu gewährleisten hat (Art. 105 ff. EGV). Ob die dritte Stufe der Währungsunion jemals erreicht werden wird, steht dahin, nachdem das Maastricht-Urteil des Bundesverfassungsgerichts die in Art. 109 j Abs. 1 EGV genannten Konvergenzkriterien, so wie es auch die Bundesregierung, der Bundestag und der Bundesrat wollten, zu verbindlichen Voraussetzungen der dritten Stufe erklärt hat[258], im übrigen gegen den Text des Vertrages in Art. 109 j Abs. 2 und 4 EGV, der nicht die Konvergenzkriterien, sondern die Erfüllung der "notwendigen Voraussetzungen für die Einführung einer einheitlichen Währung" zum Kriterium des Eintritts in die dritte Stufe und der Beteiligung an derselben formuliert hat[259]. Jedenfalls soll eine Europäische Zentralbank nach Art. 107 EGV von allen denkbaren Weisungen von Organen oder Einrichtungen der Gemeinschaft, Regierungen der Mitgliedstaaten und anderen Stellen unabhängig sein[260]. Die Währungspolitik ist von existentieller Bedeutung für ein Gemeinwesen[261] und darum eine Aufgabe, welche ein Volk nicht aus der Hand geben kann, ohne die existentielle Staatlichkeit substantiell

---

[258] Maastricht-Urteil C II 2 d, S. 66 ff., BVerfGE 89, 155 (199 ff.).

[259] Dazu *K. A. Schachtschneider/A. Emmerich-Fritsche/Th. C. W. Beyer*, JZ 1993, 752; i.d.S. schon *P. Behrens*, Pro und contra Maastricht: Eine Systemveränderung auf dem Prüfstand, EuZW 1992, 521; ausweichend *H. P. Ipsen*, EuR 1994, 14 f.

[260] Die materielle Unabhängigkeit der EZB ist abgesehen von der Zielsetzung vorrangiger Preisstabilität und den bestimmten Instrumenten dadurch eingeengt, wenn nicht gar konterkariert, daß ihr die Wechselkurskompetenz vorbehalten ist (vgl. Art. 109, 109 l EGV); das zeigt *M. J. Neumann*, Sicherung von Geldwertstabilität auf dem Weg zur und in die Währungsunion, in: L. Gerken (Hrsg.), Europa 2000. Perspektive wohin?, 1993, S. 41 ff., insb. S. 44 ff.

[261] *H. A. Stöcker*, Die Unvereinbarkeit der Währungsunion mit dem Selbstbestimmungsrecht aus Art. 1 Abs. 2 GG, Der Staat 31 (1992), S. 495 ff., insb. S. 513 f.; *M. Seidel*, Verfassungsrechtliche Probleme der Wirtschafts- und Währungsunion, in: List Forum für Wirtschafts- und Finanzpolitik 18 (1992), S. 219 ff.; *ders.*, Probleme der Verfassung der Europäischen Gemeinschaft als Wirtschafts- und Währungsunion, in: Festschrift B. Börner, 1992, S. 417 ff.; *P. J. Tettinger*, Weg frei für die Europäische Währungsunion?, Maastricht und die grundgesetzlichen Hürden, RIW 1992, 1 ff.; *H. Tietmeyer*, Währungsunion - ein Weg ohne Umkehr, Integration 15 (1992), S. 17 ff.; *ders.*, Probleme einer europäischen Währungsunion und Notenbank, in: J. Isensee (Hrsg.), Europa als politische Idee und als rechtliche Form, 1993, S. 45 ff., 49, 54 f.; *J. Wolf*, JZ 1993, 596; *F. U. Willeke*, Die Europäische Währungsunion als ordnungspolitische und stabilitätspolitische Fehlkonstruktion, in: E. Kantzenbach/O. G. Mayer, Europäische Gemeinschaft - Bestandsaufnahme und Perspektiven, 1993, S. 41 ff.

zu schwächen[262]. Jedenfalls in Verbindung mit den vielfältigen anderen Aufgaben, welche der Union übertragen sind, höhlt eine Währungsunion die existentielle Staatlichkeit der Völker soweit aus, daß Art. 20 Abs. 1 und 2 GG verletzt ist[263].

Die Verfassungsverletzung wird auch nicht durch die Ergänzung des Art. 88 GG durch den verfassungsändernden Gesetzgeber geheilt, der durch einen Satz 2 den Bund ermächtigt hat, die "Aufgaben und Befugnisse" der Bundesbank "im Rahmen der Europäischen Union der Europäischen Zentralbank zu übertragen, die unabhängig und dem vorrangigen Ziel der Sicherung der Preisstabilität verpflichtet ist". Das Bundesverfassungsgericht hat das ganz anders gesehen und die Institution der Europäischen Zentralbank akzeptiert, obwohl deren Politik nicht demokratisch legitimiert sei[264]. Der Irrtum dieser Erkenntnis ist, daß die Europäische Zentralbank auch unabhängig von dem Gemeinschaftsgesetzgeber, nämlich dem Rat, gestellt sein soll. Lediglich die Änderung des primärrechtlichen Vertrages vermag die Aufgaben und Befugnisse der Europäischen Zentralbank, abgesehen von Randkorrekturen nach Art. 106 Abs. 5 EGV und dem 3. Protokoll, zu verändern. Das unterscheidet die Europäische Zentralbank wesentlich von der Bundesbank, die einen gänzlich anderen demokratierechtlichen Status hat. Auch Erkenntnisse, die ökonomisch sind, müssen von demokratisch legitimierten Amtswaltern getroffen werden und sich dem allgemeinen Willen, der im Gesetz beschlossen wird, fügen; denn der allgemeine Wille ist die Verbindlichkeit des als auf der Grundlage der Wahrheit als richtig Erkannten[265]. Das ist das Ideal der Republik und darum Verfas-

---

[262] *K. Doehring*, ZRP 1993, 102 ("Die Souveränitätsamputation geht an den Nerv der Souveränität"); *V. Götz*, JZ 1993, 1084 f.; *M. Schröder*, DVBl. 1994, 324 f. ("Kern der Staatlichkeit"); i.d.S. auch *M. Seidel*, List Forum 18 (1992), S. 227 ff.; *ders.*, Festschrift B. Börner, 1992, S. 424 f.; *P. J. Tettinger*, RIW 1992, 1 ff.; *H. Tietmeyer*, Integration 15 (1992), S. 17 ff.; *J. Wolf*, JZ 1993, 596 ("Herstellung der Währungsunion ein Akt der Staatsgründung"); auch *H. Steinberger*, VVDStRL 50 (1991), S. 16 Fn. 20; a.A. *A. Weber*, JZ 1994, 60; *I. Pernice*, Die Verwaltung 26 (1993), S. 474 f.

[263] So auch *M. Herdegen*, EuGRZ 1992, 589 ff.; dagegen spricht *H. Mosler*, HStR, Bd. VII, 1992, § 175, Rdn. 79, von einem "gleitenden Souveränitätsverlust", der "rechtlich nicht faßbar" sei; und Rdn. 2 davon, daß der "Substanzverlust der deutschen Souveränität gewollt" sei (mitnichten!); mit dem Vorwurf, wer von "einem Maastricht-Sprung auch nur in die Nähe eines Europäischen Bundesstaates" rede, habe den "EUV nicht wirklich gelesen", *Th. Oppermann/C. D. Classen*, Aus Politik und Zeitgeschichte, B 28/93, S. 13 f.

[264] Maastricht-Urteil C II 2 d, S. 66, insb. C II 3 a, S. 77 f., BVerfGE 89, 155 (199, 207 ff.).

[265] *K. A. Schachtschneider*, Res publica res populi, 7. Teil, 1. und 4. Kap.

sungsprinzip des Grundgesetzes, welches der Verbände- und Parteienstaat[266] derart verfehlt, daß das Bundesverfassungsgericht dem Gesetzgeber das währungspolitische Mißtrauen auszusprechen wagt, um "das Währungswesen dem Zugriff von Interessengruppen und der an einer Wiederwahl interessierten politischen Mandatsträger zu entziehen"[267]. Alle Erkenntnisse der Politik sind der Sachlichkeit und damit der Wissenschaftlichkeit fähig und bedürfen dennoch, besser: darum, der demokratischen Legitimation der Amtswalter. Das Bundesverfassungsgericht hat entgegen Art. 20 Abs. 2 S. 1 GG, wonach *alle* Staatsgewalt vom Volke ausgeht, das demokratische Prinzip relativiert, um die Ratifikation des Vertrages von Maastricht zu ermöglichen, eine Verletzung des vielleicht wichtigsten Strukturprinzips der grundgesetzlichen Republik[268]. Falls es zu der gewollten dritten Stufe der Währungsunion kommen sollte, wird dieses Ereignis der Probierstein der sowohl in dem Unionsvertrag (Präambel, 4. Erwägungsgrund; Art. A) als auch in dem Gemeinschaftsvertrag (Art. 2) beschworenen Solidarität zwischen den Völkern sein. Die einheitliche Währung erzwingt die Wirtschafts- und Sozialunion[269] und damit die Schicksalsgemeinschaft der Unionsbürger, ohne daß die dafür erforderliche wirtschaftliche und soziale Homogenität schon besteht. Insofern sieht auch das Bundesverfassungsgericht mit Sorge der Entwicklung entgegen[270]. Es muß befürchtet werden, daß an dem Versuch, eine einheitliche Währung zu erzwingen, die Union

---

266 Zum Verfall der Republik zum Parteienstaat, *K. A. Schachtschneider*, Res publica res populi, 10. Teil, u. a. 3., 4. und 5. Kap.

267 Maastricht-Urteil C II 3 a, S. 77, BVerfGE 89, 155 (207), freilich unter Berufung auf den Regierungsentwurf zum Bundesbankgesetz, BT-Drucks. 2/2781, S. 24 f.; das Argument von der Befangenheit der Mandatsträger läßt sich im Parteienstaat verallgemeinern.

268 *K. A. Schachtschneider/A. Emmerich-Fritsche/Th. C. W. Beyer*, JZ 1993, 755 f.; kritisch auch *H. H. Rupp*, Maastricht und Karlsruhe, S. 111.

269 *H. Steinberger*, VVDStRL 50 (1991), S. 16 Fn. 20 ("So würde eine Währungsunion i. S. einer Vergemeinschaftung der Zentralbankfunktion unvermeidlich die Notwendigkeit zumindest gemeinsam-bindender Konjunktur-, Haushalts-, Fiskal- und Steuerpolitik nach sich ziehen und damit zentrale Lenkungsinstrumente bislang mitgliedstaatlicher Politikgestaltung ergreifen. Die Probleme im Zusammenhang mit dem bundesdeutschen Finanzausgleich (z. B. die Verschuldenspolitik anderer abdecken zu sollen) werden wohl nur ein gelindes Abbild der Probleme sein, die dann einen gemeinschaftsweiten Finanzausgleich belasten würden."); i.d.S. *H. Tietmeyer*, Probleme einer europäischen Währungsunion und Notenbank, S. 45, 53 ff. (Währungsunion erfordert die politische Union); auch *M. Seidel*, in: Festschrift B. Börner, S. 417 ff., 424 f.; vgl. auch *J. Basedow*, Von der deutschen zur europäischen Wirtschaftsverfassung 1992, S. 39; *K. A. Schachtschneider/A. Emmerich-Fritsche/Th. C. W. Beyer*, JZ 1993, 752; ähnlich *V. Götz*, 1993, 1084; klar *W. Hankel*, Europas Währungsunion kommt zu früh, in: M. Brunner (Hrsg.), Kartenhaus Europa?, 1993, S. 69 ff.

270 Maastricht-Urteil C II 2 f, S. 74 f., BVerfGE 89, 155 (206 f.).

scheitern wird. Jedenfalls ist die Sorge berechtigt, daß nur ein Teil der Mitgliedstaaten eine einheitliche Währung wird einführen können. Hinzu kommt die den europäischen Frieden gefährdende Erwartung, daß die Völker Mittel- und Osteuropas keine Chance haben werden, in die Europäische Union aufgenommen zu werden, wenn auch mittels der einheitlichen Währung die wirtschaftliche Divergenz stabilisiert oder gar verstärkt werden sollte.

8. Die Völker haben ihre wirtschaftspolitische Verfassungshoheit weitgehend aufgegeben. Sie haben sich in Art. 3 a EGV "dem Grundsatz einer offenen Marktwirtschaft mit freiem Wettbewerb" verpflichtet, ein Grundsatz, der in Art. 102 a und Art. 105 EGV durch den kompromißhaften Zusatz "wodurch ein effizienter Einsatz der Ressourcen gefördert wird" relativiert wird, so daß die Gemeinschaftsorgane die Wirtschaft entgegen dem Markt- und Wettbewerbsprinzip reglementieren dürfen, wie es im Bereich der Landwirtschaft sei langem geschieht. Wenn die soziale Verpflichtung der Union (Art. B EUV, Art. 2 EGV) nur Bekundung politischer Absicht ohne Rechtsverbindlichkeit ist, wie es das Bundesverfassungsgericht versteht[271], ist die Wirtschaftsverfassung der Gemeinschaft eine durchaus andere als die des Grundgesetzes, nämlich die einer vor allem agrar- und industriepolitisch gelenkten Marktwirtschaft[272], während die des Grundgesetzes als die einer marktlichen Sozialwirtschaft begriffen werden kann[273]. Auch die Wirtschaftsverfassung ist als Teil substantieller Staatlichkeit Sache des Volkes. Wenn auch die Wirtschaftsverfassung des Grundgesetzes, die wegen der Wirtschaftsgrundrechte marktlich und wegen des Sozialprinzips sozial sein muß, weitgehend Sache des einfachen Rechts ist[274],

---

[271] Maastricht-Urteil C II 3 b, S. 77 f., BVerfGE 89, 155 (209); auch *P. Häberle*, EuGRZ 1992, 434, sieht "Kernbereiche der Sozialstaatlichkeit in der Rechtsgemeinschaft der EG ... noch ausgeblendet; *H. Steinberger*, VVDStRL 50 (1991), S. 23 f., spricht in Fn. 47 "Sozialstaatsprinzipien" der Europäischen Gemeinschaft an.

[272] Dazu *L. Vollmer*, Wirtschaftsverfassung und Wirtschaftspolitik der EG nach "Maastricht", DB 1993, 25 ff., der den paradigmatischen Wechsel zum Interventionalismus aufzeigt; allgemein zur Wirtschaftsverfassung der Gemeinschaft *J. Basedow*, Von der deutschen zur europäischen Wirtschaftsverfassung, 1992, S. 27, 29 ff.

[273] *K. A. Schachtschneider/A. Emmerich-Fritsche/Th. C. W. Beyer*, JZ 1993, 756.

[274] BVerfGE 4, 7 (17 f.); 7, 377 (400); 14, 19 (23); 30, 292 (315); 50, 219 (336 ff.), Dogmatik von der wirtschaftspolitischen Neutralität des Grundgesetzes im Rahmen der Grundrechte; eine Wirtschaftsverfassung der sozialen Marktwirtschaft hat *H. C. Nipperdey* schon 1951 im Grundgesetz verankert gesehen, Soziale Marktwirtschaft und Grundgesetz, 3. Aufl. 1955; die These, die grundgesetzgemäße Wirtschaftsverfassung sei die der sozialen Marktwirtschaft, dominiert die Diskussion, etwa *H. F. Zacher*, Das soziale Staatsziel, HStR, Bd. I, 1987, § 25, Rdn. 51 ff. *ders.*, Sozialrecht und soziale Marktwirtschaft, in: Festschrift G. Wannagat, 1981, S. 715 ff.; *H. J. Papier*, Grundgesetz und Wirtschaftsordnung, HVerfR, 1983, S. 609 ff.; dazu *R. Schmidt*, Staatliche Verantwortung

so ist doch die Festlegung der Wirtschaftsverfassung im Gemeinschaftsrecht eine Angelegenheit von Relevanz für die substantielle Staatlichkeit des Volkes. Nach Art. 102 a, 103 EGV verlieren die Völker ihre Kompetenz, die Ordnungs-, aber im grundsätzlichen auch die Wirtschaftspolitik eigenständig zu gestalten. Sie werden von der Gemeinschaft geleitet und überwacht. Insbesondere haben sie die Grundzüge der Wirtschaftspolitik zu befolgen, welche der Rat in dem näher in Art. 103 Abs. 2 EGV geregelten Verfahren für die Mitgliedstaaten und die Gemeinschaft beschließt. Das Bundesverfassungsgericht hat die im Vertrag von Maastricht vereinbarte Wirtschaftspolitik nicht als Wirtschaftsunion qualifiziert, sondern nur als wirtschaftspolitische Koordinierungsverpflichtung der Mitgliedstaaten und ausgesprochen, daß eine Wirtschaftsunion einer Vertragserweiterung gemäß Art. N EUV bedürfen würde[275]. Die Sanktionsmechanismen des Art. 103 Abs. 4 und auch des Art. 103 a EGV hat das Gericht nicht in die Überlegungen einbezogen, auch und insbesondere jedoch nicht, daß Art. B Abs. 1 Teilstr. 1 EGV und Art. 2 EGV die Wirtschafts- und Währungsunion als Einheit verfassen. Die "enge Koordinierung der Wirtschaftspolitik der Mitgliedstaaten", von der Art. 3 a Abs. 1 EGV spricht, ist, wie der Vertragstext im übrigen beweist, kein Gegensatz zur Wirtschaftsunion, sondern die differenzierte Ausgestaltung derselben.

Auch die wirtschaftspolitischen Kompetenzen der Gemeinschaft gegenüber den Völkern berührt deren substantielle Staatlichkeit. Dabei ist die industriepolitische Kompetenz der Gemeinschaft nach Art. 130 EGV, wenn diese auch im Widerspruch zum Markt- und Wettbewerbsprinzip steht[276], von besonderer Relevanz und Brisanz. Die Wettbewerbspolitik ist durch Art. 85 ff. EGV weitestgehend in die Hand der Kommission und damit der Gemeinschaft gelegt.

---

für die Wirtschaft, HStR, Bd. III, 1988, § 83, passim; *M. Kriele*, Einführung in die Staatslehre, S. 194 ff., nicht unkritisch; *P. Badura*, Grundprobleme des Wirtschaftsverfassungsrechts, JuS 1976, 205 ff.; *J. Basedow*, Von der deutschen zur europäischen Wirtschaftsverfassung, insb. S. 19 ff., der das Soziale der deutschen Marktwirtschaft vernachlässigt.

[275] Maastricht-Urteil C II 2 f, S. 74, BVerfGE 89, 155 (206 f.).

[276] Dazu *U. Immenga*, Wettbewerbspolitik contra Industriepolitik nach Maastricht, in: L. Gerken (Hrsg.), Europa 2000, Perspektive wohin? 1993, S. 147 ff.; *E.-J. Mestmäcker*, Zur Verfassung der Wirtschaft in der Europäischen Union, Vortrag vom 11. Juni 1992, S. 11 ff., insb. S. 16 f.; *W. Möschel*, EG-Industriepolitik nach Maastricht, in: Festschrift R. Nirk, 1992, S. 707 ff.: *J. Starbatty*, Europäische Industriepolitik und die Folgen - zur Immanenz industriepolitischer Dynamik, in: M. Brunner (Hrsg.), Kartenhaus Europa?, 1993, S. 161 ff.; *ders.*, Artikel 130: Wendemarke der Ordnungspolitik, Frankfurter Allgemeine Zeitung vom 15.1.1994, S. 13; allgemein zur Industriepolitik *W. Veelken*, Normenstrukturen der Industriepolitik. Eine vergleichende Untersuchung nach deutschem und französischem Wirtschaftsrecht, 1991.

Das gilt auch für die gemeinsame Handelspolitik nach Art. 110 ff. EGV (die Außenwirtschaftspolitik). Hinzu kommt, daß Art. 104 c EGV dem Rat erlaubt, eine gewisse Haushaltsdisziplin der Mitgliedstaaten mit bestimmten Mitteln zu erzwingen. Auch die Haushaltshoheit gehört zur substantiellen Staatlichkeit eines Volkes.

9. Es ließen sich noch manch andere Aspekte des Verlustes an Staatlichkeit der Völker aufzeigen. Allein schon die Verankerung des Subsidiaritätsprinzips in Art. B des Unionsvertrages und in Art. 3 b Abs. 2 EGV erweist den Verlust an Staatlichkeit der Völker. Dieser Verlust soll durch das offene, jeweils politisch und in Grenzen juridisch zu entfaltende Subsidiaritätsprinzip (vor allem in Deutschland) akzeptierbar werden[277]. Das Prinzip scheint der eigenständigen Staatlichkeit der Völker eine Chance zu lassen, belegt aber eigentlich, daß die Staatlichkeit im Übermaß ausgehöhlt ist[278]. *H. H. Rupp* hat auf die Gefahr, daß das Subsidiaritätsprinzip unitarische Tendenzen der Union fördere, hingewiesen[279]. Ein Prinzip begrenzter Ermächtigung der Gemeinschaften steht im Widerspruch zum Subsidiaritätsprinzip; denn wenn die Ermächtigungen begrenzt und in ihrer Begrenztheit bestimmt sind, hat ein Subsidiaritätsprinzip keine Entfaltungschance, weil bereits die Ermächtigung der Union und ihrer Gemeinschaften von den nationalen Legislativen verantwortet sein muß. Letzteres kann nichts anderes bedeuten, als daß bereits die nationalen Gesetzgeber die Notwendigkeit der gemeinschaftlichen Ausübung der Staatsgewalt erkannt haben. Das Bundesverfassungsgericht hat diesen Widerspruch der Absätze 1 und 2 des Art. 3 b EGV nicht erkannt und das Subsidiaritätsprinzip als ein Argument genutzt, um eine zusätzliche Begrenzung der Befugnisse der Europäischen Gemeinschaft und damit eine Stärkung der Staatlichkeit der Völker zu belegen[280]. Oben ist schon darauf hingewiesen, daß die Juridifizierung des Subsidiaritätsprinzips die Rechtseinheit gefährdet, wenn die nationalen Gerichte das letzte Wort über die Kompetenzen der Gemeinschaften haben. Im übrigen hebt das Subsidiaritätsprinzip die für das politische Handeln notwendige Kompetenzsicherheit auf. Aus guten Gründen hat sich das Subsidiaritätsprinzip

---

[277] So auch *U. Di Fabio*, Der Staat 32 (1993), S. 198; i.d.S. *P. M. Schmidhuber*, Das Subsidiaritätsprinzip im Vertrag von Maastricht, DVBl. 1993, 417 ff.; *F. L. Graf Stauffenberg/Ch. Langenfeld*, ZRP 1992, 255 ff.

[278] I.d.S. vorsichtig *P. Kirchhof*, HStR, Bd. VII, 1992, § 183, Rdn. 48; *ders.*, Europäische Einigung und Verfassungsstaat, S. 93 f.

[279] ZRP 1993, 212 f.

[280] Maastricht-Urteil C II 3 c, S. 81 ff., BVerfGE 89, 155 (210 ff.).

bisher als juridisches Kompetenzausübungsprinzip[281] nicht behauptet[282]. Das Maastricht-Urteil verlagert mit dem Argument der Subsidiarität der Gemeinschaftskompetenzen die politische und rechtliche Problematik auf die zukünftige Entwicklung und belastet damit die Integration der Union mit ständigen Rechtsstreitigkeiten, nicht nur wegen des Subsidiaritätsprinzips, sondern auch wegen der anderen obengenannten Rechtsprinzipien.

10. Das Prinzip der demokratischen Republik und damit das wesentliche Strukturprinzip Deutschlands, das den Staat der Deutschen existentiell, nämlich freiheitlich, definiert, wird durch das aktive und passive Wahlrecht der Ausländer aus den Mitgliedstaaten der Europäischen Union bei Kommunalwahlen und bei den Wahlen zum Europäischen Parlament (Art. 8 b EGV) verletzt[283]. Die deutsche Staatsgewalt kann demokratisch nur von den Bürgern Deutschlands, also von den Deutschen (Art. 116 Abs. 1 GG), ausgeübt werden[284]. Das gilt auch für die Europa-Wahlen, weil das Europäische Parlament aus den "Vertretern der Völker der in der Gemeinschaft zusammengeschlossenen Staaten" besteht, also auch aus den Vertretern des deutschen Volkes, (noch) nicht aus den Vertretern des europäischen Volkes. Die Konzeption des Art. 137 EGV wird durch das Wahlrecht nach Art. 8 b Abs. 2 EGV der Unionsbürger im Ausland aufgegeben, ohne daß ein dafür notwendiges einheitliches egalitäres Wahlrecht verfaßt wäre. Ein solches Wahlrecht mißachtet zugleich das Verfassungsprinzip existentieller Staatlichkeit der Deutschen. Das Bundesverfassungsgericht hatte allerdings schon 1990 in einem obiter dictum erklärt, die Einführung eines "Kommunalwahlrechts für Ausländer" könne "Gegenstand einer nach Art. 79 Abs. 3 GG zulässigen Verfassungsänderung sein"[285]. Die Verfassungsbeschwerde gegen das kommunale Ausländerwahlrecht hat das

---

[281] *D. Merten,* Subsidiarität als Verfassungsprinzip, S. 81, sieht Art. 3 b Abs. 2 EGV als Kompetenzzuweisungs- oder Kompetenzübertragungs-, nicht als bloße Kompetenzausübungsschranke; ähnlich *P. M. Schmidhuber/G. Hitzler,* Die Verankerung des Subsidiaritätsprinzips im EWG-Vertrag, NVwZ 1992, 720, 723; *P. M. Schmidhuber,* Das Subsidiaritätsprinzip im Vertrag von Maastricht, DVBl. 1993, 417, 419.

[282] BVerfGE 2, 213 (224 f.); 4, 115 (127 f.); 10, 234 (245); 33, 224 (229); 65, 1 (63); 65, 283 (289); aber BVerfGE 26, 338 (382 f.); 78, 249 (270); dazu *F. L. Graf Stauffenberg/Ch. Langenfeld,* ZRP 1992, 255 ff.; *D. Merten,* Subsidiarität als Verfassungsprinzip, S. 94 ff.; dazu Hinweise in Fn. 148.

[283] So *H. P. Ipsen,* HStR, Bd. VII, 1992, § 181, Rdn. 81, für das Kommunalwahlrecht der ansässigen EG-Ausländer.

[284] BVerfGE 83, 37 (50 ff.); 83, 60 (71 ff.); *K. A. Schachtschneider,* Res publica res populi, 11. Teil, 5. Kap.

[285] BVerfGE 83, 37 (59).

Gericht im Maastricht-Urteil wegen der Einführung des Satzes 3 in Art. 28 Abs. 1 GG, der ein Kommunalwahlrecht für Staatsangehörige anderer EG-Mitgliedstaaten ermöglicht, als unzulässig verworfen, weil Art. 38 GG kein subjektives Recht gewähre, "sich bei der Ausübung des aktiven oder passiven Wahlrechts durch eine wahlrechtliche 'Konkurrentenklage' gegen nichtdeutsche Wahlbewerber oder Wahlberechtigte wehren zu können"[286]. Das Recht der Unionsbürger, überall in der Union an ihrem Wohnsitz an der Wahl zum Europäischen Parlament teilzunehmen, hat das Bundesverfassungsgericht, dogmatisch nicht nachvollziehbar, begrüßt, weil

> "mit der durch den Vertrag von Maastricht begründeten Unionsbürgerschaft ... zwischen den Staatsangehörigen der Mitgliedstaaten ein auf Dauer angelegtes rechtliches Band geknüpft" werde, "das zwar nicht eine der gemeinsamen Zugehörigkeit zu einem Staat vergleichbarer Dichte" besitze, "dem bestehenden Maß existentieller Gemeinsamkeit jedoch einen rechtlich verbindlichen Ausdruck" verleihe[287].

Die "existentielle Gemeinsamkeit" der Unionsbürger kann rechtens nur durch ein egalitäres Wahlrecht in der Union begründet werden. Solange nicht ein Unionsvolk verfaßt ist[288], gibt es im echten Sinne auch keine Unionsbürger. Jedes Volk hat aus der allgemeinen Freiheit der Bürger heraus das uneinschränkbare Recht, seine Politik selbst gestalten zu dürfen. Wenn auch die Parteienoligarchie von Wahlen kaum beeinflußt werden mag[289], so daß es gleichgültig erscheint, wer wählen darf, so ist doch das Verfassungsprinzip, daß nur Staatsangehörige das Wahlrecht haben, in einer Republik grundlegend; denn wer wählen darf, ist Bürger und damit Angehöriger des Volkes. Daraus folgt, daß nur Bürger das Wahlrecht, auf welcher Ebene auch immer, haben dürfen[290].

11. Das grundgesetzliche Bundesstaatsprinzip garantiert den Ländern Deutschlands ein hinreichendes Maß an (funktionaler) Staatlichkeit, welche

---

[286] Maastricht-Urteil B 3 c, S. 36 f., BVerfGE 89, 155 (179 f.). Der Verfassungsbeschwerdeführer hatte sich gegen die Verletzung der politischen Freiheit, die auch den kommunalen Bereich umfaßt, gewehrt. Der Begriff der "Konkurrentenklage" ist in dem politischen Zusammenhang denn doch befremdlich.

[287] Maastricht-Urteil C I 2 b1, S. 44, BVerfGE 89, 155 (184).

[288] So *P. Kirchhof*, Europäische Einigung und Verfassungsstaat, S. 93; *ders.*, HStR, Bd. VII, 1992, § 183, Rdn. 46, auch Rdn. 62.

[289] *K. A. Schachtschneider*, Res publica res populi, 10. Teil, 3. u. 4. Kap.

[290] *K. A. Schachtschneider*, Res publica res populi, 11. Teil, 5. Kap.; i.d.S. *J. Wolf*, JZ 1993, 598 f.

durch die weitere Stärkung der Kompetenzen der Gemeinschaft derart nivelliert wird, daß die Legislativen der Länder fast nur noch funktionslose Institutionen sind[291]. Die Kompetenzen des Bundesrates können den Verlust an Staatlichkeit der Länder nicht kompensieren[292], weil der Bundesrat ein Bundesorgan ist[293]. Wenn auch die Institutionen und damit die begehrten Ämter erhalten bleiben, so geht doch der eigentliche Föderalismus verloren, weil die Länder durch die europäische Integration ihre kompetentielle Substanz in der Legislative weitestgehend eingebüßt haben. Spezifisch die Mitwirkung der Länder bei der Gesetzgebung ist aber Charakteristikum der deutschen Bundesstaatlichkeit, wie Art. 79 Abs. 3 GG erweist.

Die gesetzgeberische Mitwirkung der Länder kann nicht auf die Bundesgesetzgebung beschränkt werden, weil das die Eigenständigkeit der Länder aufhebt. Die deutsche Staatlichkeit ist existentiell föderal, so daß die Entleerung des legislativen Föderalismus in Deutschland auch die existentielle Staatlichkeit Deutschlands in der Substanz trifft. Auch die Verfassungsbeschwerde gegen die Verletzung des Bundesstaatsprinzips hat das Bundesverfassungsgericht als unzulässig verworfen, weil Art. 93 Abs. 1 Nr. 4 a GG derartige Rügen nicht zulasse[294]. Die politische Freiheit der Bürger ist in Deutschland jedoch auch und wesentlich durch die Bundesstaatlichkeit, d. h. durch die Staatlichkeit der Länder, verwirklicht. Diese Bundesstaatlichkeit hat vor allem demokratische und damit freiheitliche Relevanz, insoweit die Bürgerschaften der Länder ein eigenständiges Gesetzgebungsrecht haben. Es war folgenreich, daß das Bundesverfassungsgericht ausschließlich die Beschwerde wegen Verletzung des Art. 38

---

[291] Dazu *P. Häberle*, EuGRZ 1992, 434 ff., insbesondere zur föderalen Kulturstaatlichkeit; *ders.*, Die Verwaltung 25 (1992), S. 5, 8 ff.; *K. A. Schachtschneider/A. Emmerich-Fritsche/Th. C. W. Beyer*, JZ 1993, 756 f.; *W. Phillipp*, Ein dreistufiger Bundesstaat? Deutsche Einheit zwischen Europa und den Ländern, ZRP 1992, 433 ff., insb. S. 437; *J. Wolf*, JZ 1993, 597, 599; *H. P. Ipsen*, HStR, Bd. VII, 1992, § 181, Rdn. 37; auch *E. Klein*, VVDStRL 50 (1991), S. 88 ff.; zu institutionellen Fragen der Bundesstaatlichkeit auch *G. Winter*, Institutionelle Strukturen der Europäischen Union, DÖV 1993, 173 ff., 178 ff.

[292] Dazu *H. P. Ipsen*, HStR, Bd. VII, 1992, § 181, Rdn. 37; kritisch auch *E. Klein*, VVDStRL 50 (1971), S. 90 f.; dezidiert anders *Th. Oppermann/C. D. Classen*, Aus Politik und Zeitgeschichte, B 28/93, S. 17, welche die Gefahr eines "Abgleitens (sc. Deutschlands) in einen Staatenbund durch die starke Aufwertung des Bundesrates nach Art. 23 Abs. 3 - 6 GG" meinen erkennen zu können.

[293] Dazu *W. v. Simson/J. Schwarze*, Europäische Integration und Grundgesetz, Maastricht und die Folgen für das deutsche Verfassungsrecht, S. 65 f.; *Th. Oppermann*, Europarecht, S. 264 ff.; *A. Bleckmann*, Europarecht, S. 364 ff.; *Ch. Tomuschat*, GG, Bonner Komm., Rdn. 68 a zu Art. 24 GG; wie hier auch *R. Breuer*, NVwZ 1994, 426.

[294] Maastricht-Urteil B 2 f, S. 32, BVerfGE 89, 155 (179).

GG, nicht aber die auf die allgemeine politische Freiheit des Art. 2 Abs. 1 GG gestützte Verfassungsbeschwerde zugelassen hat[295]. Zu einer republikanischen Verfassungsdogmatik hat das Gericht noch nicht gefunden, wenn es auch in deren Nähe gerückt ist. Kein Land des Bundes war im übrigen bereit, die eigene Staatlichkeit gegen deren Aushöhlung zu verteidigen, auch nicht der Freistaat Bayern trotz mancher kritischer Äußerungen seines Ministerpräsidenten zum Maastricht-Vertrag und zur Europapolitik der Bundesregierung[296].

V. Schlußbemerkung

Die staatliche Integration Europas ist ein guter Weg, den Frieden unter den Völkern Europas durch eine Rechtsgemeinschaft zu sichern, wenn die Integration auch wesentlich wirtschaftlichen Zwecken dient. Ökonomie und Politik sind im modernen Gemeinwesen zu einer Einheit geworden. Die Wirtschaft ist gemeinsames Schicksal. Das gemeinsame Leben ist in allen Bereichen staatlich und privat zugleich[297]. Die gemeinsame Verantwortung für das gemeinsame gute Leben hat zur Sozialwirtschaft geführt, welche um der Effizienz willen bestmöglicher unternehmerischer Privatheit und damit der Marktlichkeit und der Wettbewerblichkeit bedarf. Die Wirtschaftsverfassung der sozialen Marktwirtschaft hat sich, jedenfalls in Deutschland, zu der marktlichen Sozialwirtschaft entwickelt, die in der Logik der zunehmenden Staatlichkeit des gemeinsamen Lebens liegt. Dieses gemeinsame Leben ist längst europäisch, nicht nur, aber vor allem das unternehmerische Wirtschaften. Das macht das europäische Gemeinschaftsrecht notwendig; denn wer mit anderen zusammenlebt, hat aus der Freiheit ein Recht auf gemeinsames Recht, das eigentliche Prinzip des Friedens. Das Gemeinwesen Europa ist Wirklichkeit, die durch keine Mauer, sei diese aus Steinen oder aus Gesetzen, getrennt werden sollte, weil das die freie Entfaltung der Persönlichkeiten der Europäer verletzen würde.

Der Weg der staatlichen Integration Europas muß aber ein Weg des Rechts sein, d. h. die Völker und ihre Staaten dürfen nicht gegen den Willen der Bürgerschaften aufgelöst werden. Die Verfassung Europas muß den großen

---

[295] B 2, S. 28 ff., BVerfGE 89, 155 (174 ff.).

[296] Ministerpräsident *E. Stoiber* etwa im Interview "Es gab einmal eine europäische Bewegung in Deutschland ... das ist vorbei", Süddeutsche Zeitung Nr. 253 vom 2.11.1993, S. 14; *ders.*, Neue Epoche 127 (1994-1), S. 25 ff.

[297] *K. A. Schachtschneider*, Res publica res populi, 4. Teil, 2. Kap., 5. Teil, 5. Kap.

Ideen des christlichen, aufklärerischen Abendlandes, Freiheit, Gleichheit, Brüderlichkeit, genügen. Das gebietet eine republikanische Verfassung Europas, die schon wegen der großen Zahl der Europäer nur ein "Föderalism freier Staaten" sein kann, wie das *Kant* in seiner Schrift Zum ewigen Frieden vor zweihundert Jahren konzipiert hat. Nur Republiken der Völker lassen der bürgerlichen Freiheit und damit der Gleichheit der Bürger und der Brüderlichkeit unter den Bürgern eine Chance, solange die Völker verschiedene Sprachen sprechen. Ohne Gespräch (Diskurs) gibt es keine Politik (im aristotelischen Sinne). Das Gespräch ist das Verfahren der Freiheit zum Recht. In Europa leben Völker. Die nationale Vielheit ist ein Teil der Wirklichkeit Europas, die Art. F Abs. 1 EUV anerkennt. Gegen diese Wirklichkeit kann Europa nicht erfolgreich verfaßt werden. Die Lage Europas gebietet die Verfassung eines bestmöglichen Föderalismus, welche der allgemeinen Freiheit die größtmögliche Chance läßt. Die staatliche Integration Europas darf die Freiheit der Europäer nicht unter ökonomischen Effizienzprinzipien begraben. Die Lehre von der Freiheit, die zugleich eine Lehre vom Recht und vom Staat und damit eine Lehre von der Republik ist, will ein Europa der Freiheit, ein Europa der Bürger, ein Europa der Völker vorstellen. Nur die allgemeine Freiheit der Bürger ist Frieden; denn sie ist untrennbar verbunden mit der Brüderlichkeit in Gleichheit. Das aufklärerische christliche Europa sollte eine Verfassung der Nächstenliebe haben, die diesem allein denkbaren Prinzip des Rechts gemäß vom kategorischen Imperativ *Kants* bestimmt ist. Eine solche europäische Verfassungsidee läßt den Parteienoligarchien keine Legitimation, selbst wenn diese ihre sanfte Despotie liberalistisch mäßigen. Ein Europa, welches Parteiführer überhastet zimmern, mag das Europa der Industrien, das Europa der Banken und das Europa der Parteien, also ein Europa der Oligarchie, ein Europa der Herrschaft, sein. Ein solches Europa würde zugleich ein Europa der Untertanen sein. Kein freier Bürger kann einer solchen Entwicklung zusehen. Das Bundesverfassungsgericht hat die Gefahr für die Bürger erkannt und das im Vertrag von Maastricht konzipierte Europa der Führer abgewehrt. Es hat das demokratische Prinzip, das im Europa der Völker national ist, gestärkt. Dogmatisch sind längst nicht alle Fragen der staatlichen Verfassung Europas geklärt. Diese Fragen hängen von dem Paradigma des Rechts ab, welches (wieder einmal) im Umbruch ist. Das Paradigma wechselt vom Liberalismus zum Republikanismus der Freiheit und damit von der Staatlichkeit zur Bürgerlichkeit, von den Demokratien zu den Republiken. Die Arbeit am Verfassungsrecht Europas hat mit dem Maastricht-Urteil des Bundesverfassungsgerichts noch einmal begonnen.

Nationales Lauterkeitsrecht und Europäisches Gemeinschaftsrecht

Von Winfried Veelken, Erlangen

A. Entwicklungslinien des Wettbewerbsrechts

1. Lauterkeitsrecht

a) Allgemeiner Rückblick. Im Jahre 1892, vor genau 100 Jahren, hatte das Reichsgericht folgenden Sachverhalt zu entscheiden[1]: Die Türkei hatte Mitte der 80er Jahre die Tabakfabrikation zum Staatsmonopol erklärt und einem einzigen Unternehmen, der Klägerin, die ausschließliche Ausübung des Monopols für die Herstellung von Zigaretten verliehen. Daraufhin verlegte eine nicht begünstigte Konkurrentin, die Beklagte, ihre Zigarettenfabrik von (seinerzeit) Konstantinopel nach Hamburg und ließ sich dort unter der französisch lautenden Firma "Sossidi frères", also Gebrüder Sossidi, in das Handelsregister eintragen. Zur Zeit ihrer Fabrikation in der Türkei hatte die Beklagte ihre Zigaretten, Verpackungen und Preislisten mit der Aufschrift versehen: "Sossidi frères Constantinople". Die Beklagte behielt diese Aufschrift auch nach der Verlegung ihrer Fabrikationsstätte nach Hamburg bei, mit der einzigen abschwächenden Änderung, daß sie vor das Wort "Constantinople" ein französisches "de", also "von", "aus", einschaltete. Mit der Beschriftung "Sossidi frères de Constantinople" vertrieb sie ihre Zigaretten u. a. im Großherzogtum Baden, in dem seinerzeit, neben dem Reichsrecht, als Landesrecht das französische Zivilrecht galt. Die Klägerin hatte von der Beklagten Unterlassung des Zusatzes "de Constantinople" verlangt mit der Begründung, die Beklagte erwecke hiermit absichtlich den Anschein, es handle sich um echte türkische, d. h. in der Türkei hergestellte Zigaretten, welche sich seinerzeit offensichtlich besonderer Beliebt-

---

[1] RG 29.4.1892, RGZ 29,57 ff.

heit erfreuten. Die gerade wegen der dortigen Geltung des französischen Zivilrechts angerufenen badischen Gerichte hatten der Klage stattgegeben, in Anwendung der von den französischen Gerichten in jahrzehntelanger Rechtsprechung auf der Grundlage der deliktischen Generalklausel des Art. 1382 Code civil von 1804 entwickelten Grundsätze zur concurrence déloyale.

Der Fall könnte heute in der Bundesrepublik angesichts der irreführenden Angaben über die Warenherkunft im Ergebnis nicht anders entschieden werden[2].

Das Reichsgericht wies die Klage jedoch ab. Die Klägerin mache Rechte geltend gegenüber einer Warenbezeichnung. Diese Rechte seien jedoch einheitlich und erschöpfend im (Reichs-)"Gesetz über den Markenschutz vom 30. November 1874"[3] geregelt. Dieses Gesetz erfasse nur die hier nicht vorliegende eigentliche Zeichenverletzung, nämlich nur die Konstellation, daß jemand Waren oder Verpackungen mit einem für einen anderen eingetragenen Warenzeichen oder einer für einen anderen eingetragenen Firma widerrechtlich versehe[4]. Irgendein Schutz gegenüber der von allen drei Instanzen übereinstimmend festgestellten Täuschungsgefahr über den Herkunftsort der Zigaretten bestand danach nicht.

Dieses Urteil fügt sich als ein, wenngleich besonders markantes Beispiel[5], ein in eine Kette reichsgerichtlicher Entscheidungen jener Zeit, die auf dem Prinzip beruhen, daß die wenigen wettbewerbsregelnden Bestimmungen in

---

[2] Maßgebend ist naturgemäß vor allem § 3 UWG. Insbesondere kann auch im Gebrauch einer Unternehmens- oder Warenbezeichnung, unabhängig von ihrer firmen- oder warenzeichenrechtlichen Zulässigkeit, eine irreführende "Angabe" liegen; vgl. m.w.Nachw. *Baumbach/Hefermehl*, Wettbewerbsrecht (16. Aufl. 1990) Rz. 19; Großkommentar*(-Lindacher)* § 3 UWG Rz. 91; *Emmerich*, Das Recht des unlauteren Wettbewerbs (3. Aufl. 1990) § 12, 3 b; jeweils m.w.Nachw. § 3 UWG erfaßt ferner auch die nachträgliche Unrichtigkeit; vgl. m.w.Nachw. *Baumbach/Hefermehl*, § 3 UWG Rz. 56; *Emmerich*, a.a.0. Mehrdeutige Angaben (an die hier wegen des Wegzugs aus Konstantinopel vielleicht zu denken wäre) gehen zu Lasten des Werbenden; vgl. m.w.Nachw. *Baumbach/Hefermehl*, § 3 UWG Rz. 44 ff.; Großkommentar *(-Lindacher)* § 3 UWG Rz. 163 ff.; *Emmerich* § 12, 4 a, dd. Zum umstrittenen Verhältnis zwischen § 1 und § 3 UWG vgl. Großkommentar *(-Lindacher)* 3 UWG Rz. 33 ff. m.w.Nachw.

[3] RGBI. S. 143, das erste reichseinheitliche Warenzeichengesetz. Vgl. zur historischen Entwicklung *Wadle*, Das Markenschutzgesetz von 1874, JuS 1974, 761 ff.; *Hubmann*, Gewerblicher Rechtsschutz (5. Aufl. 1987) § 2 VIII 1.

[4] Im Hinblick auf die Preisliste handelte es sich um eine firmenmäßige Bezeichnung und traf nach Ansicht des Reichsgerichts insoweit das Firmenrecht des ADHGB eine abschließende Regelung; a.a.0. S. 61.

[5] Vgl. *Kohler*, Der unlautere Wettbewerb (1914) 57: "... das Prinzip auf die Spitze getrieben".

einigen Sondergesetzen des Reiches, vor allem dem schon genannten Markenschutzgesetz sowie vereinzelten Bestimmungen in der Gewerbeordnung, eine abschließende Regelung des Marken- und Wettbewerbsrechts bildeten, so daß wettbewerbsrechtlich alles gestattet war, was nicht ausdrücklich durch diese Sondergesetze des Reiches verboten war[6]. Die richterrechtliche Entfaltung eines Lauterkeitsrechts aus dem allgemeinen bürgerlichen Recht, wie zeitlich parallel teilweise im Ausland[7], war damit abgeschnitten; das Reichsgericht hatte ausdrücklich erklärt, es gebe im deutschen Recht nicht den Begriff des unlauteren Wettbewerbs[8]. Prägend für diese Rechtsprechung waren vor allem die liberalen Grundanschauungen jener Zeit: die prinzipiell unbegrenzte Handlungsfreiheit im Wettbewerb, welche in der in der Gewerbeordnung von 1869 proklamierten Gewerbefreiheit ihren normativen Ausdruck fanden. Der Beginn der modernen deutschen Rechtsentwicklung ist daher gekennzeichnet durch ein weitestgehendes Zurücktreten des Lauterkeitsschutzes gegenüber der Wettbewerbsfreiheit[9].

Nun mag man fragen, in welchem Zusammenhang die rechtshistorischen Reminiszenzen zum heutigen Thema stehen, welches ja gerade durch seine

---

[6] RG 30.11.1880, RGZ 3, 67; RG 13.11.1886, RGZ 18, 93; RG 7.12.1887, RGZ 20, 71; RG 29.4.1892, wie N. 1; RG 24.1.1895, RGZ 35, 166; RG 1.6.1894, Zeitschrift für gewerblichen Rechtsschutz 1894 Nr. 15.

[7] Vgl. dazu mit Hinweis auf die angelsächsischen und französischen Gerichte *Baumbach/Hefermehl*, Einl. UWG Rz. 16; *Fikentscher*, Wettbewerb und gewerblicher Rechtsschutz (1958) 135.

[8] RG 7.12.1887, RGZ 20, 71, 75: "Die aus Artt. 1392 flg. Code civil von der französischen Rechtsprechung hergeleiteten Grundsätze von der concurrence déloyale haben im Handelsgesetzbuch und in dem, im vorliegenden Fall eventuell zur Anwendung kommenden gemeinen Rechte keinen Boden." Vgl. auch *Scherer*, Empfiehlt sich ein allgemeiner Rechtsschutz gegen unlauteren Wettbewerb? Verhandlungen des 23. Deutschen Juristentages, Band I (1895), Gutachten 226; *Schmid*, Die Gesetze zum Schutz des gewerblichen Eigentums (1897) 250.

[9] Vgl. zu dieser ersten Periode des Lauterkeitsschutzes *Lobe*, Der unlautere Wettbewerb als Rechtsverletzung I (1907) 115 ff.; *Kohler*, wie N. 5, 35 ff.; *Schmid*, wie N. 8, 249 ff.; *Baumbach*, Kommentar zum Wettbewerbsrecht (1929) 121 ff.; *Baumbach/Hefermehl*, wie N. 2, Einl. UWG Rz.16; *Fikentscher*, wie N.7, 133 ff.; *derselbe*, Das Verhältnis von Kartellrecht und Recht des unlauteren Wettbewerbs im deutschen und europäischen Recht, in: Fs. Hallstein (1966) 127 ff.; *Kraft*, Interessenabwägung und gute Sitten im Wettbewerbsrecht (1963) 93 ff.; *Kraßer*, Die Entwicklung der Ordnung des Wettbewerbsrechts in der französischen und deutschen Rechtsprechung des 19. Jahrhunderts, in: Coing/Wilhelm (Hrsg.), Wissenschaft und Kodifikation des Privatrechts im 19. Jahrhundert, Band IV (1979) 145 ff.; *Ahrens*, Die Entstehung der zivilrechtlichen Sanktionen des UWG, WRP 1980, 129 ff.; *E. Ulmer*, Das Recht des unlauteren Wettbewerbs in den Mitgliedstaaten der Europäischen Wirtschaftsgemeinschaft, Band I, Vergleichende Darstellung mit Vorschlägen zur Rechtsangleichung (1965) 8 ff.; Großkommentar *(-Köhler)*, Vor § 13 Abschnitte A, B, C (1991), Vor §13 Rz.1; *Emmerich*, wie N. 2, § 2,1.

hohe Aktualität und in die Zukunft weisende Bedeutung gekennzeichnet ist. Die Antwort geht dahin, daß zum Verständnis der Einwirkungen des Europäischen Gemeinschaftsrechts auf das nationale, speziell das deutsche Recht gegen den unlauteren Wettbewerb, die Skizzierung einiger Entwicklungslinien des deutschen Lauterkeitsrechts wesentlich ist. Diese - zunächst zu zeichnenden - Entwicklungslinien eröffnen wichtige Perspektiven und Aspekte, vor deren Hintergrund das Wirkungspotential des Gemeinschaftsrechts erst in vollerem Umfang erkennbar wird.

Darf also der historische Faden wieder aufgenommen werden, so wurden die mit der aufgezeigten restriktiven Haltung des Reichsgerichts verbundenen Regelungsdefizite schnell offenkundig angesichts einerseits der mit Einführung der Gewerbefreiheit freigesetzten wirtschaftlichen Entfaltung und dem Entstehen intensiven Wettbewerbs auf einer Vielzahl von Märkten und andererseits der im wirtschaftlichen Wettbewerb stets virulenten Bestrebungen zu unlauteren Verhaltensweisen. Das Essentiale des Wettbewerbs besteht, wie schon in einer der ersten großen Monographien zu Anfang dieses Jahrhunderts festgestellt worden ist[10], in der, wie es dort heißt, "Mehrheit der Strebenden bei Einheit des Ziels", in einem Kampf um einen nur einmal zu vergebenden Preis, in welchem sich die Handlungen der Wettbewerber im Hinblick auf die Zielerreichung wechselseitig beeinflussen und das Ziel wirtschaftlichen Wettbewerbs der Geschäftsabschluß mit der Marktgegenseite bildet[11]. Die existentielle Bedeutung des Erfolges in diesem Wettbewerb führt zwangsläufig zu vielfachen Versuchungen, zum Geschäftsabschluß mit der Marktgegenseite zu gelangen

---

[10] *Lobe*, vorige N., 1, 2.

[11] Über diesen Kern des Verständnisses des wirtschaftlichen Wettbewerbs besteht weitgehend Übereinstimmung; vgl. *Baumbach/Hefermehl*, wie N. 2, Allg. Rz. 1; *Nirk*, Gewerblicher Rechtsschutz (1981) 337; *Kraft*, Interessenabwägung, wie N. 9, 177 ff. Diesen Kern enthält auch der bekannte Versuch einer Definition des Wettbewerbs bei *Borchardt/Fikentscher*, Wettbewerb, Wettbewerbsbeschränkung, Marktbeherrschung (1957) 15: Wirtschaftlicher Wettbewerb als "das selbständige Streben sich gegenseitig im Wirtschaftserfolg beeinflussender Anbieter oder Nachfrager (Mitbewerber) nach Geschäftsverbindung mit Dritten (Kunden oder Lieferanten) durch Inaussichtstellen günstig erscheinender Geschäftsbedingungen"; vgl. auch *Fikentscher*, Wettbewerb und gewerblicher Rechtsschutz, wie N. 7, 39; *derselbe* (erweiternd), Wirtschaftsrecht II (1983) 194, 195. Die Begründung zum Regierungsentwurf eines Gesetzes gegen Wettbewerbsbeschränkungen (BT-Drucks. II/1158, nach Anl. I S. 31) verzichtet ausdrücklich auf eine gesetzliche Definition, umschreibt Wettbewerb aber als das Streben, durch eigene Leistung, die nach Qualität oder Preis besser ist als die Leistung anderer Unternehmen, den Verbraucher zum Abschluß eines Vertrages zu veranlassen. Zu weiteren Definitionsversuchen und zu den Gefahren einer normativen Verfestigung des Wettbewerbsbegriffes vgl. *Immenga/ Mestmäcker(-Immenga)*, GWB (2. Aufl. 1992) § 1 Rz. 180 ff. m.w.Nachw.

nicht durch die, vor allem im Hinblick auf Preis und Qualität bessere Leistung - das Leitbild des lauteren Wettbewerbs[12] -, sondern durch andere Mittel, vor allem die Beeinträchtigung der Entscheidungsfreiheit des Marktpartners, insbesondere durch Irreführung[13], und durch nicht leistungsbezogene Behinderungen der Konkurrenten, durch die diese in der Entfaltung ihrer Leistungskraft und im Angebot ihrer Leistungen auf dem Markt beeinträchtigt werden[14]. Die als Folge der reichsgerichtlichen Rechtsprechung entstandene Situation haben Beobachter umschrieben als einen "wie eine Pest umsichgreifenden unlauteren Wettbewerb"[15].

Der Ruf nach dem Gesetzgeber war damit unvermeidlich, welcher indessen zunächst von der gleichen liberalen Grundhaltung und Vorsicht geprägt war wie die Rechtsprechung. Aus Gründen der Rechtssicherheit, vor allem jedoch aus der Sorge, nicht Verhaltensweisen als unlauteren Wettbewerb zu deklarieren,

---

[12] Zur Frage, ob eine hinreichend scharfe Grenzziehung zwischen "Leistungswettbewerb" und "Behinderungswettbewerb" bzw. (umfassender) "Nichtleistungswettbewerb" möglich ist und ob nach ihr die Abgrenzung zwischen lauterem und unlauterem (sittenwidrigen) Wettbewerb vorgenommen werden kann, ist hier nicht Stellung zu nehmen; vgl. zum Diskussionsstand *Baumbach/ Hefermehl*, wie N. 2, Einl.UWG Rz.96 ff.; *Emmerich*, wie N. 2, 54 m. w. Nachw. Daß die Vorstellung des Leistungswettbewerbs insoweit jedenfalls als wesentliches Leitbild dient, dürfte seit den Untersuchungen schon *Lobes*, wie N. 9, 47 ff., *Nipperdeys* (Wettbewerb und Existenzvernichtung, 1930, 16 ff. = KartRdsch. 1930, 127 ff.) und vor allem *F. Böhms* (Wettbewerb und Monopolkampf, 1933/1964, passim, bes. S. 73, 124, 178, 210, 250 ff., insbesondere S. 142: "Das Leistungsprinzip ... ist ... der schlechthin beherrschende Grundsatz des gesamten wirtschaftlichen Kampfrechtes; mit seiner vorbehaltlosen Anerkennung und nachdrücklichen Verwirklichung mit allen zu Gebote stehenden Mitteln steht und fällt der Ordnungscharakter der freien Verkehrswirtschaft".) weitgehender Übereinstimmung entsprechen. Vgl. auch *Fikentscher*, Wettbewerb und gewerblicher Rechtsschutz, wie N. 7, 113 ff.; *Kraft*, Interessenabwägung, wie N. 9, passim, insbesondere 214, 216, 224, 227, 235, 269.

[13] Vgl. zu den einzelnen Fallgruppen dieser Richtung unlauteren Wettbewerbs ("Kundenfang") *Baumbach/Hefermehl* Einl. UWG Rz. 114, 115, 161, § 1 UWG Rz. 4 ff.

[14] Zu den Fallgruppen des "Behinderungswettbewerbs" vgl. *Baumbach/Hefermehl* Einl. UWG Rz. 162, § 1 UWG Rz. 208 ff. Diese beiden elementaren Richtungen unlauteren Wettbewerbs stellen auch historisch den Ausgangspunkt der Systembildung dar; vgl. die erste klare Einteilung bei *Kohler*, wie N. 9, 24 ff., in "Irreleitung" und "Vergewaltigung" ("Feindseligkeiten"). Vgl. zur Systembildung auch unten zu N. 20.

[15] *Baumbach* wie N. 9, 124. Vgl. auch *Kohler*, wie N. 9, 44: "Die bösesten, schwindelhaftesten Reklamen, die sonderlichsten Täuschungen des Publikums zum Nachteil der Konkurrenten, abenteuerliche Angaben bezüglich der Herkunft der Waren, Mißbrauch der Namensähnlichkeit und alles derartige muß als unfähig gelten, die Schärfe des Rechts zu wecken". Dort (60 ff.) auch Nachweise weiterer kritischer Stimmen. Vgl. ferner *Lobe*, Die Entwicklung des Schutzes gegen unlauteren Wettbewerb nach der Rechtsprechung des Reichsgerichts, GRUR 1931, 1215 ff., 1215, 1216.

welche lediglich bestimmten Unternehmen oder Unternehmensgruppen lästig oder unbequem waren, wählte das erste deutsche Gesetz gegen den unlauteren Wettbewerb vom 27. Mai 1896 rechtstechnisch die Methode enumerativer Einzeltatbestände[16]. Auch dieses erwies sich indessen als eine der Eigenart unredlichen Wettbewerbs unangemessene Regelungstechnik - eine Eigenart, die mit einem vielzitierten Ausspruch gekennzeichnet worden ist als "ein Proteus, der sich in tausend Formen flüchtet und gerade die gesetzlich verpönten Gestalten vermeidet, um mit unzähligen Verkleidungen dem loyalen Verkehr die Früchte seiner redlichen Bemühungen abzujagen"[17]. Das auch heute noch die maßgebliche Rechtsgrundlage bildende Gesetz gegen den unlauteren Wettbewerb vom 7. Juni 1909 beruht daher, in Übereinstimmung mit vielen ausländischen Rechtsordnungen[18], auf dem Prinzip der Kombination einer Generalklausel mit der Schaffung von Einzeltatbeständen.

Auf der Grundlage des § 1 UWG, wonach sämtliche gegen die guten Sitten verstoßenden Wettbewerbshandlungen verboten und mit Schadensersatz- und Unterlassungsansprüchen sanktioniert sind, hat die Rechtsprechung ein höchst umfangreiches und ausdifferenziertes System von Verhaltensnormen für Unternehmen im Wettbewerb entwickelt[19], deren Zusammenfassung in einer allseits

---

[16] Bei der Vorbereitung des Gesetzes zur Bekämpfung des unlauteren Wettbewerbs vom 27.5.1896 bestanden Meinungsverschiedenheiten darüber, ob nach Art des französischen Art. 1382 Code civil mit der Zielsetzung der Erfassung aller denkbaren Mißbräuche eine Generalklausel eingeführt oder die Wettbewerbsverstöße enumerativ benannt werden sollten. Man entschied sich für das letztere, da es einmal, wie die Gesetzesbegründung vermerkt, zunächst nur darauf ankommen könne, "bestimmte, nach den bisherigen Erfahrungen für den redlichen Erwerbsgenossen besonders nachteilige Mißbräuche zu verhindern". Zum andern liege es "im dringenden Interesse der Rechtssicherheit, die Scheidelinie zwischen dem Erlaubten und dem Unerlaubten im Gesetz selbst in klar erkennbarer Weise festzulegen". Vor allem werden indessen die Grenzen der Beschränkungsmöglichkeiten hervorgehoben. Sie ergeben sich "aus dem Begriffe des unlauteren Wettbewerbs"; es könne nicht "in der Absicht liegen, den Wettbewerb als solchen einzuschränken oder ihn in der Anwendung von Mitteln zu behindern, welche, ohne gegen die Gepflogenheiten eines ehrbaren Geschäftsmannes zu verstoßen, anderen Gewerbetreibenden lästig oder unbequem sein mögen". Vgl. die Wiedergabe der Gesetzesbegründung bei *Schmid*, wie N. 9, 256 ff., 258, 259; vgl. ferner *Kraft*, Interessenabwägung, wie N. 9, 96 ff.

[17] *Kohler*, Recht des Markenschutzes (1884), zitiert nach *E. Ulmer*, wie N. 9, Nr. 110; vgl. auch *Fikentscher*, Fs. Hallstein, wie N. 9, 129.

[18] Vgl. *E. Ulmer*, wie N. 9, Nr. 110.

[19] Vgl. auch *Schricker*, Möglichkeiten zur Verbesserung des Schutzes der Verbraucher und des funktionsfähigen Wettbewerbs im Recht des unlauteren Wettbewerbs, ZHR 139 (1975) 208 ff., 214: "Insgesamt stellt sich das deutsche Wettbewerbsrecht als ein in wenigen Gesetzesvorschriften wurzelnder, zu imposanter Höhe emporgewachsener, reich verzweigter und in feinste Verästelungen ausblühender Baum dar, aus dem ständig weitere Triebe hervorwachsen, wobei freilich Lehre und

akzeptierten Systematik der Wissenschaft bis heute nicht gelungen ist[20]. Neben der sog. "königlichen Generalklausel" des § 1 UWG und der sog. "kleinen Generalklausel" des § 3 UWG über das Verbot irreführender Angaben treten die Einzeltatbestände des Gesetzes in den Hintergrund.

b) Schutzzwecke. Neben diesem allgemeinen historischen Rückblick bezieht sich eine zweite, im vorliegenden Zusammenhang wesentliche Entwicklungslinie auf die Schutzzwecke des Lauterkeitsrechts. Am Anfang steht die vom Gesetzgeber[21], Rechtsprechung und Lehre[22] einhellig geteilte Ansicht, es handle sich um einen reinen Individualschutz der Mitbewerber. Auf dieser Grundlage entwickelte sich - aus mehreren Motivationen gespeist[23] - als Kristallisationspunkt der wissenschaftlichen Diskussion die Suche nach einem

---

Praxis manchmal uneins sind, welche Zweige gehegt werden sollen und wo Wildwuchs zu kupieren ist." Während des Zeitraums zwischen 1950 und 1975 sind etwa 2000 wichtige BGH-Entscheidungen zum Wettbewerbsrecht ergangen; vgl. *Schricker* a.a.O.; *Emmerich*, wie N. 2, § 5, 7 N. 128.

[20] Vgl. zu Stand und Entwicklung der Systematisierungsversuche m.w.Nachw. *Baumbach/Hefermehl*, wie N. 2, Einl. UWG Rz. 56 ff., 158 ff., *Kraft*, Interessenabwägung, wie N. 9, 268 ff.; *Emmerich*, wie N. 2, 71 ff.

[21] Vgl. die Begründung zum Regierungsentwurf des Gesetzes vom 27.5.1896 (abgedruckt bei *Schmid*, wie N. 9, 256 ff., 260, 261): "Nur insoweit, als gewisse Mittel, welche moralisch verwerflich, wenngleich vom Gesetz bisher nicht verboten sind, zu dem Zwecke angewendet werden, um unberechtigte Vorteile gegenüber den Konkurrenten zu gewinnen, ist Abhilfe nötig und erreichbar. Der Schutz des konsumierenden Publikums gegen Übervorteilung ist nicht der unmittelbare Zweck eines gegen den unlauteren Wettbewerb gerichteten Gesetzes, wenngleich Maßregeln, die in den gegenseitigen Beziehungen der Gewerbetreibenden Treu und Glauben zu befestigen bestimmt sind, mittelbar auch den Interessen der Abnehmer entgegenkommen werden." Vgl. zum UWG von 1909 *Kraft*, Interessenabwägung, wie N. 9, 193; *Emmerich*, wie N. 2, 19; zweifelnd insoweit *Möschel*, Pressekonzentration und Wettbewerbsgesetz (1978) 133; *Merz*, Die Vorfeldthese. Die Anwendung von § 1 UWG im Vorfeldbereich der horizontalen Marktbehinderungstatbestände des GWB (1988) 189 N. 23; *Priester*, Verbraucherverbände im Sinne des § 13 Abs. 1 a UWG, GRUR 1969, 571 ff., 574.

[22] Vgl. *Lobe*, wie N. 9, 12 ff., 14 ff.; *Kohler*, wie N. 9, 17 ff.; *Baumbach*, wie N. 9, 128, 129. Vgl. hierzu ferner *Kraft*, Interessenabwägung, wie N. 9, 193; Möschel, Pressekonzentration, wie N. 20, 133; *Baumbach/Hefermehl*, wie N. 2, Einl. UWG Rz. 41; *Emmerich*, wie N. 2, § 3, 2 a.

[23] Wesentlich waren insbesondere das Bestreben, die Lücken des Gesetzes vom 27.5.1896 mit dem Inkrafttreten des BGB durch einen Rückgriff auf den § 823 I BGB zu schließen oder einen Rechtsschutz ohne den Vorwurf sittenwidrigen Verhaltens gewähren zu können (vgl. hierzu *Kraft*, Interessenabwägung, wie N. 9, 115, 196;*Emmerich*, wie N. 2, 16); der Anschluß an die seinerzeitige Auseinandersetzung um das geschützte Rechtsgut der gewerblichen Schutzrechte (vgl. *Fikentscher*, Gewerblicher Rechtsschutz, wie N. 9, 136 ff., 157 ff.) oder das rechtstheoretische Bestreben, das Schutzgut des UWG in das System der privaten subjektiven Rechte einordnen zu können (vgl. *Emmerich*, wie N. 2, 16 m.w.Nachw.); die heute noch wirksame Vorstellung, die Gewährung von Schadensersatz- und Unterlassungsansprüchen setze die Existenz subjektiver Rechte voraus, in die eingegriffen werde (vgl. *Fikentscher*, diese N., 223 ff.; vgl. dazu auch *Emmerich*, wie N. 2, 16).

durch das Lauterkeitsrecht geschützten absoluten subjektiven Recht der Konkurrenten, als welches im Vordergrund standen einmal der Schutz der Persönlichkeit in ihrer gewerblichen Betätigung[24], zum andern ein von der Persönlichkeit losgelöstes Rechtsgut, das Unternehmen als Immaterialgüterrecht[25].

Die Einseitigkeit dieser Sichtweise zeigte sich, als das Reichsgericht gegen Ende der Zwanziger Jahre im Zuge einer allgemein verstärkten Berücksichtigung sozialer Belange im Privatrecht[26] und im Zusammenhang mit der Verbandsklage des § 13 UWG[27] zu einem sog. sozialrechtlichen Verständnis des UWG überging und erklärte, das Lauterkeitsrecht bezwecke neben dem Schutz der Mitbewerber auch den der anderen Marktbeteiligten, insbesondere der Verbraucher, sowie den Schutz der Allgemeinheit. Diese Auffassung hat sich seitdem allgemein durchgesetzt[28]. Die Übereinstimmung in der Formulierung des Ergebnisses darf indessen nicht darüber hinwegtäuschen, daß wesentliche Fragen ungeklärt sind, insbesondere: Die nähere Definition der über den Mitbewerberschutz hinausgehenden geschützten Interessen; das Verhältnis der Schutzzwecke zueinander; und der Einfluß der verschiedenen Schutzzwecke auf die Regelbildung im Lauterkeitsrecht.

---

[24] Insbesondere *Lobe*, wie N. 9, 145 ff.; *Kohler*, wie N. 9, 17 ff. Vgl. ferner die Nachweise bei *Kraft*, Interessenabwägung, wie N. 9, 197; *Fikentscher*, Gewerblicher Rechtsschutz, wie N. 9, 157 ff.; *Emmerich*, wie N. 2, 17; *Baumbach/Hefermehl*, wie N. 2, Einl. UWG Rz. 45.

[25] Insbesondere *Baumbach*, wie N. 9, 125 ff., *Callmann*, Der unlautere Wettbewerb, Kommentar (2. Aufl. 1932) 31 ff. Vgl. ferner die Nachweise bei *Kraft*, Interessenabwägung, wie N. 9, 197; *Fikentscher*, Gewerblicher Rechtsschutz, wie N. 9, 158 ff.; *Baumbach/Hefermehl*, Einl. UWG Rz. 46.

[26] Vgl. *Möschel*, wie N. 20, 133.

[27] Vgl. RGZ 120, 47 ff., 49; 128, 330 ff., 343 ; 160, 385 ff., 388; sowie weitere Rechtsprechungsnachweise bei *Kraft*, Interessenabwägung, wie N. 9, 194 N. 525; *Emmerich*, wie N. 2, 19 N. 15; *Baumbach/Hefermehl*, wie N. 2, Einl. UWG Rz. 41.

[28] Diese Entwicklung ist einer der Gründe dafür, daß die Erfolgsaussichten der Suche nach einem durch das UWG geschützten absoluten Recht der Gewerbetreibenden heute eher skeptisch beurteilt und der Gegenstand des Wettbewerbsrechts in einem umfassenden Interessenschutz, in der Aufstellung objektiver Verhaltensnormen im Interesse von Konkurrenten, der übrigen Marktbeteiligten, insbesondere der Verbraucher, und der Allgemeinheit gesehen wird. Hinzu kommt, daß die heute in der Rechtsprechung anerkannten Konturen des allgemeinen Persönlichkeitsrechts und des Rechts am eingerichteten und ausgeübten Gewerbebetrieb allenfalls Ausschnitte des Unlauterkeitsrechts erfassen können und daß die Vorstellung absoluter Rechte im Wettbewerb mit der mit dem Wettbewerbssystem stetig notwendig verbundenen Labilität der Wettbewerbspositionen schwer vereinbar ist. Vgl. zur Diskussion um das "Schutzobjekt" m.w.Nachw. *Baumbach/Hefermehl*, wie N. 2, Einl. UWG Rz. 44 ff.; *Emmerich*, wie N. 2, § 3, 1; *Merz*, wie N. 20, 187.

Der Verbraucherschutzgedanke hat im UWG mit der durch die Novelle von 1965 eingefügten Klagebefugnis (auch) von Verbraucherverbänden gesetzlichen Ausdruck gefunden[29]. Materiell hat das mit ihm verbundene Potential einer Umorientierung der Interpretation insbesondere der Generalklausel des § 1 UWG indessen bislang allenfalls zu gewissen Randkorrekturen geführt[30]; im übrigen wird von einer weitgehenden Parallelität von Konsumenten- und Konkurrenteninteressen, von Verbraucher- und Mitbewerberschutzzwecken ausgegangen[31].

Noch weniger geklärt erscheint die nähere Identifizierung und Bedeutung der Allgemeininteressen als Schutzzweck des Lauterkeitsrechts. Während der in diesem Zusammenhang häufige Hinweis auf die Interessen des Publikums oder der Mitbewerbergesamtheit oder die gleichfalls häufige Betonung des öffentlichen Interesses an der Beachtung der Normen des UWG wenig zusätzliche Aussagekraft besitzen[32], erweist sich von zentraler Bedeutung ein zunehmend in den Vordergrund gestelltes Verständnis der Allgemeininteressen als öffentliches Interesse an der Funktionsfähigkeit des Wettbewerbssystems als solchem.

---

[29] Zur bisherigen praktischen Bedeutung vgl. *Emmerich*, wie N. 2, § 17, 4 d m.w.Nachw. Verbraucherschutzpolitische Ziele verfolgt auch das mit der Novelle von 1986 eingefügte Rücktrittsrecht des § 13 a UWG. Dagegen hat die Rechtsprechung bislang einen individuellen Anspruch der Verbraucher auf Unterlassung und Schadensersatz verneint, weder unmittelbar nach dem UWG noch nach § 823 II BGB in Verbindung mit der Verletzung von UWG-Vorschriften. Vgl. Sack, Deliktsrechtlicher Verbraucherschutz gegen unlauteren Wettbewerb, NJW 1975, 1303 ff., 1304 ff.; *Tilmann*, Zur Rechtsstellung des Verbrauchers bei Wettbewerbsdelikten, ZHR 141 (1977) 32 fff., 37 ff.; *Emmerich*, wie N. 2, § 17, 5 c m.w.Nachw.

[30] Hingewiesen wird in diesem Zusammenhang insbesondere auf die Auflockerungen des grundsätzlichen Verbots der vergleichenden Werbung in der jüngeren Rechtsprechung sowie auch die Diskussion über die irreführende und belästigende Werbung einschließlich der sog. Suggestivwerbung.

[31] Vgl. m.w.Nachw. *Möschel*, wie N. 20, 134; *Emmerich*, wie N. 2, § 3, 2 b; *Baumbach/Hefermehl*, wie N. 2, Einl. UWG Rz. 43. Stärker werden die Auswirkungen des Verbraucherschutzgedankens in der bisherigen Fallgruppenbildung betont bei *Schricker*, Wettbewerbsrecht und Verbraucherschutz, Eine Darstellung des geltenden deutschen Rechts mit vergleichenden Anmerkungen, RabelsZ 36 (1972) 315 ff., 334 ff.; *derselbe*, Wettbewerbsrechtliche Aspekte des Verbraucherschutzes, RabelsZ 40 (1976) 535 ff., 538 ff.; *Sack*, wie N. 29, 1303 ff.

[32] Vgl. *Möschel*, wie N. 20, 134, 137 ff., 138; *Mestmäcker*, Der verwaltete Wettbewerb (1984) 82; Kraft, wie N. 9, 195; *Merz*, wie N. 20, 207, 208.

Die individuellen Schutzzwecke des UWG werden damit durch eine institutionelle Dimension ergänzt[33].

c) Konzeptionen der Sittenwidrigkeit. Eine dritte, für das vorliegende Thema wesentliche Entwicklungslinie betrifft die Frage nach dem Verständnis des Zentralbegriffs des Lauterkeitsrechts, dem Merkmal der "guten Sitten" in § 1 UWG. Die Rechtsprechung stützt sich im formulierten Ausgangspunkt in Anlehnung an die Gesetzesmaterialien[34] und in weitgehender Parallele mit den bürgerlichrechtlichen Generalklauseln[35] seit jeher auf die sog. Anstandsformel, das Anstandsgefühl aller billig und gerecht Denkenden bzw. - im Wettbewerb - der Durchschnittsgewerbetreibenden, in der jüngeren Rechtsprechung als Ausprägung des "sozialrechtlichen Verständnisses" als Korrektur ergänzt durch die Auffassung der Allgemeinheit[36]. Ein näherer Hinblick zeigt indessen, daß die Rechtsprechung diesen Ausgangspunkt keineswegs konsequent durchführt. So sind insbesondere kaum je empirische Erhebungen über die Anschauungen der beteiligten Verkehrskreise oder der Allgemeinheit durchgeführt worden[37], was einen Kommentator zu der vielzitierten Kennzeichnung veranlaßt hat, letzten Endes entscheide das Anstandsgefühl älterer Richter in hoher Stellung, die das praktische Geschäftsleben ganz überwiegend nie kennengelernt hätten[38]. Vor allem ergibt die nähere Analyse der Entscheidungsbegründungen häufig, daß in Wirklichkeit wesentlich andere Gesichtspunkte für die Beurteilung maßgebend waren, die zusammenfassend bezeichnet worden sind als ein Konglomerat rechtlicher und wirtschaftlicher Erwägungen, welche die Gefahr der Beliebigkeit erkennen ließen[39]. Deswegen wie aufgrund weiterer Einwän-

---

[33] Vgl. dazu die Nachw. N. 48. Zur gelegentlichen Berücksichtigung außerwettbewerblicher Interessen als Allgemeininteressen in der Rechtsprechung vgl. *Kraft*, wie N. 9, 246 ff.; *Merz*, wie N. 20, 206 ff., 209. Vgl. ferner die Hinweise m.w.Nachw. bei *Emmerich*, wie N. 2, 221, 22, auf den Schutz von Partikularinteressen unter dem Mantel von Allgemeininteressen.

[34] Zu § 826 BGB. Vgl. Motive II 727.

[35] §§ 138, 826 BGB.

[36] Vgl. zur Rechtsprechung des Reichsgerichts und des Bundesgerichtshofs die Nachweise bei *Baumbach/Hefermehl*, wie N. 2, Einl. UWG Rz. 84 ff.; *Emmerich*, wie N. 2, 43 ff.

[37] Vgl. *Emmerich*, wie N. 2, § 5, 1 b, aa; *Möschel*, wie N. 20, 140, 141; *Merz*, wie N. 20, 256; *Teubner*, Standards und Direktiven in Generalklauseln (1971) 19 ff.

[38] *Baumbach*, wie N. 9, 174.

[39] Vgl. die umfangreichen Nacheise zur Kritik der Rechtsprechung insoweit bei *Emmerich*, wie N. 2, § 5, 1 b, 47; *Kraft*, Interessenabwägung, wie N. 9, 116 ff.

de[40] wird die Anstandsformel der Rechtsprechung im Schrifttum überwiegend kritisch betrachtet[41].

In den eigenen Ansätzen geht die wissenschaftliche Diskussion indessen weit auseinander. Sie reichen von der Gleichstellung der guten Sitten mit den Geboten der Sittlichkeit[42] oder der sog. Konventionalnormen[43] über das Verständnis als von rechtlichen Maßstäben weitgehend befreitem Normbildungsauftrag an die Gerichte[44] und dem Vorschlag, den Sittenverstoß zu ermitteln im Wege einer umfassenden Interessenabwägung[45] bis zu einer zunehmendes Gewicht gewinnenden Richtung, die, nicht begrenzt auf das UWG, sondern vor allem auch für das Bürgerliche Recht, in den guten Sitten eine Bezugnahme nicht auf eine außerrechtliche Normenordnung, sondern auf innerrechtliche Maßstäbe

---

[40] Insbesondere schon der Frage nach den Kriterien der Eingrenzung des Kreises der "billig und gerecht Denkenden".

[41] Vgl. die umfangreichen Nachweise bei *Emmerich*, wie N. 2., § 5, 1 b, aa; *Merz*, wie N. 20, 256.

[42] Diese Auffassung sieht sich insbesondere mit der Problematik einheitlicher ethischer Normen in einer pluralistischen Gesellschaft konfrontiert. Soweit insoweit nur allgemein anerkannte Mindestanforderungen verlangt werden, sind sie derart rudimentär, daß sie nur einen ohnehin unbestrittenen Kern unlauteren Verhaltens erfassen und keine Entscheidungshilfe in Zweifelsfällen ermöglichen. Vgl. *Kraft*, wie N. 9, 115 ff., der auch auf die Problematik der Feststellung der Gesinnung als wesentlichem Element der Sittlichkeit hinweist; *Möschel*, wie N. 20, 141; *Emmerich*, wie N. 2, 48 ff.

[43] D.h. der in einer Gesellschaft anerkannten Regeln für das äußere Verhalten im Gegensatz zu der sich wesentlich auf die Gesinnung beziehenden Sittlichkeit. Hier gelten ähnliche Einwände: Auch die Konventionalnormen können nur einen Kern unlauteren Verhaltens erfassen, für den sich im übrigen schon Verhaltensregeln herausgebildet haben müssen, zum andern bedarf es eines Maßstabs zur Beurteilung einer Sitte als "guter Sitte". Vgl. *Kraft*, wie N. 9, 114, 115; *Möschel*, wie N. 20, 142, 143; *Emmerich*, wie N. 2, 51 m.w.Nachw. in N. 37; *Merz*, wie in N. 20, 257.

[44] In diesem Sinne *Ott*, Systemwandel im Wettbewerbsrecht, Fs. Raiser (1974) 403 ff., 403, 417, 418, 420. Dieser Auffassung ist vor allem entgegenzuhalten, daß sie die Suche nach einer Konkretisierung des § 1 UWG vorschnell preisgibt und auch mit der verfassungsrechtlichen Stellung der Gerichte schwer vereinbar ist. Vgl. *Möschel*, wie N. 20 143, 144; *Merz*, wie N. 20, 261, 262; *Emmerich*, wie N. 2, 52.

[45] Insbesondere *Kraft*, wie N. 9, passim, insbesondere 119 ff., 128. Der Vorschlag kennzeichnet zwar die heute als Allgemeingut zivilistischer Rechtsfindung akzeptierte Methode, enthält jedoch noch keinen entscheidenden Maßstab für die Abwägung der Interessen. Vgl. *Möschel*, wie N.20, 144; *Schricker*, Gesetzesverletzung und Sittenverstoß (1970) 208 ff., 235 ff.; *derselbe*, GRUR Int. 1970, 32 ff., 41 mit N. 127; *Kraßer*, Der Schutz vertraglicher Rechte gegen Eingriffe Dritter (1971) 287; *Merz*, wie N. 20 , 260 m.w.Nachw.; *Emmerich*, wie N. 2, 52, 53; *Baumbach/Hefermehl*, wie N. 2, Einl. UWG Rz. 83.

sieht: die Grundsätze der geltenden Rechts- und Wirtschaftsordnung[46]. Soweit es die Beurteilung wirtschaftlichen Handelns betrifft, hat sich ein spezifisch wettbewerblicher Ansatz herausgebildet. Referenzsystem für die aufgrund des § 1 UWG zu entwickelnden Regeln für unternehmerisches Verhalten im Wettbewerb ist das System freien Wettbewerbs in derjenigen Ausprägung, die dieses System durch das geltende Recht erhalten hat. Dieser Ansatz bemüht sich um eine Einsicht in die Regelhaftigkeit und die Funktionsbedingungen des Koordinationssystems einer Volkswirtschaft, welches aufbaut auf der Vielzahl unabhängig voneinander konzipierter und am jeweiligen Eigeninteresse orientierter Wirtschaftspläne von Anbietern und Nachfragern, welche über das Preissystem aufeinander abgestimmt werden. Die rechtlichen Regeln über das Verhalten der Unternehmen im wirtschaftlichen Wettbewerb sind so auszugestalten, daß das dezentrale Lenkungssystem die von ihm erwarteten, von der Wettbewerbstheorie herausgestellten wirtschafts- und gesellschaftspolitischen Funktionen erfüllen kann[47]. Auch dieser Ansatz verkennt nicht die weiterbestehenden Abwägungs- und Wertungsnotwendigkeiten. Es wird jedoch davon ausgegangen, daß mit diesem Ansatz nicht eine Leerformel durch eine andere ersetzt wird, sondern daß mit dem System freien Wettbewerbs ein Rahmen gesetzt ist, der ein wesentliches Potential rationaler, nachvollziehbarer und dem geregelten Sozialbereich sachlich angemessener Konkretisierung der "guten Sitten" enthält. Dieses sog. funktionale Verständnis der Generalklausel des § 1 UWG bildet die methodische Entsprechung zu der schon angesprochenen institutionellen Schutzzwecklehre[48].

---

[46] Vgl. zu den verschiedenen Ansätzen unter Kennzeichnung der wegweisenden Arbeiten *Möschel*, wie N. 20, 145 ff.; *Emmerich*, wie N. 2, 53 ff.; *Merz*, wie N. 20, 257 ff.; *Teubner*, wie N. 37, 39 ff.

[47] Vgl. hierzu statt aller m.w.Nachw. *Emmerich*, Kartellrecht (6. Aufl. 1991) § 1, 1.

[48] Vgl. erstmals und grundlegend *F. Böhm*, wie N. 12, insbesondere etwa 71: "Der dritte Gesichtspunkt endlich orientiert seine Unterscheidung nach dem institutionellen, d.h. in unserem Falle nach dem sozialen und wirtschaftlichen Sinn des Kampfes. Wir können ihn den institutionell-volkswirtschaftlichen nennen. Dementsprechend werden die möglichen Kampfmethoden nach ihrer Verträglichkeit bzw. Unverträglichkeit mit der betreffenden Sozialfunktion des Kampfes eingeteilt"; 129: "Es gilt also, mit der rechtsirrtümlichen und gegen den institutionellen Sinn der freien Wirtschaftsverfassung verstoßenden Auslegung des § 1 des Wettbewerbsgesetzes zu brechen und sich in Zukunft bei der rechtlichen Beurteilung von Wettbewerbshandlungen des institutionell--volkswirtschaftlichen Gesichtspunktes zu bedienen." Vgl. ferner *Mestmäcker*, Das Verhältnis des Rechts der Wettbewerbsbeschränkungen zum Privatrecht, in: *derselbe*, Recht und ökonomisches Gesetz. Über die Grenzen von Staat, Gesellschaft und Privatautonomie (2. Aufl. 1984) Nr.IV a.E.: "Daraus folgt die These: Die Einheit der Privatrechtsordnung fordert, den Maßstab der guten Sitten anhand des Sinngehalts privatrechtlicher Institutionen, wie er dem Recht der Wettbewerbsbeschrän-

2. Beschränkungsrecht

Damit ist auf eine vierte im vorliegenden Zusammenhang wesentliche Entwicklungslinie verwiesen: die Normen, die das System freien Wettbewerbs konstituieren, das Recht gegen Wettbewerbsbeschränkungen. Zu Beginn besteht weitgehende Parallelität mit dem Lauterkeitsrecht: Die Rechtsprechung sieht sich außerstande, der in der Gewerbeordnung von 1869 proklamierten Gewerbefreiheit privatrechtliche Bedeutung zuzumessen und gegen privatautonom veranlaßte Beschränkungen der Wettbewerbsfreiheit einzuschreiten[49]. Auch die Generalklauseln des Bürgerlichen Rechts sowie der § 1 UWG werden nur in äußersten Grenzen gegenüber Wettbewerbsbeschränkungen aktiviert[50]. Die Konsequenzen dieser Rechtsprechung sind vielfach gekennzeichnet worden: Deutschland wurde zum klassischen Land der Kartelle[51]. Zwar war sich die Wissenschaft der Gefahren dieser Entwicklung durchaus bewußt, wie insbesondere die Diskussionen auf den Tagungen des Vereins für Sozialpolitik 1894 und 1905[52], wie auch die Verhandlungen des 26. und 27. Deutschen Juristentages in den Jahren 1902 und 1904 belegen[53]. Im wesentlichen Unterschied zum Lauterkeitsrecht wurde indessen ein Einschreiten des Gesetzgebers gegenüber dieser zweiten Richtung einer Gefährdung des Systems freien Wettbewerbs nicht für dringlich erachtet[54]. Die Frage nach der rechtlichen Zulässigkeit von Wettbewerbsbeschränkungen war damit obsolet; die Kartellrechtswissenschaft verengte sich auf die Untersuchung der privatrechtlichen, d. h. gesellschafts-

---

kungen zu entnehmen ist, zu objektivieren". Vgl. ferner *Möschel*, wie N. 20, 145 ff.; *Emmerich*, wie N. 2, 53 ff.; *Koppensteiner*, Wettbewerbsrecht Bd. 2: Unlauterer Wettbewerb (2. Aufl. 1987) 232, 245 ff.; *Merz*, wie N. 20, 55 ff., 61 ff., 262 ff.

49 Vgl. insbesondere *Möschel*, 70 Jahre Deutsche Kartellpolitik. Von RGZ 38, 155 "Sächsisches Holzstoffkartell" zu BGHZ 55, 104 "Teerfarben"; *derselbe*, Recht der Wettbewerbsbeschränkungen (1983) Rz. 19 ff. m.w.Nachw.; *Fikentscher*, Gewerblicher Rechtsschutz, wie N. 9, 163 ff., 165 ff.; *derselbe*, Fs. Hallstein, wie N. 9, 130 ff.; *Emmerich*, Kartellrecht, wie N. 47, § 2, 1.

50 Vgl. *Fikentscher*, Gewerblicher Rechtsschutz, wie N. 9, 167, 168; *Möschel*, Recht der Wettbewerbsbeschränkungen, vorige N., Rz. 24.

51 Vgl. mit Zahlenangaben *Möschel*, 70 Jahre Deutsche Kartellpolitik, wie N. 49, 14; *derselbe*, Recht der Wettbewerbsbeschränkungen, wie N. 49, Rz. 21; *Fikentscher*, Gewerblicher Rechtsschutz, wie N. 9, 171; *Emmerich*, Kartellrecht, wie N. 47, § 2, 2.

52 Bd. 61 (1895) und 116 (1906) der Schriften des Vereins für Socialpolitik. Vgl. dazu *Möschel*, 70 Jahre Deutsche Kartellpolitik, wie N. 49, 15 ff.

53 Vgl. *Möschel*, 70 Jahre Deutsche Kartellpolotik, wie N. 49, 15 ff. Zur Diskussion im rechtswissenschaftlichen Schrifttum vgl. *Fikentscher*, Fs. Hallstein, wie N. 9, 168 ff.

54 Vgl. *Möschel*, 70 Jahre Deutsche Kartellpolitik, wie N. 49 , 13 ff.; *derselbe*, Recht der Wettbewerbsbeschränkungen, wie N. 49, Rz. 22.

rechtlichen Formen der Kartellbildung; Kartellrecht wurde zum Kartellorganisationsrecht[55].

An dieser Situation änderte sich zunächst auch nichts Entscheidendes mit der ersten modernen deutschen Kartellgesetzgebung, der durch die seinerzeitige wirtschaftliche Krisenlage motivierten Verordnung gegen Mißbrauch wirtschaftlicher Machtstellungen vom 2. November 1923[56] und dem 1947 erlassenen, später in bundesdeutsches Recht überführten alliierten Dekartellierungsrecht[57].

Konstituierende Bedeutung für das rechtlich normierte System eines freien Wettbewerbs hat erst das am 1. Januar 1958 in Kraft getretene Gesetz gegen Wettbewerbsbeschränkungen vom 27. Juli 1957 gewonnen. Die Begründung des Regierungsentwurfs läßt mit nicht zu überbietender Deutlichkeit erkennen, daß mit dem GWB eine Entscheidung mit wirtschaftsverfassungsrechtlicher Bedeutung für das System eines freien Wettbewerbs als des grundsätzlichen gesamtwirtschaftlichen Steuerungsinstruments getroffen ist[58], wenngleich diese Entscheidung durch die vielfältig zugelassenen Ausnahmen sogleich wieder relativiert wird.

B. Beziehungen zwischen UWG und GWB

Mit dem Inkrafttreten des GWB bestanden damit zwei umfassende, das Verhalten der Unternehmen im wirtschaftlichen Wettbewerb regelnder Normenkomplexe: Auf der einen Seite das im wesentlichen auf der Grundlage der Generalklausel des § 1 UWG in jahrzehntelanger Rechtsprechung als Richterrecht ausdifferenzierte Gefüge von Rechtssätzen, welche die Lauterkeit im

---

[55] Vgl. *Fikentscher*, Gewerblicher Rechtsschutz, wie N. 9, 171 ff.; *Emmerich*, Kartellrecht, wie N. 47, § 2, 1. Die markanteste Ausnahme bildeten die Untersuchungen von *F. Böhm*, wie N. 12, mit der Zielsetzung (Vorwort IX), "dieses Wirtschaftssystem als eine Rechtsverfassung des Wirtschaftslebens, als eine Rechtsordnung im positiv verfassungsrechtlichen Sinne von exakter verfassungsrechtlicher Struktur nachzuweisen und darzustellen. Es handelt sich sozusagen um den Versuch, das Lehrgebäude der klassischen Wirtschaftsphilosophie aus der Sprache der Nationalökonomie in die Sprache der Rechtswissenschaft zu übersetzen".

[56] Vgl. *Fikentscher*, Gewerblicher Rechtsschutz, wie N. 9, 171 m.w.Nachw.; *Möschel*, Recht der Wettbewerbsbeschränkungen, wie N. 49, Rz. 23; *Emmerich*, Kartellrecht, wie N. 47 , § 2, 2 b.

[57] Vgl. *Fikentscher*, Gewerblicher Rechgtsschutz, wie N. 9, 125; *Möschel*, Recht der Wettbewerbsbeschränkungen, wie N. 49, Rz. 27 ff.; *Emmerich*, Kartellrecht, wie N. 47, § 2, 2 b.

[58] Vgl. Begründung zu dem Entwurf eines Gesetzes gegen Wettbewerbsbeschränkungen, Deutscher Bundestag, 1. Wahlperiode, 1949, Drucks. Nr. 3462, 15, 16.

Wettbewerb gewährleisten sollen (der Lauterkeitsschutz), zum anderen die im GWB getroffene Grundentscheidung für eine freie Wettbewerbswirtschaft und die in ihm enthaltenen Verbote einer Beschränkung dieses Wettbewerbs (der Freiheitsschutz). Damit stellt sich nunmehr die Frage nach dem systematischen Verhältnis dieser Normengruppen zueinander, die insbesondere dadurch akzentuiert wird, daß die beiden Normenkomplexe, wie geschildert, in ganz unterschiedlichen historischen Zeitläufen, mit unterschiedlicher Zielsetzung und prinzipiell unabhängig voneinander entstanden sind. Gerade aus diesem Fragenkreis lassen sich wesentliche Ansätze der Einwirkungsmöglichkeiten des Europäischen Gemeinschaftsrechts entwickeln, so daß der Diskussionsstand als eine fünfte und letzte Entwicklungslinie zu skizzieren ist.

1. Das Lauterkeitsrecht als Grenze der Wettbewerbsfreiheit

Eine Frage in diesem komplexen Beziehungsgefüge[59] ist schon bald nach Inkrafttreten des GWB geklärt worden und heute weitgehend unbestritten: Das Beschränkungsrecht, insbesondere das GWB, schützt nur den gesetzmäßigen und damit insbesondere nur den lauteren Wettbewerb[60]. Der freie Wettbewerb kann sich nur in dem vom Lauterkeitsrecht gezogenen Raum entfalten, und auch nur insoweit wird er vom GWB geschützt. Die Kurzformel für diesen Zusammenhang lautet: Das UWG begrenzt den Anwendungsbereich des GWB. Praktisch hat dies vor allem die Bedeutung, daß Vereinbarungen zwischen Unternehmen über die Unterlassung unlauterer Verhaltensweisen nicht gegen das Kartellverbot verstoßen.

---

[59] Vgl. *Emmerich*, wie N. 2, 63.

[60] Vgl. Begründung zum Entwurf eines Gesetzes gegen Wettbewerbsbeschränkungen, wie N.58, Nr. 3 d zu § 1; BGHZ 36, 105 = WuW/E BGH 451, 455; BGH WM 1984, 230, 231; WuW/E BGH 2347 = NJW 1987, 954; KG, WuW/E OLG 1687, 1692; OLG Hamburg, WuW/E OLG 3454 ff.; OLG Düsseldorf, WuW/E OLG 3859, 3862; *Mestmäcker*, Der verwaltete Wettbewerb (1984), 90; *Emmerich*, Kartellrecht, wie N. 47, 61; *derselbe*, wie N. 2, 64; *Immenga/Mestmäcker(-Immenga)*, GWB, Kommentar zum Kartellgesetz (2. Aufl. 1992) § 1 Rz. 216; *Fikentscher*, Gewerblicher Rechtsschutz, wie N. 9, 300; *derselbe*, Fs. Hallstein, wie N. 9, 143; *Koenigs*, Wechselwirkungen zwischen Gesetz gegen Wettbewerbsbeschränkungen und Recht des unlauteren Wettbewerbs, NJW 1961, 1041 ff., 1042; *Merz*, wie N. 20, 194. A.A. mit Hinweis auf die Vorschriften der §§ 28 ff. GWB über Wettbewerbsregeln *Sack*, Schützt § 1 GWB nur den schützenswerten Wettbewerb?, WuW 1970, 395 ff., 400 ff.; *Ring*, Wettbewerbsrecht der freien Berufe (1989) 172.

2. Rückwirkungen des Beschränkungs- auf das Lauterkeitsrecht

Diese Kennzeichnung impliziert indessen nicht einen Vorrang des Lauterkeits- vor dem Beschränkungsrecht[61]. Vielmehr bestehen hier komplexe Wechselbeziehungen, von denen im folgenden nur ein, wenngleich besonders wichtiger, Zusammenhang herausgestellt werden kann: Die Rückwirkungen, die vom GWB auf die Normbildung im Lauterkeitsrecht, vor allem die Interpretation der Generalklausel des § 1 UWG, ausgehen[62]. Der Umstand, daß jede Ausdehnung des Lauterkeitsschutzes den Bereich freien wirtschaftlichen Handelns einschränkt und daß deshalb die Ausgestaltung des Lauterkeitsrechts stets mit der Gefahr verbunden ist, lediglich unbequemen oder unerwünschten Wettbewerb zu Lasten der Wettbewerbsfreiheit als unlauter zu qualifizieren, war schon der skizzierten frühen reichsgerichtlichen Rechtsprechung wie auch dem ersten Gesetzgeber des UWG bewußt und eines der maßgeblichen Motive ihrer geschilderten restriktiven Haltung gegenüber dem Lauterkeitsschutz[63]. In der Folgezeit konnte mit der gleichfalls skizzierten weitgehenden Zulassung der Kartelle ein Rechtsprinzip freien Wettbewerbs die Regelbildung im Lauterkeitsrecht nicht orientieren[64]; folglich gingen auch in der Wissenschaft das auf das Gesellschaftsrecht verengte Kartellrecht und das Lauterkeitsrecht weitestgehend getrennte Wege[65]. Heute besteht indessen im Ausgangspunkt weitgehende

---

[61] Vgl. zu vereinzelten gegenläufigen Stimmen die Nachweise bei *Fikentscher*, Gewerblicher Rechtsschutz, wie N. 9, 300, N. 165; vgl. ferner *Merz*, wie N. 20, 194.

[62] Weitere Fragen in diesem Zusammenhang sind insbesondere, ob nach dem GWB verbotene oder zu einem Einschreiten der Kartellbehörden ermächtigende Wettbewerbsbeschränkungen stets unlauteren Wettbewerb darstellen, ferner umgekehrt (Wirkungen des UWG auf das GWB), ob jedes unlautere Wettbewerbsverhalten durch marktbeherrschende Unternehmen einen Mißbrauch iSv § 22 IV GWB darstellt bzw. gegen das Diskriminierungs- und Behinderungsverbot des § 26 II bis V GWB verstößt. Vgl. m.w.Nachw. *Möschel*, wie N.20, 153, 157; *Mestmäcker*, Der verwaltete Wettbewerb, wie N. 32, 87, 124 ff., 128 ff., 147; *Emmerich*, wie N. 2, § 5, 4. Eine weitere Frage betrifft gleichfalls Wirkungen des UWG auf das GWB, ob nämlich "im Vorfeld der Unlauterkeit" ein "leistungswidriges" Verhalten marktbeherrschender Unternehmen die Tatbestände der §§ 22 IV, 26 II GWB erfüllt; vgl. *Mestmäcker*, a.a.0. 148 ff.

[63] Vgl. oben unter I.1.a.

[64] Vgl. Vgl. in diesem Zusammenhang *Mestmäcker*, Der verwaltete Wettbewerb (1984) 89 m.w.Nachw.

[65] Vgl. dazu die Darstellung bei *Fikentscher*, Gewerblicher Rechtsschutz, wie N. 9, 171 ff., 171: "Den Zusammenhang des Kartellrechts mit dem Recht des unlauteren Wettbewerbs und den gewerblichen Sonderschutzrechten hat in der ersten Periode (sc. vom Beginn der Rechtsprechung zur Kartellbildung, beginnend mit der Entscheidung des Bayerischen Obersten Landesgerichts aus dem Jahre 1880 bis zur Kartellverordnung von 1923) niemand beachtet, auch Kohler nicht. Die Behauptung, das Kartellrecht sei ein Teil eines allgemeinen Wettbewerbsrechts, wäre in jener Zeit

Übereinstimmung, daß bei der Konkretisierung insbesondere des § 1 UWG die Auswirkungen auf die Wettbewerbsfreiheit und die Normen und Wertungen des GWB, vor allem die Grundentscheidung für den freien Wettbewerb, zu berücksichtigen sind[66]. Diese Notwendigkeit folgt daraus, daß neue rechtliche Grundentscheidungen die für die Konkretisierung von Generalklauseln maßgeblichen Kriterien beeinflussen[67] bzw., wie es plastisch formuliert worden ist, jede "Marschänderung der Gesamtordnung" den Inhalt von Normen, auch bei gleichbleibendem Wortlaut, insbesondere von Generalklauseln, verändert[68]. In unmittelbarem Zusammenhang mit der skizzierten Diskussion um Schutzzwecke und Konkretisierungsmethoden im Lauterkeitsrecht ist die Auseinandersetzung um das Verhältnis von UWG und GWB verlaufen von der These einer weitge-

---

wohl auf Unverständnis gestoßen." Vgl. ferner zur "zweiten Periode" (vom Erlaß der Kartellverordnung 1923 bis zu Beginn der 1930er Jahre) dortselbst 172: "Gekennzeichnet ist diese Entwicklung rechtlich durch die Anlehnung des Kartellrechts an das Gesellschaftsrecht, was bei der gesetzlichen Zulassung von Kartellen nach Erfüllung normierter Voraussetzungen mit der damit verbundenen Verankerung des Kartells im deutschen Rechtsleben das Nächstliegende war. Denn die Gesellschaft setzt nach § 705 BGB voraus, daß sich mehrere untereinander verpflichten, die Erreichung eines gemeinsamen Zwecks in der durch den Vertrag bestimmten Weise zu fördern. "Die rechtliche Organisation der Kartelle", eines der Hauptthemen der deutschen Kartelliteratur seit Flechtheim, hatte mit der Klassifizierung der Kartelle als Unterform der Gesellschaft des Bürgerlichen Rechts und der übrigen Gesellschaftsarten ihren Rahmen gefunden. Seit dieser Zeit wird das Kartellrecht in den Kommentaren zum Bürgerlichen Recht im Zusammenhang mit dem Gesellschaftsrecht behandelt." Gestellt wurde die Frage nach dem Verhältnis zwischen Kartellrecht und Recht des unlauteren Wettbewerbs, beginnend mit der Untersuchung *E. Ulmers* über "Sinnzusammenhänge im modernen Wettbewerbsrecht" (1932), in der "dritten Periode" (1932 bis 1945, vgl. *Fikentscher*, a.a.O. 184 ff.) und am markantesten in den Untersuchungen *F. Böhms* (vgl. oben N. 12). Der Zusammenhang des Unlauterkeitsrechts mit den rechtlichen Prinzipien der Wirtschaftsordnung zeigte sich in der Rechtsprechung des Reichsgerichts, in der die Methoden des Außenseiterkampfes der Kartelle (Sperre und Boykott) im Rahmen des § 1 UWG nach anderen - großzügigeren - Kriterien) beurteilt wurden als das Wettbewerbsverhalten in den nicht kartellierten Wirtschaftsbereichen. Während *E. Ulmer* (a.a.O. 12 ff., 20) hierin einen das ganze Wettbewerbsrecht durchziehenden Riß sah, arbeitete *F. Böhm* (a.a.O.), mit der postulierten Konsequenz einer wesentlichen Korrektur der reichsgerichtlichen Rechtsprechung und Eingliederung des Wettbewerbsverhaltens der Kartelle in das allgemeine Wettbewerbsrecht, den Zusammenhang zwischen dem rechtlich verfaßten System einer freien Verkehrswirtschaft und dem Unlauterkeitsrecht, insbesondere der Generalklausel des § 1 UWG, heraus.

[66] Vgl. *Mestmäcker*, Der verwaltete Wettbewerb, wie N. 32, 88 ff.; *Möschel*, Pressekonzentration, wie N. 20, 150 ff.; *Emmerich*, wie N. 2, 61; *Fikentscher*, Gewerblicher Rechtsschutz, wie N. 9, 300; *Schricker*, Gesetzesverletzung, wie N. 45, 231; *derselbe*, GRUR 1976, 528, 530; *Koppensteiner*, Wettbewerbsrecht, wie N. 48, 242; *Koenigs*, wie N. 60, 1048; *Baumbach/Hefermehl*, wie N. 2, Einl. UWG Rz. 94.

[67] Vgl. *Mestmäcker*, Der verwaltete Wettbewerb, wie N. 32, 89.

[68] Vgl. *Mestmäcker*, Der verwaltete Wettbewerb, wie N. 32, 89, mit Hinweis auf Esser, Grundsatz und Norm in der richterlichen Fortbildung des Privatrechts (3. Auf. 1974) 324.

henden Trennung der beiden Rechtsbereiche[69] über die Sicht als eines "antinomischen Spannungsverhältnisses"[70] bis zum heute zunehmenden Verständnis als Entwicklung in Richtung einer Konvergenz[71].

[69] Vgl. insbesondere *Würdinger*, Freiheit der persönlichen Entfaltung, Kartell- und Wettbewerbsrecht, WuW 1953, 721 ff., 731 (zum alliierten Dekartellierungsrecht): Das Kartellrecht bezwecke den Schutz des Wettbewerbs als Institution der bestehenden Marktwirtschaft, während das Wettbewerbsrecht innerhalb der in der Marktwirtschaft bestehenden Wettbewerbsfreiheit die Anwendung unlauterer Wettbewerbsmethoden bekämpfe; das Wettbewerbsrecht diene dem individuellen Interesse der Mitbewerber, ihm sei die Vorstellung des Schutzes des Wettbewerbs als Institution fremd. Deutlich im Sinne der "Trennungsthese" auch *Koenigs*, Das Gesetz gegen Wettbewerbsbeschränkungen und das Recht des unlauteren Wettbewerbs unter besonderer Berücksichtigung der Wettbewerbsregeln, GRUR 1958, 589 ff., 593: "Eine solche Interessenkollision (sc. zwischen Wettbewerbsfreiheit und Lauterkeit des Wettbewerbs) erscheint nicht möglich; denn der Schutz der Wettbewerbsfreiheit kann und soll niemals auf Kosten der Lauterkeit des Wettbewerbs gehen." Vgl. zu dieser zunächst überwiegenden, auch vom BGH (BGHZ 13, 33) geteilten Ansicht *Fikentscher*, Gewerblicher Rechtsschutz, wie N. 9, 195 ff. m.w.Nachw.; *Merz*, wie N. 20, 190 ff., m.w.Nachw.

[70] Das mit der Bestimmung der Grenzlinie zwischen lauterem und unlauterem Wettbewerb verbundene Konfliktpotential konnte nicht lange verborgen bleiben. Der Anstoß kam aus der Praxis, vor allem im Zusammenhang mit der Institution der Wettbewerbsregeln in den §§ 28 ff. GWB sowie sonstigen massiven aus der Wirtschaft erhobenen Forderungen nach Ausdehnung des Lauterkeitsschutzes zu Lasten der Wettbewerbsfreiheit. Dieser Anstoß wird deutlich in den ersten Stellungnahmen zum Problem nach Inkrafttreten des GWB. Vgl. *Fikentscher*, Gewerblicher Rechtsschutz, wie N. 9, 299 ff., 302 ff.; *Koenigs*, wie N. 60; vgl. auch *E. Ulmer*, wie N. 9, I 58, 60, 249.
Zur Kennzeichnung der Beziehung zwischen UWG und GWB als "antinomisches Spannungsverhältnis" vgl. *Fikentscher*, a.a.O., 207 ff.; *derselbe*, Fs. Hallstein, wie N. 9, 142 ff., 149; *Koenigs*, wie N. 60; vgl. ferner die Nachweise bei *Merz*, wie N. 20 , 38 N. 53 sowie 192 ff., deutlich werden die Aufgaben von UWG und GWB getrennt auch bei *E. Ulmer*, wie N. 9, I 64. Die Kennzeichnung geht zwar, in Übereinstimmung mit der heute h.L. und im Unterschied zur vorgängigen "Trennungsthese", davon aus, daß das GWB nicht nur einen Institutionenschutz bezweckt, sondern in gleicher Weise auch die individuelle Wirtschaftsfreiheit der Marktbeteiligten sichern will (vgl. *Koenigs*, wie N. 60). Auch findet die institutionelle Dimension des Lauterkeitsschutzes Anklang und wird ein gemeinsamer Schutzbereich von UWG und GWB betont (vgl. *Koenigs*, wie N. 60, 1048). Indessen verbleiben die verbindenden Elemente zwischen den beiden Rechtsbereichen schwach. Der methodische Umschwung in der Konkretisierung der guten Sitten in § 1 UWG als Bezugnahme auf die Funktionsbedingungen des Wettbewerbssystems ist nicht vollzogen. Dem entspricht die Kennzeichnung des UWG als "wirtschaftspolitisch neutral", d. h. nicht bezogen auf das Wettbewerbssystem als gesamtwirtschaftlicher Institution (vgl. *Koenigs*, a.a.0., 1042; zur Mehrdeutiqkeit des Topos der "wirtschaftspolitischen Neutralität" des UWG vgl. die Nachweise bei *Müller-Graff*, Ordnungspolitische Divergenzen und wettbewerbliche Lauterkeit in der Verfassung des Gemeinsamen Marktes, Fs. Carstens I, 1984, 209 ff., 212 N. 24). Es bestehen, neben Konkurrenz -, Konfliktfelder zwischen beiden Rechtsbereichen, die durch Abwägung der unterschiedlichen Schutzzwecke auszugleichen sind. Vgl. insbesondere *Fikentscher*, Gewerblicher Rechtsschutz, wie N. 9, 299 ff.; *derselbe*, Fs. Hallstein, wie N. 9, 142 ff., 149; vgl. zum Vorstehenden auch *Merz*, wie N. 20, 192 ff.

[71] Vgl. die Nachweise bei *Merz*, wie N. 20, 38 N. 54 sowie 192 ff.

Diese letztere Auffassung beruht auf der Grundlage, daß die Normen sowohl des UWG wie des GWB individual- wie institutionenschützende Zwecke verfolgen und die funktionale Methode zur Interpretation des § 1 UWG das Einfließen des Wettbewerbsschutzes in die lauterkeitsrechtliche Normbildung gestattet.

Allerdings sind auch bei diesem Ausgangspunkt wesentliche Abstufungen zu unterscheiden. Eine relativ mäßige Sprengkraft in der Neusistierung der Auslegungsmaßstäbe enthält die Berücksichtigung der gesamtwirtschaftlichen Perspektive, wenn die bei der Entscheidung traditionell berücksichtigten Topoi gleichzeitig als Funktionsbedingungen des Wettbewerbssystems interpretiert werden[72]. Allerdings besteht auch auf dieser Stufe nicht notwendig eine Harmonie zwischen individualschützender und institutioneller Sichtweise[73]. Wesentlich gravierenderen Einfluß gewinnt das Referenzsystem freien Wettbewerbs, soweit die bei der Regelbildung im Lauterkeitsrecht berücksichtigten, insbesondere Individualinteressen nicht selbst zugleich funktional begründbar sind, sondern mit den Funktionsbedingungen eines Systems freien Wettbewerbs zu konfrontieren und abzuwägen sind. Diese "negative", schrankenziehende Funktion der systembezogenen Sichtweise ist von zentraler Bedeutung gegenüber den schon hervorgehobenen stets virulenten Tendenzen einer übermäßigen Ausdehnung des Lauterkeitschutzes zu Lasten der Wettbewerbsfreiheit. Hier nur stichwortartig zu nennende Themen der aktuellen politischen Diskussion sind insbesondere die Einführung eines allgemeinen Diskriminierungsverbots[74], des Verbots eines Verkaufs unter Selbstkosten bzw. Einstandspreisen[75] oder ein Gebot zu sog. Preislistentreue[76] - sämtlich Forderungen, die auf eine Beschränkung des Preiswettbewerbs abzielen. Hierhin gehören ferner Bestrebungen einer

---

[72] Wie etwa die Sicherung der Freiheit der Abnehmerentscheidung zugleich als Verbraucherschutz wie gleichzeitig als wesentliches Konstituens freier Entscheidungsprozesse in einer Verkehrswirtschaft durch Verbote der Täuschung, der Verlockung durch aleatorische Reizmittel, der Gefühlsausnutzung, des psychologischen Kaufzwangs etc. Vgl. *Möschel*, wie N. 20, 136; *Mestmäcker*, wie N. 32, 148; *Hoppmann*, Fusionskontrolle (1972) 13; *Kraft*, wie N. 9, 231 ff.

[73] Etwa bei der Frage, wann von einer Gefahr der Täuschung der Abnehmer zu sprechen ist, die je nach zugrunde gelegtem Sorgfaltsmaßstab des Abnehmers und in Betracht gezogenen Abnehmerkreis unterschiedlich zu beantworten sein kann. Vgl. zu den Auswirkungen einer "Abkoppelung der Wertungen (sc. des Lauterkeitsrechts) von dem Bezugspunkt der wettbewerblich gesteuerten Marktkoordination" auch *Müller-Graff*, wie N. 70, 209 ff., 214 ff.

[74] Vgl. *Mestmäcker*, wie N. 32, 104 ff.

[75] Vgl. *Mestmäcker*, wie N. 32, 223 ff.; *Emmerich*, wie N. 2, § 6 2 a.

[76] Vgl. *Mestmäcker*, wie N. 32, 211.

"strukturpolitischen Instrumentalisierung des Lauterkeitsrechts"[77]. In diesem Zusammenhang stellt sich zum andern aber auch die Frage einer grundsätzlichen Überprüfung und evtl. Korrektur des, wie gezeigt, historisch in sehr unterschiedlichen Wirtschaftsordnungen zu § 1 UWG entstandenen Richterrechts und lauterkeitsgesetzlicher Einzeltatbestände[78]. Die wissenschaftliche Diskussion hat die wesentlichen Problemfälle der Rechtsprechung insoweit kenntlich gemacht[79], wie insbesondere das unter dem Einfluß des Verbraucherschutzgedankens wie des Wettbewerbssystems durch die jüngere Rechtsprechung allerdings schon erheblich eingeschränkte "Verbot" der vergleichenden Werbung, der sog. Vorspannangebote, der sog. Regal- und Schaufenstermieten, der kostenlosen Verteilung von Originalwaren und von Anzeigenblättern, der Schutz von Preis- und Vertriebsbindungen gegenüber Außenseitern[80]. Unter den gesetzlichen Einzeltatbeständen werden unter diesem Gesichtspunkt erörtert vor allem die Regelungen des Rabattgesetzes von 1933, der Zugabeverordnung von 1932[81]; ferner das, wie man es genannt hat, "Horroralphabet[82] der mit den Novellen von 1969 und 1986 als "internationale Unikate"[83] eingefügten sog. abstrakten Gefährdungstatbestände der §§ 6 a, 6 b, 6 d, 6 e UWG über die Beschränkung des Direktverkaufs von Hersteller und Großhandel und des Kaufscheinhandels, des Verbots der Werbung mit mengenmäßigen Beschränkungen und mit Preisherabsetzungen. Diese Regelungen sind vom Gesetzgeber zwar offiziell verbraucherschutzpolitisch motiviert, verfolgen in Wirklichkeit aber, wie die Entstehungsgeschichte wie auch die Anwendung dieser Vorschrif-

---

[77] Vgl. *Müller-Graff*, wie N. 70, 215, 216 m.w.Nachw.

[78] Vgl. *Mestmäcker*, wie N. 32, 89; *Emmerich*, wie N. 2, § 2, 4 d.

[79] Vgl. auch *Müller-Graff*, wie N. 70, 216.

[80] Vgl. zu diesen problematischen, hier im einzelnen nicht zu analysierenden Fallgruppen *Mestmäcker*, wie N. 32, 61 ff.; *Emmerich*, wie N. 2, 14, 47, 48; *Koenigs*, wie N. 60, 1043 ff., 1045 ff.; *Fikentscher*, Fs. Hallstein, wie N. 9, 142 ff.; *Beier*, Entwicklung und gegenwärtiger Stand des Wettbewerbsrechts in der Europäischen Wirtschaftsgemeinschaft, GRUR Int. 1984, 61 ff., 65, 66, jeweils m.w.Nachw.

[81] Vgl. *Emmerich*, wie N. 2, 14; *Koenigs*, wie N. 60, 1043, 1044.

[82] Vgl. *Schricker*, Die Bekämpfung der irreführenden Werbung in den Mitgliedstaaten der EG, GRUR Int. 1990, 112 ff., 115.

[83] Wie N. 82.

ten durch die Rechtsprechung[84] mit Deutlichkeit zeigen, mittelstandsschützende Zielsetzungen[85].

Auf einer dritten und höchst kontroversen Stufe bewegt sich die Forderung nach maßgeblicher Berücksichtigung des Wettbewerbssystems, wenn "positiv" die Interpretation der Generalklausel wesentlich darauf gerichtet wird, einer Gefährdung wettbewerblicher Marktstrukturen im Einzelfall entgegenzuwirken; und zwar nicht, wie es dem traditionellen Lauterkeitsrecht entspricht, im Sinne einer allgemeinen, für alle Wettbewerber gleichmäßig verbindlichen Verhaltensregel[86], sondern unter Berücksichtigung der konkreten Marktstellung des Verbotsadressaten und vor allem der konkreten Marktfolgen des Verhaltens. Auf diesem Boden haben sich insbesondere verschiedene Spielarten einer sog. Vorfeldthese entwickelt, wonach Unternehmen, die in ihrer Marktposition noch nicht die Eingriffsschwelle des GWB, d. h. grundsätzlich eine marktbeherrschende Stellung, erreicht haben, in einer Zwischenzone zwischen förderungswürdigem Leistungs- und unlauterem Wettbewerb angesiedelte Maßnahmen des sog. Nichtleistungswettbewerbs untersagt sind, wenn damit im Einzelfall eine Gefährdung des Wettbewerbs in seinem Bestande verbunden ist[87].

Noch weiter geht eine vor allem zum schweizerischen Recht entwickelte, sog. "konsequent-funktionale" These, wonach ein Verhalten dann unlauter ist, wenn es zu Ergebnissen führt, welche von denen eines funktionsfähigen Wettbewerbs abweichen[88]. Diesen letzteren Ansätzen wird vor allem entgegengehalten, mit

---

[84] Vgl. insbesondere BGH 30. 11. 1989 - Metro III, NJW 1990, 1294 ff. Insbesondere läßt sich die Behandlung von Verkäufen für den Privatverbrauch von Gewerbetreibenden als Verkäufe an private Endverbraucher im Rahmen des § 6 a II UWG nicht mehr mit Gesichtspunkten des Verbraucherschutzes rechtfertigen.

[85] Vgl. m.w.Nachw. *Emmerich*, wie N. 2, § 6, 8 a, b, § 12, 8 c, § 13, 5.

[86] Vgl. zum Streitstand insoweit m.w.Nachw. *Möschel*, wie N. 20,148 ff.; *Mestmäcker*, wie N. 32, 77; *Emmerich*, wie N. 2, § 5, 4 c, bb.

[87] Vgl. im Anschluß an *L. Raiser*, Marktbezogene Unlauterkeit, GRUR Int. 1973, 443 ff., insbesondere *P. Ulmer*, Wettbewerbs- und kartellrechtliche Preisunterbietung im Pressewesen, AfP 1975, 870 ff., 885 ff.; *derselbe*, Schranken zulässigen Wettbewerbs marktbeherrschender Unternehmen (1977) 64 ff., 103 ff.; *derselbe*, Der Begriff "Leistungswettbewerb" und seine Bedeutung für die Anwendung von GWB-und UWG-Tatbeständen, GRUR 1977, 565 ff., 577; *derselbe*, Kartellrechtswidrige Konkurrentenbehinderung durch leistungsfremdes Verhalten marktbeherrschender Unternehmen, Fs. Kummer (1980) 565 ff., 572, 577 ff. Vgl. hierzu wie zu weiteren Spielarten der Vorfeldthese den Überblick bei *Merz*, wie N. 20 , 31 ff.

[88] Vgl. insbesondere *Baudenbacher*, Zur funktionalen Anwendung von § 1 des deutschen und Art. 1 des schweizerischen UWG, ZHR 144 (1980) 145 ff., insbesondere 154, 166, 167, 169, 170, 154: "Funktionale Anwendung des UWG heißt daher nichts anderes als Ausrichtung der Generalklausel

ihnen würden vom GWB bewußt offengelassene Handlungsspielräume eingeengt und im Ergebnis nicht eine Wettbewerbsförderung, sondern eine Beschränkung des Wettbewerbs bewirkt[89].

C. Europäisches Gemeinschaftsrecht und nationales Lauterkeitsrecht

Das mit dem GWB normierte System freien Wettbewerbs markiert nicht den bisherigen Schlußpunkt der Entwicklung eines rechtlichen Gesamtrahmens des Lauterkeitsrechts. Vielmehr hat die durch den EWG-Vertrag begründete Wirtschaftsverfassung ein neues Referenzsystem geschaffen, in welches das nationale Lauterkeitsrecht einzuordnen ist.

1. Regelungsebenen

Die erste Frage in diesem Zusammenhang bezieht sich auf die zentrale oder dezentrale Regelungsebene, die Kompetenz der Mitgliedstaaten oder der Gemeinschaft im Lauterkeitsrecht. Die Wettbewerbsregeln des EWG-Vertrages, die Art. 85 ff., und das auf ihnen beruhende sekundäre Gemeinschaftsrecht haben ein geschlossenes System eines europäischen Rechts gegen Wettbewerbsbeschränkungen errichtet. Scharf damit kontrastiert das praktisch vollständige

---

auf die positiven Ereignisse (sc. wohl: Ergebnisse), die von einer Wettbewerbsordnung zu erwarten sind. Was das konkret bedeutet, muß durch die Konsultation der Wettbewerbstheorie geklärt werden. Nach deren heutigem Stand wird sich der Richter für die Theorie des funktionsfähigen Wettbewerbs entscheiden. Danach zeitigt der Wettbewerb bestimmte positive Ergebnisse, sog. Funktionen, ohne daß eine vollständige Konkurrenz anzustreben wäre. Im einzelnen werden unterschieden: Verteilungs-, Lenkungs-, Steuerungs-, Ordnungs- oder Koordinations- und Antriebs- oder Leistungssteigerungsfunktionen. Eine Wettbewerbshandlung hat daher in funktionaler Sicht dann als unlauter zu gelten, wenn sie geeignet ist, den Wettbewerb überhaupt (in seinem Bestand) zu gefährden oder die Realisierung seiner Funktionen zu vereiteln." Vgl. zu einem solchen Ansatz kritisch insbesondere *Mestmäcker*, wie N. 32, 74 ff., wo die Ausführungen Baudenbachers allerdings lediglich im Sinne der Notwendigkeit interpretiert werden, die Wirkungen einer Wettbewerbshandlung in die Betrachtung einzubeziehen. Vgl. hierzu ferner w.Nachw. bei *Merz*, wie N. 20, 64 ff.

[89] Vgl. insbesondere *Mestmäcker*, wie N.32, 143 ff.; *Emmerich*, wie N. 2, § 5, 4 c, bb; vgl. ferner die Nachw. bei *Merz*, wie N. 20, 46 ff., 254 ff.

Fehlen eines Lauterkeitsrechts im Primärrecht des EWG-Vertrages[90]. Eine dem europäischen Beschränkungsrecht entsprechende vergleichsweise umfassende Regelung würde, wie die deutsche Rechtsentwicklung gezeigt hat, mit enumerativen Einzeltatbeständen nicht zu bewirken sein; erforderlich wäre vielmehr eine Generalklausel nach Art des § 1 UWG. Der EWG-Vertrag enthält indessen weder eine solche noch lauterkeitsrechtliche Einzeltatbestände[91]. Die Gründe für das Aussparen eines europäischen Lauterkeitsschutzes werden vor allem darin zu sehen sein, daß die Gewährleistung der Wettbewerbsfreiheit und die Sicherung gegenüber einer Substitution der vom EWG-Vertrag beseitigten staatlichen Handelsbeschränkungen durch privatautonome Marktabschottungen für die integrationspolitischen Ziele des Vertrages von wesentlich größerer Bedeutung sind[92] und auch der EuGH mit der Rechtsanwendung eines europäischen Lauterkeitsrechts überfordert wäre.

Dennoch wäre die Schlußfolgerung zu kurz geraten, das primäre Gemeinschaftsrecht enthalte keinerlei Ansätze zur Entwicklung eines allgemeinen gemeinschaftlichen Lauterkeitsschutzes. Wie im referierten deutschen Recht, ist auch für die Wettbewerbsregeln des EWG-Vertrages anerkannt, daß sie nur den lauteren Wettbewerb schützen[93]. Auch für den Gemeinsamen Markt gilt daher, daß sich die vom EWG-Vertrag institutionalisierte Wettbewerbsfreiheit nur im Bereich des lauteren Wettbewerbs entfalten kann und nur insoweit geschützt ist. Die Grundlage für diese Auffassung wird darin gesehen, daß in jeder marktwirtschaftlichen Ordnung die den Wettbewerbern eingeräumte Freiheit systematisch ihre innere Grenze an dem Gebot der guten Sitten findet[94]. Diese allgemeine

---

[90] Ein ausdrücklicher Hinweis im EWG-Vertrag auf die Notwendigkeit der Sicherung des lauteren Wettbewerbs im Gemeinsamen Markt kann allerdings der Präambel entnommen werden, die ein einverständliches Vorgehen für erforderlich erklärt, um u. a. "einen redlichen Wettbewerb zu gewährleisten". Vgl. auch *Mestmäcker*, Europäisches Wettbewerbsrecht (1974) § 47 I; *Müller-Graff*, wie N. 70, 219.

[91] Im Gegensatz zum Montanunions-Vertrag vgl. Art. 60, § 1 Abs. 1, 1. Hs. Vgl. dazu *Fikentscher*, Fs. Hallstein, wie N. 9, 151 ff.; *Müller-Graff*, wie N. 70 , 220.

[92] Vgl. zu diesem Zusammenhang *Mestmäcker*, Staat und Unternehmen im europäischen Gemeinschaftsrecht. Zur Bedeutung von Art. 90 EWGV, RabelsZ 52 (1988) 526 ff., 527, 528.

[93] Vgl. *Mestmäcker*, Europäisches Wettbewerbsrecht, wie N. 90, § 16 I 2 m.w.Nachw.; *Fikentscher*, Fs. Hallstein, wie N. 9, 159.

[94] Vgl. *Fikentscher*, Fs. Hallstein, wie N. 9, 159; Mestmäcker, Europäisches Wettbewerbsrecht, wie N.90, § 47 I. Die Überzeugungskraft und der Gehalt dieser Begründung ist allerdings abhängig von den zum deutschen Recht aufgezeigten Auffassungsunterschieden zum Verständnis der "guten Sitten".

Ansicht impliziert, daß der Anwendungsbereich der europäischen Wettbewerbsregeln nicht nur punktuell, sondern auf der gesamten Grenzlinie zwischen unlauterem und freiem Wettbewerb durch Verhaltensregeln des lauteren Wettbewerbs festgelegt ist.

Damit stellt sich zwingend die Frage nach der Rechtsgrundlage dieser Lauterkeitsregeln. Sie im nationalen Lauterkeitsrecht der Mitgliedstaaten angesiedelt zu sehen, würde, angesichts wesentlicher Unterschiede, dem Prinzip der einheitlichen Anwendung des Gemeinschaftsrechts, nämlich der europäischen Wettbewerbsregeln, widerstreiten und wäre auch mit dem allgemeinen Verhältnis zwischen dem Gemeinschafts- und dem nationalen Recht, d. h. dem Vorrang des Gemeinschaftsrechts vor dem nationalen Recht, unvereinbar. Diese den Anwendungsbereich der Art. 85 und 86 EWG-Vertrag begrenzenden Lauterkeitsregeln müssen vielmehr im Gemeinschaftsrecht selbst wurzeln.

Die gemeinschaftsrechtlichen Lauterkeitsregeln besitzen allerdings eine erheblich schwächere Wirkung als das nationale Lauterkeitsrecht. Ihnen fehlt jede unmittelbare Sanktion und Durchsetzbarkeit gegenüber den Unternehmen[95]. Angesichts ihrer noch mangelnden hinreichenden Konturen kommt auch eine Sanktionierung über das nationale Recht, etwa als Schutzgesetz im Rahmen des § 823 Abs. 2 BGB, nicht in Betracht[96]. Zu weitgehend erscheint es auch, in einem gemeinschaftsrechtlichen Verbot unlauteren Verhaltens im Wettbewerb zwar nicht schon einen Rechtssatz, wohl aber einen allgemeinen Rechtsgrundsatz zu sehen, der im Bereich grenzüberschreitender Wettbewerbshandlungen die nationalen Generalklauseln des Lauterkeitsrechts, im deutschen Recht den Begriff der "guten Sitten" in § 1 UWG, auffüllt und in den - angesichts der bislang bestehenden weitgehenden Offenheit eines solchen gemeinschaftsrechtlichen Rechtsgrundsatzes und der beträchtlichen Unterschiede in den Mitgliedstaaten gewiß häufigen - Zweifelsfällen die nationalen Gerichte nach dem Art. 177 EWGV zur Vorlage an den Europäischen Gerichtshof berechtigen bzw. verpflichten kann[97]. Die mit einer solchen Auffassung bezweckte Vereinheitlichung des Lauterkeitsrechts bei grenzüberschreitenden Wettbewerbshand-

[95] Vgl. *Fikentscher*, Fs. Hallstein, wie N. 9, 159.

[96] Vgl. *Fikentscher*, Fs. Hallstein, wie N. 9, 159, 160.

[97] Vgl. in diesem Sinne *Fikentscher*, Hallstein, wie N. 9, 160, 161; vgl. ferner *derselbe*, Wirtschaftsrecht I, wie N. 11, 667, 668; *Schluep*, Vom lauteren zum freien Wettbewerb, GRUR 1973, 446 ff., 449; *Müller-Graff*, wie N. 90, 219; *Schricker*, Die europäische Angleichung des Rechts des unlauteren Wettbewerbs - ein aussichtsloses Unterfangen?, GRUR Int. 1990, 771 ff., 776.

lungen wird sich, angesichts ihrer wesentlichen Konsequenzen für das nationale Lauterkeitsrecht, nach dem gegenwärtigen Stande des Gemeinschaftsrechts in diesem Bereich nicht begründen lassen.

Festzuhalten ist mithin: Auf der Ebene des europäischen Primärrechts ist ein ungeschriebenes Lauterkeitsrecht anzunehmen, welches angesichts seiner Funktion zur umfassenden Definition der Grenzlinie zwischen Wettbewerbsfreiheit und Unlauterkeit nur den Charakter einer Generalklausel besitzen kann. Dieses primärrechtliche Lauterkeitsrecht ist indessen in seinen Rechtswirkungen noch höchst unvollkommen und beschränkt sich auf ergänzende Funktionen bei der Bestimmung von Anwendungsbereich und Inhalt anderer Normen des EWG-Vertrages. Der ganze Schwerpunkt des Lauterkeitschutzes ist daher, sowohl nach Rechtssetzung wie Rechtsanwendung, auf der Ebene des nationalen Rechts verblieben. Zu fragen ist daher nach Art und Ausmaß gemeinschaftsrechtlicher Einwirkungsmöglichkeiten auf das nationale Lauterkeitsrecht.

2. Einwirkungsmöglichkeiten

Diese ergeben sich aus dem Konzept des Gemeinsamen Marktes als der wesentlichen wirtschaftsverfassungsrechtlichen Grundentscheidung des EWG-Vertrages. Der Gemeinsame Markt ist durch drei Elemente geprägt: Einmal durch seine, wie man es genannt hat, "zwei Gesichter", d. h. Freiheit nach innen und Einheitlichkeit nach außen. "Freiheit nach innen" beinhaltet die Freiheit des Waren-, Dienstleistungs-, Personen- und Kapitalverkehrs. "Einheitlichkeit nach außen" bezieht sich auf die gemeinsame Zoll- und Handelspolitik. Der Gemeinsame Markt ist zum zweiten charakterisiert als Markt mit "binnenmarktähnlichen Verhältnissen". Diese bestehen dann, wenn die Marktteilnehmer im Gesamtgebiet der Gemeinschaft gleiche oder nahezu gleiche Wettbewerbsbedingungen vorfinden. Das dritte Element des Gemeinsamen Marktes bildet schließlich sein Charakter als ein System unverfälschten Wettbewerbs. Auf der Basis der Marktfreiheit und Marktgleichheit soll der gesamte Wirtschaftsprozeß in der Gemeinschaft - die Steuerung der Güter-, Dienstleistungs-, Personen- und Kapitalströme - grundsätzlich dem Wettbewerb obliegen und sich im Prinzip ungehindert durch staatliche und private Wettbewerbsbeschränkungen vollziehen. Das Konzept des Gemeinsamen Marktes läßt sich daher charakterisieren durch die Kombination dreier Elemente: Marktfreiheit, Marktgleichheit und Wettbewerbsfreiheit[98]. Das Gemeinschaftsrecht wirkt über alle drei Elemente des Gemeinsamen Marktes auf das nationale Lauterkeitsrecht ein.

Von den gerade genannten Einwirkungsdimensionen sind - sich mit ihnen überschneidend - die Einwirkungsmodalitäten zu unterscheiden. Sie entsprechen den wiederum drei Möglichkeiten, mit denen das Gemeinschaftsrecht auf das nationale Recht einwirkt: Über die unmittelbare Anwendbarkeit des Gemeinschaftsrechts in Verbindung mit dem Vorranggrundsatz; über die Verpflichtung der Mitgliedstaaten und insbesondere ihrer Gerichte zur gemeinschaftsrechtskonformen Auslegung des nationalen Rechts; über die Angleichung des nationalen Rechts durch Umsetzung der EG-Richtlinien.

3. Marktgleichheit

a) Entwicklung. Ein besonders wichtiges und vom EWG-Vertrag zu diesem Zweck bewußt geschaffenes Instrument zur Herstellung der Marktgleichheit bildet die europäische Rechtsangleichung. Der EWG-Vertrag begründet für die Gemeinschaftsorgane insoweit eine Kompetenz, als die Angleichung für die Funktionsfähigkeit des Gemeinsamen Marktes erforderlich ist[99]. Die EG-Kommission hat in unmittelbarem Anschluß an die Überlegungen zur Europäisierung des Patent- und Markenrechts seit Anfang der 60er Jahre untersucht, ob auch das Lauterkeitsrecht zu wesentlichen zu harmonisierenden Wettbewerbsbedingungen gehört[100]. Das von der Kommission hierzu in Auftrag gegebene, noch heute die Grundlage der Rechtsangleichung in diesem Bereich bildende um-

---

[98] Vgl. zu diesen drei Elementen des Gemeinsamen Marktes *Grabitz(-Grabitz)*, Kommentar zum EWG-Vertrag (1983 ff.) Art. 2 Rz. 14, 15 m.w.Nachw.; *von der Groeben/Thiesing/ Ehlermann(-Zuleeg)*, Kommentar zum EWG-Vertrag (4. Aufl. 1991) Art. 2 Rz. 19. Die Konzeption des Gemeinsamen Marktes ist, unabhängig von der umstrittenen Deutung des Verhältnisses zwischen Art. 2 EWGV und dem Binnenmarktziel des Art. 8 a EWGV (vgl. zu den Meinungsunterschieden von der *Groeben/Thiesing/Ehlermann(-Pipkorn)* a.a.0. Art. 8 a Rz. 10 ff. m.w.Nachw.) durch die Einheitliche Europäische Akte nicht berührt, vgl. *Pipkorn*, a.a.0.

[99] Vgl. im einzelnen *Oppermann*, Europarecht (1991) Rz. 1063 ff.

[100] Vgl. *Schricker*, Die Arbeiten zur Angleichung des Rechts des unlauteren Wettbewerbs in den Ländern der Europäischen Wirtschaftsgemeinschaft, GRUR Int. 1973, 141 ff.; *derselbe*, Die Angleichung des Rechts des unlauteren Wettbewerbs im Gemeinsamen Markt, WRP 1977, 1 ff., 1; *derselbe*, Probleme der europäischen Angleichung des Rechts des unlauteren Wettbewerbs, Fs. Zweigert (1981) 537 ff.; *Beier*, Entwicklung und gegenwärtiger Stand des Wettbewerbsrechts in der Europäischen Wirtschaftsgemeinschaft, GRUR Int. 1984, 61 ff., 69 ff.

fassende Gutachten aus dem Jahre 1965[101] hat die Unterschiede der nationalen Lauterkeitsrechte herausgestellt und die Frage bejaht. 20 Jahre später konnte festgestellt werden, "das nationale Wettbewerbsrecht der Mitgliedstaaten (habe) sich in den letzten 25 Jahren nicht aufeinander zu-, sondern weit auseinanderentwickelt". ... Die wettbewerbsrechtliche Landschaft (sei) ... so vielgestaltig, zerrissen, inhomogen wie niemals zuvor[102]. Besteht daher überwiegend[103] über die Notwendigkeit einer Angleichung des Lauterkeitsrechts Übereinstimmung, hat sich die weitere Entwicklung von der ursprünglichen Konzeption wesentlich entfernt[104]. Insbesondere hat sich das zunächst geplante weitreichende Angleichungsprogramm bislang nur in einzelnen Parzellierungen realisiert. Das zitierte Gutachten aus dem Jahre 1965 und die darauf beruhenden ursprünglichen Kommissionsdokumente sahen als "Herzstück" die gemein-

[101] Vgl. zur deutschen, in 6 Bänden veröffentlichten Ausgabe die Nachweise bei *Schricker*, Die europäische Angleichung des Rechts des unlauteren Wettbewerbs - ein aussichtsloses Unterfangen?, GRUR Int. 1990, 771 ff., 771 N. 3.

[102] Vgl. *Beier*, GRUR Int. 1984, 89, wie N. 100. Vgl. zu den Rechtsverschiedenheiten auch *Schricker*, Fs. Zweigert, wie N. 100, 548; vgl. speziell im Hinblick auf irreführende Werbung auch den Überblick bei *Schricker*, Die Bekämpfung der irreführenden Werbung in den Mitgliedstaaten der EG, GRUR Int. 1990, 112 ff., 115 f.

[103] Vgl. zu den Kommissionsdokumenten und zum Ergebnis der Befragung von Industrie- und Handelsverbänden auf Gemeinschaftsebene durch die EG-Kommission sowie die anschließende Diskussion auf der ersten von der Kommission veranstalteten Arbeitstagung zur Angleichung des Rechts des unlauteren Wettbewerbs *Schricker*, GRUR Int. 1973, 141 f., wie N. 100; *derselbe*, Fs. Zweigert, wie N. 100, 547; *derselbe*, GRUR Int. 1990, 771, wie N. 102. Vgl. ferner *Müller-Graff*, wie N. 90, 222; *Piper*, Zu den Auswirkungen des EG-Binnenmarktes auf das deutsche Recht, WRP 1992, 685 ff., 686. Die wettbewerbsverfälschenden Wirkungen unvereinheitlichten Lauterkeitsrechts werden durch die Entwicklung der deutschen Rechtsprechung zum internationalen Wettbewerbsrecht bestätigt. Die Einschränkung der weitgehenden Anwendbarkeit des deutschen UWG in der auf einem weitgefaßten Tatortprinzip beruhenden reichsgerichtlichen Rechtsprechung durch die neuere Rechtsprechung des BGH beruht wesentlich auf der Erwägung, deutsche Unternehmen im Wettbewerb auf den Auslandsmärkten nicht durch Anwendung des vielfach strengeren deutschen Wettbewerbsrechts zu benachteiligen. Vgl. zu dieser Entwicklung m.w.Nachw. *Veelken*, Probleme der theoretischen Lückenlosigkeit internationaler selektiver Vertriebssysteme, RabelsZ 50 (1986) 508 ff., 535.

[104] Von relativ geringerer Bedeutung ist dabei, daß das zitierte Gutachten aus Gründen notwendiger Detailregelung den Weg eines völkerrechtlichen Abkommens vorgeschlagen hatte (vgl. *E. Ulmer*, wie N. 91, 244, 245), während sich die seitherige Entwicklung angesichts der dort überwiegend für zulässig gehaltenen weitestgehenden Regelungsdichte (vgl. statt aller *Bleckmann*, Europarecht, 5. Aufl. 1990, Rz. 142 ff. m.w.Nachw.) ganz auf dem Boden der Richtlinienkompetenz bewegt. Vgl. zu dieser Änderung auch *Schricker*, WRP 1977, 1, 2, wie N. 100.

schaftsweite Einführung einer Generalklausel vor[105], gekoppelt mit einer Vielzahl von Einzeltatbeständen des klassischen Lauterkeitsrechts, im Durchsetzungsinstrumentarium ergänzt durch die Unterlassungsklage, eine Klagebefugnis von Mitbewerbern wie gewerblichen Verbänden sowie Möglichkeiten eines Eilverfahrens[106]. Die Einführung einer Generalklausel hat sich indessen bis heute nicht durchsetzen lassen. Sie scheiterte vor allem am Widerstand der Mitgliedstaaten des Common Law, Großbritannien und Irland, die einen zusammenhängenden Komplex eines Lauterkeitsrechts, insbesondere eine Generalklausel, nicht kennen und die nicht auf diesem Wege einen im vorhinein nicht überschaubaren umfassenden Bestand lauterkeitsrechtlicher Regelungen übernehmen wollten[107]. Der damit vorgezeichnete Weg einer prioritären Herausbildung von Einzeltatbeständen und einer erst abschließenden Einführung einer Generalklausel beschränkt sich - beeinflußt insbesondere auch durch ein zunehmendes Gewicht verbraucherschutzpolitischer Zielsetzungen[108] - bis heute auf das Gebiet der Werbung. In Kraft getreten ist die Richtlinie vom 10. 9. 1984 über irreführende Werbung[109], welche indessen das Angleichungsziel insoweit

---

[105] in Anlehnung an Art. 10bis Abs. 2 der Pariser Verbandsübereinkunft (PVÜ) zum Schutze des gewerblichen Eigentums vom 20.3.1883. Vgl. dazu *E. Ulmer*, wie N. 9, 21 ff. Art. 10bis Abs. 1 PVÜ statuiert die Verpflichtung der Verbandsländer, den Verbandsangehörigen einen wirksamen Schutz gegen unlauteren Wettbewerb zu sichern. In Abs. 2, der auf den Beschlüssen der Haager Konferenz (1925) beruht, heißt es zum Tatbestand des unlauteren Wettbewerbs: "Unlauterer Wettbewerb ist jede Wettbewerbshandlung, die den anständigen Gepflogenheiten in Gewerbe oder Handel zuwiderläuft."

[106] Vgl. *E. Ulmer*, wie N. 9, 249 ff., 256 ff. Zu den ursprünglichen Kommissionsdokumenten vgl. *Schricker*, GRUR Int. 1973, 141 ff., wie N. 100.

[107] Vgl. *Schricker*, WRP 1977, 3, wie N. 100; *Beier*, GRUR Int. 1984, 70, wie N. 100. Vgl. zur Diskussion auf der ersten Arbeitstagung zur Angleichung des Rechts des unlauteren Wettbewerbs in Brüssel am 29./30.11.1972 *Schricker*, GRUR Int. 1973, 148 ff., wie N. 100. Vgl. zum englischen Lauterkeitsrecht *E. Ulmer/Graf v. Westerholt*, Das Recht des unlauteren Wettbewerbs in den Mitgliedstaaten der EWG, Bd. VI, Vereinigtes Königreich (1981); vgl. ferner *Schricker*, GRUR Int. 1990, 112 ff., 118 ff., wie N. 102, mit Hinweis auf den Ausspruch eines hohen englischen Richters (*Fry L.J.* im Mogul case (1889) 23 Ch. D. 598 (625 - 626) : "To draw a line between fair and unfair competition, between what is reasonable and unreasonable passes the power of the Courts." Ferner sollte verhindert werden, daß ein auf eine europäische Generalklausel gestütztes Richterrecht, letztlich des EuGH, zu Diskrepanzen mit der Rechtsangleichungspolitik von Kommission und Rat führte, vgl. *Schricker*, WRP 1977, 2, wie N. 100.

[108] Vgl. *Schricker*, WRP 1977, 2, wie N. 100; *derselbe*, Fs. Zweigert, wie N. 100, 538 ff., 548 ff.; *Beier*, GRUR Int. 1984, 70, wie N. 100.

[109] Richtlinie des Rates vom 10.9.1984 zur Angleichung der Rechts- und Verwaltungsvorschriften der Mitgliedstaaten über irreführende Werbung (84/450/EWG), ABl. 1984 L 250/20 = GRUR Int. 1984, 688.

nur unvollkommen erreicht, als sie Minimalerfordernisse aufstellt[110]. Eine Reihe von Mitgliedstaaten, insbesondere die Bundesrepublik, haben deshalb erklärt, eine Umsetzung sei nicht erforderlich, da ihr Lauterkeitsrecht jedenfalls über den Standard der Richtlinie hinausgehe[111]. Gleichfalls in Kraft ist die EG-Fernsehrichtlinie vom 3. Oktober 1989[112], die einzelne, dem Lauterkeitsrecht zuordnungsbare Regelungen über die Fernsehwerbung enthält, insbesondere den Grundsatz der Trennung von Werbung und Programmen[113]. Nur als Entwurf liegt vor der Vorschlag der EG-Kommission für eine Richtlinie des Rates über vergleichende Werbung[114]. Dieser Entwurf ist in der Bundesrepublik vor allem deswegen höchst kontrovers, als er, in Anlehnung an das liberale englische Recht, das in der Bundesrepublik trotz erheblicher Auflockerungstendenzen noch herrschende grundsätzliche Verbot der kritisierenden vergleichenden Werbung[115] durch ihre prinzipielle Zulässigkeit ersetzt und im

---

[110] Vgl. Art. 7 der Richtlinie sowie dazu *Schricker*, GRUR Int. 1990, 772, wie N. 101.

[111] Vgl. dazu *Schricker*, GRUR Int. 1990, 772, wie N. 101; *ders.*, GRUR Int. 1990, 112 ff., 120, 121, wie N. 100. Dortselbst (S. 113) mit Hinweis auf die Abgrenzung zwischen sog. einfachen und qualifizierten betrieblichen Herkunftsangaben auch Zweifel an der These der stets weitergehenden Wirkung des deutschen Rechts; ferner zu Art. 6 der Richtlinie *Sack*, in: Baudenbacher (Hrsg.), Das UWG auf neuer Grundlage (1988) 187 ff., 192 ff.

[112] Richtlinie des Rates vom 3.10.1989 zur Koordinierung bestimmter Rechts- und Verwaltungsvorschriften der Mitgliedstaaten über die Ausübung der Fernsehtätigkeit, ABl. 1989 L 298/23 = GRUR Int. 1990, 134.

[113] Vgl. *Schricker*, GRUR Int. 1990, 774, wie N. 101. Vgl. zur Rundfunkrichtlinie *Mestmäcker/Engel/Gabriel-Bräutigam/Hoffmann*, Der Einfluß des europäischen Gemeinschaftsrechts auf die deutsche Rundfunkordnung (1990); ferner *Schricker*, Werbeverbote in der EG, nationale und gemeinschaftsrechtliche Initiativen, GRUR Int. 1991, 185 ff., 186, 187; ferner Nachweise bei *F. Kirchhof/Frick*, Werbeverbot und Etikettierungszwang für Tabakwaren. Zur Vereinbarkeit des EG-Richtlinienrechts mit deutschem und europäischem Recht, AfP 1991, 677 ff., 678 N. 16.

[114] Vorschlag der EG-Kommission für eine Richtlinie des Rates über vergleichende Werbung und zur Änderung der Richtlinie 84/450/EWG über irreführende Werbung, ABl. EG Nr. L 250 v. 19.9.1984, S. 17, KOM (91) 147 endg. - SYN 343, ABl. EG Nr. C 180/14 v. 11.7.1991 = GRUR Int. 1991, 592.

[115] Vgl. zur Rechtsprechungsentwicklung *Emmerich*, wie N. 2, 105 ff.; *Baumbach/Hefermehl*, wie N. 2, § 1 UWG Rz. 332 ff.; vgl. auch *v. Gamm*, Vorschlag der EG-Kommission für eine Richtlinie des Rates über vergleichende Werbung und zur Änderung der Richtlinie 84/450/EWG über irreführende Werbung, ABl. EG Nr. 250 v. 19.9.1984, S. 17, WRP 1992, 143 ff., 144: "Dieser weite Ausnahmegrundsatz (sc. der jüngeren BGH-Rspr.) hat zu der Frage geführt, ob der BGH überhaupt noch an dem Verbotsgrundsatz festhalte. Letzteres hat der BGH eindeutig bejaht." Der Richtlinienentwurf bezieht sich nicht allein auf die kritisierende vergleichende Werbung, sondern umfaßt weitere wesentliche Kritikpunkte - den Gesamtbereich der bezugnehmenden (auch der persönlichen und anlehnenden vergleichenden) Werbung.

Unterschied zur Werberichtlinie von 1984 in vollem Umfang verbindlich ist[116]. Dagegen ist das fast vollständige Werbeverbot im Richtlinienentwurf über die Werbung von Tabakerzeugnissen[117] gesundheits- und verbraucherschutzpolitisch motiviert[118] und gilt entsprechendes für die in Kraft getretene Richtlinie über die Werbung für Humanarzneimittel[119], mit folgeweisen Zweifeln insbesondere an der Kompetenz der Gemeinschaft insoweit.

Der Überblick zeigt, daß sich die Entwicklung eines lauterkeitsbezogenen europäischen Sekundärrechts bislang auf den sowohl für die wettbewerbs- und integrations- wie die verbraucherschutzpolitischen Zielsetzungen gewiß wichtigen, im Gesamtinstrumentarium des Lauterkeitsschutzes indessen schmalen Bereich der Werbung beschränkt hat[120]. Eine weitergehende Tätigkeit der Gemeinschaft in diesem Bereich würde durch das sog. Subsidiaritätsprinzip des Vertrages von Maastricht über die Europäische Union (Art. 3 b) nicht berührt[121].

---

116 Vgl. zum Entwurf *v. Gamm*, WRP 1992, 143 ff., wie N. 115; Stellungnahme der Deutschen Vereinigung für gewerblichen Rechtsschutz und Urheberrecht zum Richtlinien-Vorschlag vergleichende Werbung der EG-Kommission KOM (91) 147 endg. - SYN 343, GRUR 1992, 370 ff. mit Hinweis auch auf die Stellungnahme des BDI vom 26.9.1991 und des Markenverbandes (MA 1991, 2422); Stellungnahme des Bundesrates, Beschluß vom 8.11.1991, BR-Dr. 459/91; *Piper*, WRP 1992, 687, 688, wie N. 103; *Bühler*, Abschied vom Verbot der vergleichenden Werbung in Deutschland?, WM 1992, 677 ff., *Sedelmeier*, Vergleichende Werbung auch in Deutschland?, ZRP 1991, 370 ff.

117 Geänderter Vorschlag für eine Richtlinie des Rates betreffend die Werbung für Tabakerzeugnisse, ABl. 1991 C 167/3.

118 Vgl. zu Zweifeln an einer ausreichenden Kompetenzgrundlage insoweit *F. Kirchhof/Frick*, AfP 1991, 677 ff., wie N. 113. Vgl. zum Richtlinienvorschlag ferner *Schricker*, GRUR Int. 1991, 185 ff., 189 ff. m.w.Nachw., wie N. 113. Der deutsche Bundesrat hat auch den geänderten Richtlinienvorschlag am 27.9.1991 abgelehnt, BR-Dr. 425/91, vgl. dazu den Bericht EuZW 1992, 137.

119 Richtlinie 92/28 EWG des Rates vom 31.3.1992 über die Werbung für Humanarzneimittel. Vgl. zum Vorschlag einer Richtlinie des Rates über die Werbung für Humanarzneimittel (ABl. Nr. C 163/10 v. 4.5.1990) *Schricker*, GRUR Int. 1991, 190, wie N. 113.

120 Kritisch zu dieser Parzellierung der Rechtsangleichung im Wettbewerbsrecht mit den Folgen der Rechtszersplitterung und "Dekodifizierung" etwa *Funke*, WRP 1991, 550, 551; Stellungnahme des Bundesrates vom 8.11.1991 zum Vorschlag für eine Richtlinie des Rates über vergleichende Werbung und zur Änderung der Richtlinie 84/450/EWG über irreführende Werbung, wie N. 116; Stellungnahme der Deutschen Vereinigung für gewerblichen Rechtsschutz und Urheberrecht, GRUR 1992, 370, wie N. 116; *v. Gamm*, WRP 1992, 143 ff., wie N. 116; *Piper*, WRP 1992, 688, wie N. 103.

121 Vgl. *Piper*, WRP 1992, 686, wie N. 103.

b) Bindungen durch das Primärrecht. Die aufgezeigten Entwicklungslinien zum deutschen Recht gewinnen auch für die Bildung sekundären europäischen Lauterkeitsrechts Bedeutung.

aa) Einmal sind die Rechtssetzungsorgane des europäischen Sekundärrechts in vollem Umfang an die Vorgaben des primären Gemeinschaftsrechts gebunden[122]. Dies bedeutet insbesondere, daß die schon hervorgehobene, durch das Primärrecht gezogene Grenzlinie zwischen geschützter Wettbewerbsfreiheit und unlauterem Wettbewerb zu beachten ist. In den lauterkeitsrechtlichen Richtlinien dürfen daher nicht Verhaltensweisen untersagt werden, die nach der Interpretation der Art. 85, 86 EWGV zur geschützten Wettbewerbsfreiheit gehören; eine dagegen verstoßende Rechtshandlung der Gemeinschaftsorgane wäre mit der Nichtigkeitsklage des Art. 173 EWGV angreifbar.

Trotz der Schwierigkeiten, diese Grenzlinie zu bestimmen, besitzen Kommission und Rat insoweit keine Abgrenzungskompetenz; dies wäre mit ihrer Bindung an das primäre Gemeinschaftsrecht, insbesondere die Wettbewerbsregeln der Art. 85, 86 EWGV unvereinbar. Eine solche Zuständigkeit läßt sich auch nicht aus Art. 87 EWGV herleiten, wonach Kommission und Rat die in den Art. 85, 86 EWGV niedergelegten Grundsätze zu verwirklichen haben. Denn diese Vorschrift enthält keine Ermächtigung, den materiellen Gehalt, insbesondere den Anwendungsbereich der Wettbewerbsregeln einzuschränken[123].

Auch die allgemeinen Ermächtigungsgrundlagen der Art. 100, 100 a EWGV begründen eine solche Abgrenzungskompetenz nicht.

In diesem Zusammenhang gewinnen daher die im deutschen Recht diskutierten, de lege lata durch Gesetzgeber oder Richterrecht verwirklichten oder bislang nur vorgeschlagenen und schon genannten Problemkonstellationen der Gratwanderung zwischen unlauteren Verhaltensweisen und Wettbewerbsfrei-

---

[122] Vgl. dazu und zu den notwendigen Differenzierungen, insbesondere im Hinblick auf die Übertragung der staatsgerichteten Verbote auf die Gemeinschaft *Mestmäcker*, Zur Anwendbarkeit der Wettbewerbsregeln auf die Mitgliedstaaten und die Europäischen Gemeinschaften, Fs. Börner (1992) 277 ff., 283 ff.

[123] Vgl. *Grabitz(-Pernice)*, wie N. 98, Art. 87 Rz. 2; *Groeben/Thiesing/Ehlermann(-Schröter)*, wie N. 98, Art. 87 Rz. 8; *Mestmäcker*, Fusionskontrolle im Gemeinsamen Markt zwischen Wettbewerbspolitik und Industriepolitik, Europarecht 1988, 349 ff., 366; *derselbe*, Fs. Börner, wie N. 122, 284, 285.

heit[124] auch Bedeutung für die gemeinschaftsrechtliche Richtliniengesetzgebung.

bb) In gleicher Weise ist auch für das Gemeinschaftsrecht die deutsche Diskussion relevant, ob das Lauterkeitsrecht auch dazu eingesetzt werden soll oder kann, den Bestand des Wettbewerbs auf einem bestimmten Markt zu sichern[125]. Eine Kompetenz der Gemeinschaft zum Erlaß entsprechender Richtlinien könnte sowohl aus Art. 100 bzw. 100 a wie Art. 87 EWGV begründet werden. Allerdings besteht auch hier die unantastbare Grenze, daß über europäisches Sekundärrecht nicht von Art. 86 EWGV bewußt offengelassene Handlungsspielräume verschlossen werden dürfen und eine solche Regelung im Ergebnis damit wettbewerbsbeschränkend wirkt. Dies gilt im Verhältnis zu einer "gemeinschaftsrechtlichen Vorfeldthese" auch deswegen, weil die europäischen Wettbewerbsregeln die Eingriffsschwelle der Kontrolle unternehmerischen Einzelverhaltens wesentlich weniger weitgehend vorverlagert haben als das deutsche GWB[126].

cc) Schließlich gilt auch für das europäische Sekundärrecht der Grundsatz der gemeinschaftsrechts- (hier: primärrechts-) konformen Auslegung. Das lauterkeitsrechtliche Sekundärrecht ist insbesondere in Übereinstimmung mit den Wettbewerbsregeln wie den Vorschriften über die Waren- und Dienstleistungsverkehrsfreiheit zu interpretieren.

Wenn etwa die Richtlinie über irreführende Werbung von 1984[127] in ihrem Art. 1 als Zweckbestimmung aufführt den Schutz der Interessen der Mitbewerber, der Verbraucher und der Allgemeinheit, besteht, wie im deutschen Recht[128], die Möglichkeit, unter den Interessen der Allgemeinheit vor allem das Konzept des Gemeinsamen Marktes, insbesondere die in Art. 3 Buchstabe f und den Art. 85 ff. EWGV normierte Zielsetzung der Errichtung eines Systems unverfälschten Wettbewerbs zu verstehen. Dazu berechtigt auch das in der Rechtsprechung des Gerichtshofs zum Ausdruck kommende besondere Gewicht

---

[124] Vgl. unten unter II 2.

[125] Vgl. dazu unter II.2. a.E.

[126] Vgl. §§ 26 II 2, III 2, IV, V GWB. Vgl. zur Entwicklung der Vorverlagerung auch *Emmerich*, wie N. 2, § 5, 4 c, bb; *derselbe*, Kartellrecht, wie N. 47, § 19.

[127] Wie N. 109.

[128] Vgl. oben I.b a.E.

der systematischen Auslegung[129]. Dies hat etwa Konsequenzen für die Interpretation des Zentralbegriffs der Richtlinie, die Irreführung. Gerade hier bestehen im Recht der Mitgliedstaaten die wesentlichsten Unterschiede. Auf der einen Seite steht die strenge, auf § 3 UWG gestützte deutsche Rechtsprechung, nach der eine Täuschungsgefahr schon zu bejahen ist, wenn sie bei einem nicht unerheblichen Teil der Verbraucher (regelmäßig ausreichend sind 10 bis 15 % der maßgebenden Abnehmer) bei nur flüchtiger Kenntnisnahme der Werbeaussage besteht und dies im Wege demoskopischer Umfragen ermittelt wird[130]. Die anderen Mitgliedstaaten stellen dagegen ab auf den hinreichend sorgfältig entscheidenden Durchschnittsverbraucher und lassen hierfür die eigene Beurteilung der Gerichte maßgebend sein[131]. Die Rechtsprechung des EuGH zum Verhältnis zwischen nationalem Lauterkeitsrecht und der Warenverkehrsfreiheit der Art. 30 ff. EWGV - dies darf im Vorgriff auf die Dimension der Marktfreiheit gesagt werden, bei der mit der Legitimierung durch "zwingende Erfordernisse" nach der Cassis-Rechtsprechung als Beurteilungsmaßstab gleichfalls ein ungeschriebenes europäisches Lauterkeitsrecht wirksam ist - läßt als Bezugspunkt zur Beurteilung der Notwendigkeit nationaler lauterkeitsrechtlicher Regelungen den mündigen Verbraucher erkennen[132]. Dies ist auch für das lauterkeitsrechtliche sekundäre Gemeinschaftsrecht und die Harmonisierung von Lauterkeitsschutz und Wettbewerbsfreiheit anzunehmen[133].

---

[129] Vgl. *Mestmäcker*, Europäisches Wettbewerbsrecht, wie N. 90, § 3 II 1; *Bleckmann*, Europarecht, wie N. 104, Rz. 254; *Oppermann*, Europarecht, wie N. 99, Rz. 581; *Grabitz(-Pernice)*, wie N. 98, Art. 164 Rz. 23 ff.

[130] Vgl. zu normativen Differenzierungen dieses Ausgangspunktes, insbesondere nach dem Gewicht der jeweils berührten Verbraucherinteressen und des Informationsinteresses der Öffentlichkeit *Keßler*, EuZW 1991, 108, 112 m.w.Nachw. Zu Differenzierungen spezifisch beim Schutz geographischer Herkunftsangaben vgl. *Beier/Knaak*, Der Schutz geographischer Herkunftsangaben in der Europäischen Gemeinschaft, GRUR Int. 1992, 411 ff.

[131] Vgl. dazu *Schricker*, GRUR Int. 1990, 772, 773, wie N. 101; vgl. zu den wesentlichen Unterschieden in den Mitgliedstaaten insoweit *derselbe*, GRUR Int. 1990, 115 ff., wie N. 102.

[132] Vgl. näher unten III 5 c.

[133] Der Einfluß der Warenverkehrs- und Wettbewerbsfreiheit auf die Interpretation der Legaldefinition der "irreführenden Werbung" in Art. 2 Nr. 2 der Richtlinie kommt deutlich im Urteil des EuGH vom 16.1.1992, Rs. C - 373/90 "Nissan" zum Ausdruck, wenn es dort u. a. heißt (ZIP 1992, 719 m. Anm. *Heinemann* und nach der dortigen Übersetzung): "Vor einer solchen Überprüfung ist zu betonen, daß die Werbeaussagen für die Tätigkeit von Parallelimporteuren von Kraftfahrzeugen von großer praktischer Bedeutung sind und daß Parallelimporte außerdem, wie der Generalanwalt hervorgehoben hat, im Gemeinschaftsrecht einem gewissen Schutz unterliegen, soweit sie die Entwicklung des Warenaustausches begünstigen und den Wettbewerb verstärken ... Außerdem erleichtert eine Zulassung vor der Einfuhr, wie die Kommission betont hat, Parallelimporte beträchtlich." Kritisch gegenüber diesem Urteil mit Hinweis auf den Wortlaut der Richtlinie und in Ver-

Schließlich bleibt die im deutschen Recht vielfach bejahte funktionale Methode zur Konkretisierung des § 1 UWG[134] unter dem Gesichtspunkt systematischer Auslegung auch im Rahmen der evtl. Einführung einer gemeinschaftsrechtlichen lauterkeitsrechtlichen Generalklausel möglich.

4. Wettbewerbsfreiheit

a) Einwirkung kraft unmittelbarer Anwendbarkeit. Die skizzierte deutsche Diskussion zum Verhältnis zwischen Lauterkeits- und Beschränkungsrecht wird erheblich vor allem für die Frage, in welcher Weise das zweite Element des Gemeinsamen Marktes, die Wettbewerbsfreiheit, auf das nationale Lauterkeitsrecht einwirkt. Im Vordergrund steht dabei - in Parallele zu der entsprechenden zentralen Bedeutung der deutschen Diskussion - die Funktion der vor allem in Art. 3 lit. f und den Art. 85 und 86 EWGV normierten europäischen Regelungen zur Errichtung eines Systems unverfälschten Wettbewerbs als Grenze einer Einschränkung der Wettbewerbsfreiheit im Gemeinsamen Markt durch das nationale Lauterkeitsrecht. Diese Grenzlinie verläuft dort, wo sie auch auf der schon beschriebenen europäischen Ebene angesiedelt ist. Im Unterschied zu der schon hervorgehobenen unmittelbaren Bindung der Gemeinschaftsorgane an diese Grenzlinie gilt sie indessen nicht als solche mit unmittelbarer Wirkung gegenüber den Mitgliedstaaten. Es kann also mit evtl. Einschaltung des Vorlageverfahrens des Art. 177 EWGV nicht ohne weiteres eine Regel des nationalen Lauterkeitsrechts von den mitgliedstaatlichen Gerichten für nicht anwendbar erklärt werden mit der Begründung, diese Regel verbiete ein Verhalten im Wettbewerb, welches nach der gemeinschaftsrechtlichen Grenzlinie zum Bereich freien Wettbewerbs gehöre. Eine solche Auffassung wäre mit dem ausdifferenzierten System des EWG-Vertrages von staats- und unternehmensgerichteten Normen unvereinbar. Normadressaten der Art. 85 und 86 EWGV sind die Unternehmen, während ein allgemeines an die Staaten gerichtetes Verbot einer Ausdehnung des Lauterkeitsschutzes in den vom EWG-Vertrag der Wettbewerbsfreiheit reservierten Bereich oder ein allgemeines Verbot, den europäischen Wettbewerbsregeln widersprechende Maßnahmen zu treffen, fehlt.

---

teidigung der weitergehenden BGH-Rechtsprechung (BGH GRUR 1992, 171 = WRP 1992, 165 - "Vorgetäuschter Vermittlungsauftrag") *Piper*, WRP 1992, 690, 691, wie N. 103. Indessen ist die Richtlinie als sekundäres Gemeinschaftsrecht gerade im Lichte der Bedeutung des Parallelimports für die Grundsätze der Warenverkehrs- und Wettbewerbsfreiheit des primären Gemeinschaftsrechts zu interpretieren.

[134] Vgl. oben I.c a.E.

Der Gerichtshof hat zwar in Verallgemeinerung der die öffentlichen Unternehmen betreffenden Sondervorschrift des Art. 90 I EWGV aus der den Grundsatz der Gemeinschaftstreue verankernden Regel des Art. 5 EWGV, insbesondere von dessen Abs. 2, iVm den Art. 3 lit. f und Art. 90 EWGV den Grundsatz entwickelt, daß die Mitgliedstaaten keine Maßnahmen ergreifen oder aufrechterhalten dürfen, durch die die "praktische Wirksamkeit" (effet utile) der Wettbewerbsregeln beeinträchtigt werden könnte[135]. Indessen werden von dieser Rechtsprechung nicht staatliche Wettbewerbsbeschränkungen erfaßt, die allein durch einseitige hoheitliche Maßnahmen - wie insbesondere die Verbote mitgliedstaatlichen Lauterkeitsrechts - bewirkt werden. Diese Rechtsprechung bezieht sich vielmehr auf solche staatlichen Maßnahmen, welche unter Art. 85 bzw. 86 EWGV fallende Wettbewerbsbeschränkungen der Unternehmen fördern, vorschreiben, verstärken, für allgemeinverbindlich erklären oder sonst durchsetzen und insoweit akzessorischen Charakter besitzen[136].

---

[135] Vgl. EuGH Slg. 1969, 1, 14 - "Walt Wilhelm"; 1977, 2115, 2141 ff. "Inno/ATAB"; 1985, 17, 28 ff. "Leclerc I"; 1985, 315, 319 ff. - "Leclerc II/Cullet"; 1985, 402, 423 ff. - "Clair"; 1985, 873 "BT"; 1986, 1457, 1471 - "Asjes"; 1987, 2975, 2977 ff.;1987, 3801, 3862 ff. - "Reisebüro"; 1987, 4789, 4815 - "BNCI"; Rs. 66/86 "Flugtarife", NJW 1989, 219; vgl. auch Kommission, 15. Wettbewerbsbericht, Tz. 93; 17. Wettbewerbsbericht, Tz. 98; 18. Wettbewerbsbericht, Tz. 98. Vgl. insbesondere EuGH Slg. 1977, 2145, Rz. 30/35; "Art. 5 Abs. 2 des Vertrages bestimmt, daß die Mitgliedstaaten alle Maßnahmen unterlassen, welche die Verwirklichung der Ziele des Vertrages gefährden könnten. Obgleich sich Art. 86 an die Unternehmen richtet, begründet deshalb der Vertrag doch auch für die Mitgliedstaaten die Verpflichtung, keine Maßnahmen zu treffen oder beizubehalten, die die praktische Wirksamkeit dieser Bestimmung ausschalten könnten. So sieht Art. 90 vor, daß die Mitgliedstaaten in bezug auf öffentliche Unternehmen und Unternehmen, denen sie besondere oder ausschließliche Rechte gewähren, keine, insbesondere den Artikeln 85 bis 94 widersprechende Maßnahmen treffen, die es privaten Unternehmen ermöglichen, sich den ihnen durch die Artt. 85 bis 94 des Vertrages auferlegten Bindungen zu entziehen". Vgl. zu dieser Rechtsprechung ferner *Mestmäcker*, Fs. Börner, 280 N. 6, wie N. 122.

[136] Vgl. Mestmäcker, RabelsZ 52, 551, wie N. 92: "Eine Maßnahme der Mitgliedstaaten verstößt nur dann gegen die Wettbewerbsregeln, wenn sie ein Verhalten von Unternehmen zum Gegenstand hat, das seinerseits mit den Wettbewerbsregeln unvereinbar ist. Ob die Unternehmen gegen die Wettbewerbsregeln verstoßen, muß nach den dafür geltenden allgemeinen Regeln in Art. 85 und 86 EWGV entschieden werden. Die Verantwortlichkeit der Mitgliedstaaten ist dem unternehmerischen Verstoß gegen die Wettbewerbsregeln akzessorisch"; derselbe, Fs. Börner, wie N. 122, 283: "Den Staaten werden dagegen nur Maßnahmen zugerechnet, die sich auf unternehmerisches Verhalten beziehen, das seinerseits mit den Wettbewerbsregeln unvereinbar ist." Vgl. ferner die Rechtsprechungsanalyse bei Bach, Wettbewerbsrechtliche Schranken für staatliche Maßnahmen nach europäischem Gemeinschaftsrecht (1992) 127 ff, zusammenfassend 149, 150: "Die wettbewerbsbeschränkende Wirkung staatlicher Maßnahmen allein hat in der bisherigen Rechtsprechung nicht zu einem Verstoß gegen Art. 5 Abs. 2 EWGV geführt. Ebensowenig zählt es zu den vom Gerichtshof angewandten Kriterien, ob staatliche Maßnahmen private Wettbewerbsbeschränkungen überflüssig gemacht haben." Die Stellungnahmen im Schrifttum zugunsten einer weitergehenden Ausdehnung dieser Rechtsprechung erfassen nationale, in den Bereich der von den europäischen Wettbe-

Dagegen sind, sollten auch die übrigen Voraussetzungen vorliegen, insbesondere der zwischenstaatliche Bezug, Vereinbarungen und abgestimmte Verhaltensweisen von Unternehmen nach Art. 85 EWGV zu beurteilen, sofern die Koordinierung sich bezieht auf Wettbewerbsverhalten im gemeinschaftlich bestimmten Raum freien Wettbewerbs, unabhängig davon, ob das mitgliedstaatliche Recht, etwa über Wettbewerbsregeln (§§ 28 ff. GWB), dieses Verhalten als unlauter oder Verstoß gegen sog. Grundsätze des Leistungswettbewerbs gekennzeichnet hat. Darauf bezogene, im obigen Sinne akzessorische staatliche Maßnahmen würden gegen die Verpflichtungen der Mitgliedstaaten aus den Art. 3 lit. f., 5 Abs. 2, 85 ff. EWGV verstoßen. Dies gilt insbesondere für Vorschläge zum deutschen Lauterkeitsrecht, zum Schutz des sog. Leistungswettbewerbs im Verhältnis von Industrie und Handel die Wettbewerbsregeln der Verbände für allgemeinverbindlich zu erklären, Abweichungen als unlauteren Wettbewerb zu ahnden oder die Verfolgung von Verstößen dem Bundeskartellamt zu übertragen[137].

b) Einwirkung über den Grundsatz der gemeinschaftsrechtskonformen Auslegung. Einen sehr viel breiteren Einfluß gewinnt die gemeinschaftsrechtlich geschützte Wettbewerbsfreiheit im Rahmen der Auslegung des nationalen Lauterkeitsrechts. Der Gerichtshof versteht den Art. 5 EWGV als Ausdruck einer allgemeinen Loyalitätspflicht zwischen den Mitgliedstaaten und der Gemeinschaft und hat daraus abgeleitet, daß die mitgliedstaatlichen Gerichte zu einer gemeinschaftsrechtskonformen Auslegung des nationalen Rechts verpflichtet sind[138]. Sofern die mitgliedstaatliche Lauterkeitsgesetzgebung dies zuläßt, sind die nationalen Normen daher in Übereinstimmung zwar nicht allgemein mit

---

werbsregeln geschützten Handlungsbereiche eingreifende Lauterkeitsregeln als solche nicht. Vgl. insbesondere etwa Mestmäcker, Fs. Börner, wie N. 122, 283: "Es ist möglich und systematisch geboten, auch in den Fällen, in denen die Mitgliedstaaten den Wettbewerb auf abgegrenzten relevanten Märkten hoheitlich beschränken, die Wettbewerbsregeln anzuwenden." Vgl. ferner *Bauer*, Wettbewerbsbeschränkungen durch Staaten? Die Verantwortung der Mitgliedstaaten der Europäischen Gemeinschaft für den Wettbewerb im Gemeinsamen Markt (1990); *Bach*, Wettbewerbsrechtliche Schranken für staatliche Maßnahmen nach europäischem Gemeinschaftsrecht (1992); ferner *Emmerich*, Kartellrecht, wie N. 47, § 33, 2 b mit umfangreichen w. Nachw.

[137] Vgl. mit Bezugnahme auf das zum belgischen Recht ergangene Urteil des EuGH v. 1.10.1987, Slg. 1987, 3801, 3862 ff.; *Mestmäcker*, RabelsZ 52 (1988) 553, wie N. 92, 136.

[138] EuGH 10.4.1984, Rs. 14/83, von Colson und Kamann gegen Land Nordrhein-Westfalen, Slg. 1984, 1891. Vgl. dazu *Bleckmann*, Europarecht, wie N. 104, Rz. 390; *Zuleeg*, Der Rang des europäischen im Verhältnis zum nationalen Wettbewerbsrecht, Europarecht 1990, 123 ff., 134; *Müller-Graff*, Europäisches Gemeinschaftsrecht und Privatrecht, Das Privatrecht in der europäischen Integration, NJW 1993, 13 ff., 21, 22.

einer europäischen lauterkeitsrechtlichen Generalklausel[139], wohl aber mit der vorbezeichneten gemeinschaftsrechtlichen Grenzlinie zwischen unlauterem und freiem Wettbewerbsverhalten zu interpretieren. Jedenfalls soweit bei der Interpretation des § 1 UWG von einem funktionalen Verständnis der "guten Sitten" ausgegangen wird, bestehen keine Bedenken, dies auch auf die europäische Wettbewerbsordnung zu beziehen[140].

Die sich hieraus ergebenden praktischen Konsequenzen sind erheblich. Sämtliche der schon genannten "Problemfälle" der deutschen Rechtsprechung auf der Grenzlinie zwischen Unlauterkeit und Wettbewerbsfreiheit[141] bezeichnen gleichzeitig Zweifelsfälle der gemeinschaftsrechtlichen Scheidelinie. Soweit es sich im Einzelfall um eine Wettbewerbshandlung mit im Sinne der Art. 85 und 86 EWGV zwischenstaatlicher Wirkung handelt, liegen die Voraussetzungen des Vorlageverfahrens des Art. 177 EWGV und bei einem letztinstanzlichen Gericht[142] einer Vorlagepflicht (Art. 177 III EWGV) vor.

Gleiches gilt für die deutsche Diskussion um eine weitergehende Ausdehnung des Lauterkeitsschutzes[143].

Wenn speziell die Richtlinie zur irreführenden Werbung von 1984[144] ausdrücklich nur Minimalanforderungen stellt und den Mitgliedstaaten einen weitergehenden Schutz freistellt, gilt nichts anderes, da sekundäres Gemeinschaftsrecht nicht die im EWG-Vertrag begründete gemeinschaftsrechtliche Grenzlinie des Lauterkeitsschutzes ändern kann. Sofern der in der Richtlinie verwandte Begriff der Täuschungseignung im obigen Sinne interpretiert wird[145], bestehen ernsthafte Zweifel, ob eine weitergehende Auslegung des § 3 UWG mit der Verpflichtung zur gemeinschaftsrechtskonformen, d. h. der gemeinschaftsrechtlichen Abgrenzung zwischen unlauterem und freiem Wettbewerbsverhalten entsprechenden Auslegung vereinbar ist.

---

[139] Vgl. oben unter III 1.

[140] Vgl. auch *Emmerich*, wie N. 2, § 5, 3 d.

[141] Vgl. oben unter II 2.

[142] Vgl. zu den Meinungsverschiedenheiten um ein "konkretes" oder "abstraktes" Verständnis insoweit *Groeben/Thiesing/Ehlermann(-Krück)*, wie N. 98, Art. 177 Rz. 64 ff. m.w.Nachw.

[143] Vgl. oben unter II 2 a.E.

[144] Wie N. 109.

[145] Vgl. unter III 3 b, 3.

5. Marktfreiheit

a) Abgrenzungen. Die Einwirkungen des europäischen Gemeinschaftsrechts auf das nationale Lauterkeitsrecht unter dem Gesichtspunkt der Marktfreiheit folgen aus den Grundfreiheiten des EWG-Vertrages dem freien Waren-, Dienstleistungs-, Personen- und Kapitalverkehr -, die nach der Rechtsprechung des EuGH, mit Ausnahme der Kapitalverkehrsfreiheit[146] unmittelbar anwendbaren Charakter besitzen. Im Ausmaß der unmittelbaren Anwendbarkeit des Gemeinschaftsrechts ist nach der allgemeinen Vorrangregel konfligierendes mitgliedstaatliches Recht nicht anzuwenden. Dies gilt auch für das nationale Lauterkeitsrecht. Die unmittelbare Anwendbarkeit ist bislang am weitesten gezogen für die Warenverkehrsfreiheit, und nur bei ihr sind bislang Kollisionen mit dem nationalen Lauterkeitsrecht aufgetreten. Darauf soll die weitere Betrachtung daher beschränkt bleiben, auch wenn vergleichbare Konflikte vor allem auch im Verhältnis zur Dienstleistungsfreiheit entstehen.

b) Maßnahmen gleicher Wirkung wie mengenmäßige Beschränkungen. Der freie Warenverkehr kann nicht nur durch Zölle und zollgleiche Abgaben, sondern auch durch nichttarifäre Handelshemmnisse eingeschränkt werden. Art. 30 EWGV enthält daher ein Verbot von mengenmäßigen Beschränkungen und Maßnahmen gleicher Wirkung. Während mengenmäßige Beschränkungen auf Ein- und Ausfuhrverbote sowie Kontingentierungen beschränkt sind, hat sich von einer ungeahnten Dynamik das Verbot an Maßnahmen gleicher Wirkung wie mengenmäßige Beschränkungen erwiesen. Darunter versteht der Gerichtshof alle - auch unterschiedslos auf einheimische und eingeführte Waren anwendbare - staatliche Maßnahmen, die geeignet sind, den innergemeinschaftlichen Handel unmittelbar oder mittelbar, tatsächlich oder potentiell zu behindern[147].

Diese weite Formel wird allerdings bei unterschiedslos anwendbaren Maßnahmen[148] insoweit eingeschränkt, als Hemmnisse für den Binnenhandel der Gemeinschaft hingenommen werden müssen, soweit die betreffenden staatlichen Maßnahmen notwendig sind, um zwingenden Erfordernissen gerecht zu wer-

---

[146] Vgl. EuGH 11.11.1981, Rs. 203/80 "Casati", Slg. 1981, 2595 ff.

[147] EuGH 11,7.1974, Rs. 8/74 "Dassonville", Slg. 1974, 837 ff.

[148] EuGH 17.6.1981, Rs. 113/80 "Kommission/Irland", Slg. 1981, 1625, 1639 (Rz. 10); EuGH 3.3.1988, Rs. 434/85 "Allen and Hanburys" Slg. 1988, 1245, 1268 ff.

den[149]. Hierzu[150] zählt der Gerichtshof u. a. die Lauterkeit des Handelsverkehrs und den Verbraucherschutz[151].

Die Unterlassungsklage nach dem UWG kann dazu benutzt werden, den Warenimport aus anderen Mitgliedstaaten zu verhindern oder kann sonst einfuhrbeschränkende Wirkungen besitzen. Das nationale Recht, welches dies gestattet, ist als Maßnahme gleicher Wirkung anzusehen, sofern die Regelung nicht aus zwingenden, am Verhältnismäßigkeitsprinzip zu legitimierenden Gründen des Lauterkeits- bzw. Verbraucherschutzes gerechtfertigt werden kann. Sowohl in der Rechtsprechung des EuGH wie der deutschen Gerichte hat das Verhältnis staatlichen Lauterkeitsrechts zu den Art. 30 ff. EWGV mehrfach Bedeutung erlangt. Dabei ist zu unterscheiden, ob es sich um nationale Regelungen des eigentlichen Lauterkeitsrechts handelt oder um Vorschriften anderer systematischer Zuordnung, denen aber auch Schutzzwecke lauteren Wettbewerbs zugrunde liegen; auch die letzteren sind im vorliegenden Zusammenhang von Interesse, da die vom Gerichtshof dort entwickelten Grundsätze auch für das eigentliche Lauterkeitsrecht Bedeutung gewinnen[152].

Für den freien Warenverkehr besonders erschwerend erweisen sich unterschiedliche mitgliedstaatliche Anforderungen an die Produktkennzeichnung oder -aufmachung und an Werbeaussagen, da damit eine gemeinschaftsweite einheitliche Vertriebs- und Werbestrategie wesentlich erschwert werden kann, indem entweder eine Segmentierung nach den Märkten der Mitgliedstaaten oder die Ausrichtung nach dem höchsten Schutzniveau zu erfolgen hat[153]; die nationalen Unterschiede sind durch die bisherige relativ rudimentäre Richtlinien-

---

[149] EuGH 20.2.1979, Rs. 120, 78 "Cassis de Dijon", Slg. 1979, 649 ff.

[150] Die Lauterkeit des Handelsverkehrs und der Verbraucherschutz werden dagegen nach der Rechtsprechung des Gerichtshofs als solche von Art. 31 EWGV nicht erfaßt; vgl. EuGH 17.6.1981, Rs. 113/80 - "Irische Souveniers", Slg. 1981, 1625; EuGH 6.11.1984, Rs. 177/84 - "r+v", Slg. 1984, 3651.

[151] Vgl. zur Konzeption des Gerichtshofs zum Begriff der Maßnahmen gleicher Wirkung wie mengenmäßige Beschränkungen statt aller die Kommentierung zu Art. 30 EWGV bei *Groeben/Thiesing/Ehlermann (Müller-Graff)* wie N. 98.

[152] Vgl. zur Klassifizierung der Rechtsprechung des Gerichtshofs nach den Zwecken der anhand von Art. 30 EWGV beurteilten staatlichen Maßnahmen, insbesondere zum Schutz der Lauterkeit des Handelsverkehrs und zum Verbraucherschutz, *Groeben/Thiesing/Ehlermann (Müller-Graff)* wie N. 98, Art. 30 Rz. 85 ff., 89 ff.

[153] Vgl. auch *Keßler*, Wettbewerbsrechtliches Irreführungsverbot und Freiheit des Warenverkehrs, EuZW 1991, 107 ff., 108.

gesetzgebung nicht eingeebnet. Vor allem diese Konstellationen haben daher in der bisherigen Rechtsprechung im Vordergrund gestanden.

So hat der Gerichtshof als nicht durch zwingende Erfordernisse des Lauterkeits- bzw. Verbraucherschutzes gerechtfertigt angesehen: den Benutzungsvorbehalt einer bestimmten Flaschenform (konkret: der Bocksbeutelflasche für fränkischen Wein) als mittelbarer geographischer Herkunftsangabe, sofern die Verwendung dieser oder einer ähnlichen Flaschenform im Ursprungstaat (konkret: in Südtirol) einer lauteren Praxis und herkömmlichen Übung entspricht[154]; den unter bestimmten Voraussetzungen gewährten Unterlassungsanspruch auf Verwendung eines Firmensignets, das in einem anderen Mitgliedstaat rechtmäßig verwendet wird[155]; die Untersagung der Verteilung von Werbeprospekten, welche Preisvergleiche mit früheren eigenen Preisen enthalten und welche im Einklang mit den Bestimmungen des Herstellerlandes stehen[156] - angesichts dieses zum luxemburgischen Recht ergangenen Urteils hat der BGH dem Gerichtshof eine entsprechende, noch nicht entschiedene Vorlagefrage für das parallele deutsche Verbot von Eigenpreisvergleichen in § 6 e UWG gestellt[157]; nicht durch zwingende Erfordernisse des Lauterkeitsschutzes gerechtfertigt ist ferner die Untersagung des Vertriebs von Waren in der Bundesrepublik, wenn der Bezeichnung der Waren ein "R" im Kreis (Registered) zugefügt ist und das Warenzeichen nicht in der Bundesrepublik, wohl aber in

---

[154] EuGH 13.3.1984, Rs. 16/83 "Prantl", Slg. 1984, 1299, 1301. Vgl. dazu *Möschel*, Schutz der Aufmachung und Maßnahme gleicher Wirkung nach Art. 30 EWG-Vertrag. Zur Bocksbeutel-Entscheidung des Europäischen Gerichtshofs, RIW 1984, 524 ff.; *Beier/Knaak*, GRUR Int. 1992, 420 ff., wie N. 130.

[155] Vgl. EuGH 6.11.1984, Rs. 177/83 "Kohl/Ringelhan", Slg. 1984, 3651.

[156] EuGH 7.3.1990, Rs. C 362/88 "GB-Inno-BM/CCL", Slg. 1990, 667 = GRUR Int. 1990, 955 m. Anm. *Hakenberg/Harles*, GRUR Int. 1990, 957.

[157] BGH, Beschluß vom 11.4.1991 - I ZR 131/89, EuZW 1991, 415, 416 = GRUR Int. 1991, 556 - Yves Rocher. Vgl. dazu auch *Leisner*, Der mündige Verbraucher in der Rechtsprechung des EuGH. Zur europarechtlichen Zulässigkeit abstrakter Gefährdungstatbestände (§§ 6 a, 6 b UWG), EuZW 1991, 498 ff., 502; *Alt-Sack*, Nationale Werbebeschränkungen und freier Warenverkehr, EuZW 1990, 311 ff.; *Schricker*, Zur Werberechtspolitik der EG-Liberalisierung und Restriktion im Widerstreit, GRUR Int. 1992, 347 ff., 356 ff. m.Nachw.; *Schödermeier*, DB 1990, 2511; *Chrocziel*, EWS 1991, 173, 176; *Piper*, WRP 1992, 689 ff., wie N. 103. Vgl. dazu *Schricker*, GRUR Int. 1992, 359 ff., vorige N., m.w.Nachw.; *Piper*, WRP 1992, 689 ff., wie N. 103. In seinen am 15.9.1992 gehaltenen Schlußanträgen ist der Generalanwalt Darmon zu dem Ergebnis gelangt, daß der § 6 e UWG mit dem EWG-Vertrag nicht im Einklang steht; vgl. *Huff*, Kippt der EuGH das Verbot der Preisgegenüberstellung?, EuzW 20/1992, Editorial.

einem anderen Mitgliedstaat eingetragen ist[158]. Dagegen hat der Gerichtshof als durch zwingende Erfordernisse des Lauterkeitsschutzes für gerechtfertigt gehalten den Schutz gegen sklavische Nachahmung[159] oder das Zugabeverbot[160] des niederländischen Rechts[161].

In der deutschen Rechtsprechung hat im Vordergrund die Frage gestanden, ob es gegen das Verbot irreführender Angaben in § 3 UWG verstößt, wenn aus anderen EG-Mitgliedstaaten importierte Lebensmittel mit einer Produktbezeichnung in deutscher Sprache (als Gattungsbezeichnung oder Warenzeichen) versehen sind, ohne die Herkunft aus dem Ausland hinreichend deutlich zu kennzeichnen[162]. Die deutschen Gerichte haben hier vielfach wegen einer Irreführungsgefahr über die Herkunft der Waren die Voraussetzungen des § 3 UWG bejaht. Dabei blieb indessen die Rechtsprechung des Gerichtshofs unberücksichtigt, wonach ein mitgliedstaatliches Gebot zur Herkunftsbezeichnung bei Konsumwaren gegen Art. 30 EWGV verstößt; hierin liege materiell eine Diskriminierung, weil die Verbraucher im allgemeinen eine Präferenz für die einheimischen Waren besäßen[163]. Die EG-Kommission hat wegen einer in diesem Zusammenhang ergangenen Entscheidung des BGH[164] - der BGH hat

---

[158] EuGH 13.12.1990, Rs. C 238/89 "Pall/Dahlhausen", WuW 1991, 761 = GRUR Int. 1991, 215, 216 = Slg. 1990 I - 4827.

[159] EuGH 2.3.1982, Rs. 6/81 "Beele", Slg. 1982, 707, 717 Rz. 9: "Eine nationale Rechtsprechung, die sklavische, Verwechslungen hervorrufende Nachahmung eines fremden Erzeugnisses verbietet, ist in der Tat geeignet, die Verbraucher zu schützen und die Lauterkeit des Handelsverkehrs zu fördern, Ziele von allgemeinem Interesse, die nach der vorerwähnten Rechtsprechung des Gerichtshofes die Existenz von Hemmnissen für den Binnenhandel der Gemeinschaft, die sich aus Unterschieden der nationalen Regelungen über die Vermarktung der Erzeugnisse ergeben, rechtfertigen können."

[160] EuGH 15.12.1982, Rs. 286/81 "Oosthoeck", Slg. 1982, 4575, 4588 Rz. 18: "Es ist nicht zu verkennen, daß das Angebot von Zugaben als Mittel der Absatzförderung bei den Verbrauchern einen Irrtum über die tatsächlichen Preise der Erzeugnisse bewirken und die Bedingungen eines auf Leistung beruhenden Wettbewerbs verfälschen kann. Eine Regelung, die derartige Handelspraktiken aus diesem Grund beschränkt oder sogar verbietet, ist daher geeignet, zum Verbraucherschutz und zur Lauterkeit des Handelsverkehrs beizutragen."

[161] Vgl. ferner etwa den Vorlagebeschluß des LG Berlin V. 30.6.1992 - 16 O 533/92 - mit der Frage, ob ein auf § 3 UWG (Irreführungsgefahr) gestütztes Verbot, eine in anderen EG-Mitgliedstaaten unter dem Namen "Clinique" rechtmäßig vertriebene Kosmetikserie unter dem gleichen Namen auch in Deutschland zu vertreiben, gegen die gemeinschaftsrechtliche Garantie des freien Warenverkehrs verstößt; vgl. EuZW 1992, 744.

[162] Vgl. *W.-H. Roth*, The application of Community Law in West Germany: 1980 - 1990, C.M.L.R. 28 (1991) 137 ff., 156 ff. m.w.Nachw.

[163] EuGH 25.4.1985, Rs. 207/83 "Kommission/Vereinigtes Königreich", Slg. 1985, 1201, 1207.

[164] BGH, Beschluß v. 11.5.1989, I ZR 163/88 (nicht veröffentlicht).

in einem solchen Fall die Annahme der Revision nach § 554 b ZPO mangels grundsätzlicher Bedeutung der Rechtssache abgelehnt[165] - ein Vertragsverletzungsverfahren gegen die Bundesrepublik nach Art. 169 EWGV eingeleitet[166].

c) Leitprinzipien. Die Kontrolle lauterkeitsrechtlicher Regelungen am Grundsatz der Warenverkehrsfreiheit mit Hilfe eines gemeinschaftsrechtlichen Verhältnismäßigkeitsprinzips zwingt den Gerichtshof in besonderem Maße zur Einzelfallbeurteilung. Dennoch läßt die Rechtsprechung allgemeinere Leitprinzipien erkennen. So ist - die Frage betrifft nicht das eigentliche Lauterkeitsrecht, sondern die oben genannten sonstigen Vorschriften mit lauterkeits- bzw. verbraucherschutzpolitischer Zielsetzung - als Grundsatz anerkannt, daß Vermarktungsverbote nicht notwendig sind, wo eine hinreichende Transparenz durch Etikettierung ausreicht[167]. Allerdings dürfen Etikettierungserfordernisse nicht derart ausgestaltet sein, daß sie zu einer Negativbewertung von Importwaren Anlaß geben[168].

Im Hinblick auf das eigentliche Lauterkeitsrecht entnimmt der Gerichtshof, trotz teilweise tendenziell großzügigerer Urteilsformulierungen[169], die zwingende Notwendigkeit der Lauterkeitsregelung sowohl im Hinblick auf das

---

[165] Die Revision richtete sich gegen ein Urteil des OLG Köln vom 29.4.1988 "Pingofrisch", GRUR 1989, 694. Vgl. dazu auch *G. Meier*, Zur Mitverantwortung deutscher Richter für die Vollendung des Europäischen Binnenmarktes, EuZW 1990, 81; *derselbe*, Zur Einwirkung des Gemeinschaftsrechts auf nationales Verfahrensrecht im Falle höchstrichterlicher Vertragsverletzungen, EuZW 1991, 11 ff.; vgl. ferner *W.-H. Roth*, wie N. 162, 159.

[166] Note der Kommission an den deutschen Außenminister SG (90) /D/A/90/0406. Es ist dies das erste Mal in der Geschichte des Gemeinschaftsrechts, daß ein förmliches Vertragsverletzungsverfahren gegen einen Mitgliedstaat wegen Verletzung des Gemeinschaftsrechts durch ein nationales Gericht eingeleitet worden ist. Vgl. hierzu *G. Meier*, EuZW 1991, 11, wie N. 165. Zugunsten der Warenverkehrsfreiheit ist der Konflikt mit dem Irreführungsverbot des § 3 UWG entschieden worden aber etwa im Urteil (des OLG Frankfurt v. 19.9.1991 - 6 U 97/90, EuZW 1992, 126. Vgl. ferner OLG Hamm, 8.10.1991 - 4 U 6/91 "Mozarella I", EuZW 1992, 157; OLG München, 25.4.1991 - 6 U 5880/90 "Mozarella II", EuZW 1992, 159.

[167] Vgl. *Groeben/Thiesing/Ehlermann(-Müller-Graff)*, wie N. 43, Art. 30 Rz. 96. Vgl. ferner *Keßler*, EÜZW 1991, 110, wie N. 153; *Leisner*, EuZW 1991, 502, wie N. 157; *Piper*, WRP 1992, 688, wie N. 103.

[168] Vgl. EuGH 12.3.1987, Rs. 178/84 "Kommission/Deutschland", Slg. 1987, 1227, 1271 Rz. 35; *Groeben/Thiesing/Ehlermann(-Müller-Graff)*, wie N. 43, Art. 30 Rz. 96.

[169] Vgl. EuGH 22.1.1981, Rs. 58/80 - "Dansk Supermarked", Slg. 1981, 181, 194 Rz. 15: "Daraus folgt, daß der Vertrieb eingeführter Waren untersagt werden kann, wenn die Umstände, unter denen die Waren abgesetzt werden, einen Verstoß gegen das darstellen, was im Einfuhrstaat als guter und redlicher Handelsbrauch betrachtet wird." Vgl. auch *Groeben/Thiesing/Ehlermann(-Müller-Graff)*, wie N. 43, Art. 30 Rz. 89.

konkret verfolgte Ziel wie die eingesetzten Mittel[170] (notwendigerweise) nicht dem mitgliedstaatlichen, sondern einem europäischen Lauterkeitsstandard, den "wesentlichen Garantien eines lauteren Handelsverkehrs"[171], wobei zu deren Ermittlung in wesentlichem Maße die Hilfe der Rechtsvergleichung in Anspruch genommen wird. Auch hier stößt man wiederum zur Bestimmung der Grenzlinie zwischen freiheitssicherndem Primärrecht (hier: der Warenverkehrsfreiheit) und dem gemeinschaftsrechtlichen Lauterkeitsschutz auf ein sich entfaltendes europäisches Lauterkeitsrecht.

Für dieses europäische Lauterkeitsrecht stellt sich als weitere wesentliche Leitlinie von potentiell erheblicher praktischer Bedeutung ein spezifisch gemeinschaftsrechtlicher Standard des Schutzes von Verbrauchererwartungen heraus; d. h. der Vorstellungsbilder, welche die Konsumenten mit bestimmten Angaben der Warenkennzeichnung oder -aufmachung wie der Werbung verbinden. Dies bedeutet insbesondere, daß an den bislang getrennten nationalen Märkten orientierte traditionelle Verbrauchererwartungen auf die Dimensionen des Gemeinsamen Marktes auszurichten sind. Deswegen sind Verbrauchererwartungen nicht gerechtfertigt und schutzwürdig, die in der Verwendung einer bestimmten Flaschenform eine mittelbare geographische Herkunftsangabe für ein bestimmtes nationales Anbaugebiet sehen, wenn die Verwendung dieser Flaschenform in anderen Mitgliedstaaten lauter und üblich ist[172]. Der Gerichtshof stellt ferner in dynamischer Betrachtung die Wirkungen des Gemeinschaftsrechts zur Angleichung der Verbrauchererwartungen in Rechnung, denen das mitgliedstaatliche Recht nicht zuwiderlaufen kann, in dem es die gegebenen

---

[170] Vgl. zur Unterscheidung *Möschel*, RIW 1984, 526, wie N. 154.

[171] Vgl. EuGH 20.2.1979, wie N. 149, 664. Vgl. auch *Groeben/Thiesing/Ehlermann(-Müller--Graff)*, wie N. 43, Art. 30 R. 89.

[172] Vgl. EuGH 13.3.1984, Rs. 16/83 "Prantl", Slg. 1984, 1328 Rz. 27: "Geht es jedoch darum, ob eine nationale Regelung zum Schutz einer mittelbaren geographischen Herkunftsangabe und im Interesse des Verbraucherschutzes die Vermarktung eingeführter Weine in einer bestimmten Flaschenart verbieten darf, so ist darauf hinzuweisen, daß im System eines Gemeinsamen Marktes der Verbraucherschutz und die Lauterkeit des Handelsverkehrs in bezug auf die Aufmachung der Weine unter allseitiger Achtung lauterer Praktiken und herkömmlicher Übungen in den verschiedenen Mitgliedstaaten gewährleistet werden müssen"; im gleichen Sinne EuGH 4. 12.1986, Rs. 179/85 - "Pétillant de raisin", Slg. 1986, 3878, 3897. Zu eng, auf die Kollision wettbewerblicher Besitzstände in verschiedenen Mitgliedstaaten begrenzt, interpretiert die Bocksbeutel-Entscheidung m.E. *Möschel*, RIW 1984, 524 ff., 528, wie N. 154.

Verbrauchergewohnheiten zementiert[173]. Vor allem bezieht der Gerichtshof den Schutz von Verbrauchererwartungen im Ausgangspunkt auf ein normatives Leitbild, den mündigen Verbraucher, der mit durchschnittlicher Auffassungsgabe ausgestattet ist und seine Nachfrageentscheidungen mit hinreichender Sorgfalt trifft[174]. Dies steht in scharfem Gegensatz zu der schon berichteten deutschen Rechtsprechung, wonach eine Gefahr der Irreführung schon dann anzunehmen ist, wen ihr nur 10 bis 15 % der angesprochenen Verkehrskreise bei nur oberflächlicher Kenntnisnahme der in Frage stehenden Angaben unterliegen und dieser Befund durch Umfragen empirisch festgestellt wird[175]. Eine von einer Interessenabwägung, insbesondere auch zwischen Verbraucherschutz und Wettbewerbs- wie Warenverkehrsfreiheit geleitete Differenzierung, wie sie in S 3 UWG erkennbar ist[176], ist auch im Gemeinschaftsrecht nicht ausgeschlossen[177].

Wie schon für die Wettbewerbsfreiheit festgestellt, besteht insoweit, insbesondere im Rahmen des Begriffs der Irreführung der "kleinen Generalklausel" des § 3 UWG, aber auch bei der Interpretation anderer, der Irreführung vorbeugender Normen des UWG[178], auch unter dem Aspekt der gemeinschaftsrechtlichen Warenverkehrsfreiheit eine Verpflichtung zu gemeinschaftskonformer Auslegung des nationalen Lauterkeitsrechts. Die auch auf die normierte

---

[173] Vgl. EuGH 12.3.1987, Slg. 1987, 1227, 1270 Rz. 1: Der Gerichtshof sieht zwar durchaus, daß "die Vorstellungen der Verbraucher von einem Mitgliedstaat zum anderen unterschiedlich sein können". Indessen bestehe die Möglichkeit, daß sich die länderspezifischen Erwartungshorizonte "innerhalb ein- und desselben Mitgliedstaates im Laufe der Zeit fortentwickeln". "Die Einführung des Gemeinsamen Marktes (sei) ... einer der wesentlichen Faktoren, die zu einer solchen Entwicklung beitragen können -. Das Recht eines Mitgliedstaates (dürfe) nicht dazu dienen, die gegebenen Verbrauchsgewohnheiten zu zementieren, um einer mit deren Befriedigung befaßten inländischen Industrie einen erworbenen Vorteil zu wahren." Vgl. hierzu auch *Keßler*, EuzW 1991, 110, 111, wie N.153; *Leisner*, EuZW 1991, 501, wie N. 157.

[174] Vgl. dazu mit Nachweisen und Analyse der insoweit wesentlichen Rechtsprechung des Gerichtshofs *Leisner*, EuZW 1991, 501 ff., wie N. 157; vgl. ferner *Keßler*, EuZW 1991, 112, wie N. 153.

[175] Vgl. oben unter III 3. Vgl. auch *Keßler*, EuZW 1991, 112 m.w.Nachw., wie N. 153; *derselbe*, WRP 1990, 90; *Tilmann/Ohde*, GRUR 1989, 229.

[176] Vgl. oben zu N. 130.

[177] Eine solche Differenzierung läßt das Urteil des EUGH vom 16.1.1992 - Rs. C - 373/90 "Nissan" erkennen, vgl. N. 133.

[178] Vgl. zu der die gesetzlichen Anforderungen der §§ 6 a, 6 b UWG im Selbstbedienungsgroßhandel erheblich verschärfenden Rechtsprechung BGH NJW 1990, 1294ff. sowie die Nachweise 1296 unter II 2 b, bb; vgl. hierzu ferner *Emmerich*, wie N. 2, 112 ff., 115, 116 m.w.N. in N. 236-238; *Leisner*, EuZW 1991, 498, 499, wie N. 157; *Schricker*, GRUR Int. 1992, 360.

Wirtschaftsverfassung der EWG gerichteten Schutzzwecke des deutschen UWG ermöglichen eine solche Auslegung.

Darüber hinaus ist ernsthaft zweifelhaft, ob die schon im deutschen Recht[179] aus dem Gesichtspunkt übermäßiger Einschränkung der Wettbewerbsfreiheit rechtspolitisch fragwürdigen abstrakten Gefährdungstatbestände der §§ 6 a, b, d und e UWG mit der unmittelbar anwendbaren Warenverkehrsfreiheit vereinbar sind[180].

D. Ergebnis und Ausblick

Zusammenfassend läßt sich feststellen: Die Positionierung des nationalen Lauterkeitsrechts im Koordinatensystem von Marktfreiheit, Marktgleichheit und Wettbewerbsfreiheit läßt die Einflüsse, die in diesem Bereich vom Europäischen Gemeinschaftsrecht auf das Recht der Mitgliedstaaten ausgehen, deutlich werden. Die nationalen Regelungen werden in allen drei Dimensionen überlagert und begrenzt von einem im Entstehen befindlichen europäischen Lauterkeitsrecht. Die Normen dieser neuen Rechtsmasse bilden sich zwar jeweils in ihren unterschiedlichen Funktionen (Sicherung von Marktfreiheit, Marktgleichheit und Wettbewerbsfreiheit), sind aber jeweils orientiert an der Wirtschaftsverfassung der Gemeinschaft in ihrer Gesamtheit und daher als einheitlicher Normenkomplex aufzufassen. Wenngleich diesen Normen die vollen Funktionen des staatlichen Lauterkeitsrechts fehlen und die Einflüsse bislang allein in der Richtliniengesetzgebung und zur Sicherung der Warenverkehrsfreiheit praktisch geworden sind, wird doch das weite, der Entwicklung überlassene Wirkungspotential deutlich.

---

179 Vgl. oben unter II 22.

180 Vgl. zu § 6 e UWG oben unter b. Vgl. ferner *Leisner*, EuZW 1991, 11, 112, wie N. 157; *Schricker*, GRUR Int. 1992, 359 ff., wie N. 178; differenzierend *Piper*, WRP 1992, 690, wie N. 103.

Papier | Fördert gute Waldnutzung
FSC® C083411

Kolibri 360 GmbH
Ferdinand-Jühlke-Straße 7
99095 Erfurt, Deutschland
produktsicherheit@kolibri360.de

Druck:
CPI Druckdienstleistungen GmbH
im Auftrag der
Kolibri 360 GmbH
Ferdinand-Jühlke-Str. 7
99095 Erfurt